名师工程 思想者系列

给教师的101条建议

GEI JIAOSHI DE 101 TIAO JIANYI

张楚廷 著

西南师範大學出版社
国家一级出版社 全国百佳图书出版单位

图书在版编目(CIP)数据

给教师的 101 条建议 / 张楚廷著. — 重庆 :西南师范大学出版社, 2016.9
ISBN 978-7-5621-8040-1

Ⅰ. ①给… Ⅱ. ①张… Ⅲ. ①师资培养 Ⅳ. ①G451.2

中国版本图书馆 CIP 数据核字(2016)第 148877 号

给教师的 101 条建议

张楚廷 著

责任编辑： 张燕妮
封面设计： 尚品视觉
出版发行： 西南师范大学出版社
地址：重庆市北碚区天生路 2 号
邮编：400715 市场营销部电话：023-68868624
http://www.xscbs.com
经　　销： 新华书店
印　　刷： 重庆荟文印务有限公司
开　　本： 720mm×1030mm 1/16
印　　张： 18.25
字　　数： 333 千字
版　　次： 2017 年 6 月 第 1 版
印　　次： 2021 年 5 月 第 3 次
书　　号： ISBN 978-7-5621-8040-1

定　　价： 45.00 元

前言

苏霍姆林斯基曾著有《给教师的一百条建议》。这是他不到40岁时写的一本书。唯有热爱教育并在教学中不断思考的人，才能写出这样的著作。

我在年近80岁时才写出101条建议。101与100相比没有什么实际意义，但年龄之比可能表明我迟钝一些。并且，我必然对于"建议"有了不少不同于苏霍姆林斯基的想法，才会动笔的。我们的历史和社会背景，学术与教学经历都有明显区别，只要把自己的真实感受写下，相信就会有一些新内容。

我从无好为人师的意念，只是觉得提出一些建议或许对于一些加入教师队伍的人多少有些参考的价值。我所说的，真的只是建议，不是指令，因而不会有"必须""应当"一类的指令性口吻。并且，(目的)确实在于交流。教学是可以成为艺术的，因而，不是一个模子套出来的，而是每位教师的创造性活动。每个人根据自己的体验、自己面对的实际情况去创造。

自1959年大学毕业后，我一直站在讲台上，到今天仍然每个学期都讲课。毕业至今57年，除因刚开始担任学校行政工作过份生疏而有三年停顿，再加"史无前例"运动之初的三年耽误外，我实际教学工作的时间共有51年，这个不算很短的教学经历，让我有可能向教师们提出一些建议来。属于经验之谈，但或许也包含了一些理论，又不会离开具体的做法去专讲理论，换言之，建议是更靠近教学实际的。

我的教学主要还是在大学里，多是给大学生、研究生们讲课。不过，由于我是师范院校毕业的，所以亦必接触中小学教育，带学生在中小学搞过教学实习。此外，中小学校的校长们、教师们常请我去做一些学术报告，这也增多了我了解中小学的机会。甚至于，关于中学的音乐教育、德育教育，我都应邀去做过专题报告。

做教师是我喜欢的职业，教书是我热爱的工作。喜欢和热爱是一个基础。做学校的行政管理跟教书、搞研究，我觉得可以相互促进。在我二三十年的学校行政工作中，不仅没有耽误我读书、教书、写书，反而很有帮助。没有人认为我不停地做学问而影响了行政；也没有人认为我因多年的行政荒芜了学业。据说有的学者决心做一名全职校长，在任校长期间不搞教学，也不搞科研。对此，我觉得也是一种很好的选择，我对其表示敬意。任何人所走的路都可以有自己不同的特点。我的建议只是对做教师工作的人而言的。

为什么建议是101条而不是90条，也不是110条？多多少少，这本不是个问题。或许是对100这个整数有点儿偏好吧。

十分感谢西南师范大学出版社，感谢我们的时代给了我更多的机会做学问，做我热爱的工作。同时，也敬请关心这一课题的学者们提出批评和建议。

脱稿时的兴奋与期待并存。

张楚廷

2016年6月

目录

关于“建议”的建议

第一条，我即建议仅仅把建议看作建议，说成建议。这是什么意思呢？其实，建议不是指示，甚至与指导也有区别。建议与指示、指令的区别在于，它是相关人员可去做可不去做的，或者可采纳亦可不采纳的，只是参考参考而已。

例如，“要关怀人”①“评分应当有分量”②，这就像是指示，而不是供人参考的建议了。还有“为了不造成负担过重，必须有自由活动时间”③。这些话语是作为建议而提出的，可是“要”“应当”“必须”一类的用语，就使之不太具有建议的性质。实在说来，“应当”和“必须”这类用语在教育中属于忌用之语，它们是在纪律和规章制度中出现的，与一般意义上的教育尚有不同之处。

我本人将在此向教师们提出 101 条建议，当然就力求它们具有建议的性质而不要变味。并且请阅读的相关人员仅仅把它们视为建议，作为参考。

在 1959 年大学毕业之后的 56 年中，除了“文革”时期中的 3 年和任学校行政管理职务之初的 3 年，我教书的实际时间共 50 年，所以算教了一辈子的书。

任教时间长，不一定体悟就很多。这与感悟能力、积累经验的水平有关。因而，虽然我已有长达 50 年的教书经历，但对于能否提出一些中肯的、有一定参考价值的建议来，即使有一点儿把握，也还得作为一个问题来视察一下，检验一下。

我讲授过 23 门不同的课程，涉及面较宽，这可能有利于我在更宽阔的视野下去领悟。

我喜欢教学，热爱教学，一些可能吸引我离开教学岗位的事出现过，但都从未使我实际脱离教学，即使任学校管理职位的二三十年时间里，我也站在讲坛上。这种热爱，这种坚持，可能是我对教学热爱至深并有所领悟的主要原因之一。

---

① ［苏联］苏霍姆林斯基. 给教师的一百条建议［M］. 任钟译. 武汉：湖北教育出版社，1994：1654.

② ［苏联］苏霍姆林斯基. 给教师的一百条建议［M］. 任钟译. 武汉：湖北教育出版社，1994：1657.

③ ［苏联］苏霍姆林斯基. 给教师的一百条建议［M］. 任钟译. 武汉：湖北教育出版社，1994：1659.

还有一点，我是研究着教学的，既研究教学的内容，也研究教学的方法，并且关于教学的理论、教学的哲学，都还出版了一些相关论著。这可能说明我在实际教学中的感悟还有所升华。这样，就可能在建议中不只是一些经验性的东西。我或许高估了自己，但若没有起码的一点儿估计，也不敢贸然动笔啊。

我主要是在大学教学，因而对大学教师提出一些建议的可能性较大。但是，我想，一方面，教学有其共同特性，大中小学虽有区别，但也有不少相通之处。另一方面，我对中小学教师、中小学校长做过数十场的学术演讲。2015 年 8 月 3 日，我曾对百余位初中语文教师讲了一个题目："语言文学的作用与地位"，是紧密结合初中语言文学教学实际讲述的。从效果上看，至少是把大中小学相通的一些东西，大家都有兴趣的东西，揭示出来了。

实际上，不仅大中小学教学特点会有所不同，学生的年龄特性、心理特征不同，而且不同科目的教学特点也有所不同。我们面对这些相异的东西，而寻找相同的东西。我们的建议亦不只是针对相同的方面来提出的。

努力吧，在展开叙述我的具体建议时，我确实希望教师们仅仅把我之所述视为建议。这里，我当然怀揣一个愿望，愿我们的教学越来越好，让教学成为艺术，成为学生之享有，并且，由此才可能进而盼望有杰出人才出现在我们教育的未来。

尽可能拓展知识面

这算我的第二条建议了。

每位教师都有自己的本行专业，如教语言文学的，物理化学的，音乐美术的。但都是在接受完高中教育后转入专业学习的，并且还都经历过通识教育，都已有了一定的知识面。我的建议是，在成为教师之后，要注意拓宽自己的知识面。

仅就语言文学而言，文学可分为中国文学、外国文学，中国文学又包括古典文学、近代文学、现当代文学，古典文学还包括先秦、唐宋、元明清等时代的文学；语言文学就体裁来分，又可以分为小说、诗歌、散文等。语言学从纵的方面看，也有古代汉语、近代汉语、现代汉语；从横的方面看，有文字学、训诂学、修辞学。客观上，这个面就很宽，主观上，就是刻意让自己的知识面拓宽。必要时，还可跨到史学和哲学，更大的跨度是还涉猎一点儿理学。

知识的拓宽实际上有利于对专业的更好理解。教师讲授不是常常讲究旁征博引吗？怎么征？怎么引？有什么可征、可引？没有一定的知识面做得到吗？为了说清楚一个点，就需要将此点拓成一个面，在这个面的背景下去观察和阐述这一点，有背景，有衬托，才可能把点看得更清楚，这比孤立地看强很多。

人们常说文史不分家，又说数理不分家。学科越发展越细化，但不宜忘了“家”，至少不忘那个“大家庭”，其实，知识既有分的走向，又有合的趋向；在分了一段之后，还必然会回过头来看看分开的这些东西是如何彼此联系的。发现区别不容易，发现联系也不容易，两者都是认识的深入，又表现为宽而不散的知识结构。

思维过程，认识过程，常包括建构、拆构、解构、重构的过程。认识的点多，认识面宽，知识丰富，才为建构、解构或重构提供了更好的条件。所以说，拓宽知识面不只是一个量的问题。

教师讲课的“硬”教材只有那么多，这些“硬”货、“干”货不多会儿就可讲完。新教师往往不知道怎么打发那45分钟。但随着经验的积累，就逐渐能学会如何充分利用一节课的时间，并把那“硬”的、相对较“死”的东西讲活。简单的重复，不可能达到这样的效果，一般是螺旋式上升，旋到更高处去看原点、出发点。

这里，还有一个伸缩自如的问题。推出去，还要能拉回来；拓宽出去，还要使重点更为突出。或者说，不是为拓宽而拓宽。

教学面要着眼于提高学生的学习能力，这比学习多少知识更重要，也就是让学生更会学。教师更会教，才有利于学生更会学。不是说要善于举一反三、触类旁通吗？这也是需要在拓宽知识面的过程中做到的。教师的知识面若比较窄，就难以做到触类旁通、举一反三。

以数学为例。教几何的老师，最好是很懂代数、三角的。几何中有一些计算，与代数有关；三角则是几何中运用计算较多的一个分支。教几何讲究逻辑论证，代数、三角中也有。同一位教师最好三门都会教；不同的教师教时，就要注意彼此的联系。联系起来的知识，较之碎片式的知识有更好的质量。

说到高等数学，知识面的意义就更大了。即使未来从事教学，或从事研究，或从事应用技术工作，都必须在数学方面拥有很宽的知识面，微积分、高等代数、几何，是作为三大基础学习的。解析几何正是用代数方法处理几何问题，发展到更高处有代数几何。微分几何则是用微积分的方法处理几何问题。还有用代数方法处理微分方程的。

很宽的知识面往往是成网状的，知晓这种网，使得拓宽知识面更有价值。

我再冒昧地说一下音乐。吹拉弹奏，是就器乐而言的；美声、民族、流行，是就声乐而言的，声乐还分高低中音的训练。在练唱发声中，最基础的训练是试唱练耳。在器乐中，最基础的键盘乐是钢琴，弦乐是小提琴。无论是声乐还是器乐，都是从基础去拓宽知识面的。音乐教师一般也都有很宽的知识面，也是接受过很宽的音乐知识教育的，这有利于他们从事单科的音乐教学。

一首好歌，取决于词、曲、唱三桩，这是三种不同的功夫，凝结在一首歌上，就需要在很宽阔的视野下去理解。词作者是创造，曲作者是创造，演唱者也是创造，而综合地理解这一切，是这三方面的活动中都需要的，因而，都需要很宽的知识面。

据我所知，有一些数学家很懂音乐，不知有没有音乐家很懂数学的。一则是高度理性的，另一则是情感凝结的，两者居然可以高度融合，且是如此大跨度的融合。在我看来，是数学家、科学家们更崇敬音乐家、艺术家，而后者不一定感受得出来。

文艺复兴以来，达·芬奇的例子就很能说明问题。他是一个知识面极广的人。数学、力学、建筑学、艺术学，他都有很高的造诣，他还懂多国语言。欧洲古典音乐的始祖巴赫也给予了科学家们很大影响。

一个人的知识面究竟要多宽呢？现在若想像达·芬奇那么宽可能很难了，但仍需尽可能宽，这也与每个人的实际情况有关。因而，只可能是每个人自己的宽，个性化的宽。较宽的兴趣也很重要，这是个基础。没有兴趣的支撑，拓宽知识面的困难会成倍增加。

在渊博之间穿行

教师要给人一瓢水，自己就得有一缸水、一池水。这仍然是指知识要多，面要广。但还需加一方面，即池子本身要深，不深，还是装不了多少东西。因而，知识强调精深的一面，强调真正把握了的东西，真正理解并消化了的东西，真正变成了自己的东西。这可能是经过了推敲、打磨、反复琢磨过的知识。

海洋不只是宽阔，还深不可测。海底还是一个十分富庶的世界，各种各样的海洋生物在那里生长。知识的海洋更为壮阔，可任人游览、观赏。

毫无疑问，教师的知识需要既渊又博。渊到何种深度？博到何种宽度？这又是很有讲究的一个问题。只博不渊，意义不大；只渊不博，难以烘托。如何取舍便是个人问题。多数教师都不可能忽视精深，不可能忽视渊博。谁愿意只浮在表面？谁不想能够说出个所以然来？谁不想因深刻而独到？

在教师岗位上，尤其希望自己有深刻的见解。什么叫深入浅出？若没有深入过，就难以浅出；没深入，表现出来的可能是肤浅。深得很玄妙了，学生听不懂；浅得学生已经知道了，学生听起来没兴趣。所以，教师需在深浅中调节或周旋，在渊博之间自如地穿行，从而引人入胜，取得良好的教学效果。

把自然科学知识变成自己的知识似乎相对比较容易，理解了，懂透了，有的还做过实验，做过练习题，这就差不多了。把语言文学知识真正变成自己的知识，可能要难一些，记住了，能背了，甚至理解了，还不一定是自己的。相关的内容若能用自己有别于他人，甚至也有别于书本的表达，做到文如其人，把感情也融进去了，文中有自己了，这才可说是自己的了。

自己学过的东西，再教起来，感觉会很不一样。这不只是温故而知新的问题。在教的时候往往跟在学的时候思考得不一样，会想要有更确切的理解，更深刻的理解，于是，这种在教之中实际上存在的学，珍贵得多。此时，就是走向渊，同时，也会自然地扩展，从而也有博。这种渊博必使学生受益，同时也使教师受益。这就是教学相长的一个方面，在渊博中自觉地游动，自己的知识状况也会得到极大的改善。

在教学中要做到收放自如、深浅恰当、渊博贴切，这当然要有一个体验过程。有的课教一两遍，还不一定有很多的体会，但是，在教学中很讲究、很自觉地总结，提高就比较快。同一门课教若干遍后，炉火纯青了，成了教学艺术了，但仍然没有到顶。

教师中，普遍地意识到深入钻研教材的意义。有的教师在教过两三遍后，写出来的教案都具有一定的学术价值；教过多遍之后，自己也可写书了。探究式教学、研究式教学，在此过程中，把研究的心得记下，就是成就。出版与否就还需经一定的鉴定，还要看出版社的判断了。不必以出版为目的，只要深入，就会有收获，这是最重要的。水到渠成，功夫下足了，就有足够的学术含量。

故而，在渊博中穿行，也是提高自己学术水平的过程。教师需要有两个水平：教学水平，学术水平。在大学里，可能更看重学术水平，在中小学可能更看重教学水平。但是，教育家多出在中小学教师中，这是为什么呢？

我们先看看事实。在《教育大辞典》里列出的几位教育家中，大多是从事中小学教育或师范教育的，如陈鹤琴、陶行知、晏阳初、徐特立、杨贤江等。大学也有，如蔡元培，但相对较少。在国外，也有类似的情形，如我们熟知的杜威，虽在哥伦比亚大学工作，但他主要还是从事师范教育。他大学毕业后，先在宾夕法尼亚州的一所中学教书，后在佛蒙特一所乡村学校教书。他的名著《民主主义与教育》是教育哲学，而非高等教育哲学。

为什么教育家会多出自中小学呢？中小学与大学最重要的区别在于，中小学多着眼于做人的教育，大学多着眼于做事、谋业的教育；中小学多关注学生的心灵，大学开始更多关注专业知识了。这些界限或许不是绝对的，但对能否成为教育家确有重大影响。

故而，教师在知识的渊博上，还得考虑在哪些方面更要渊一些，哪些方面博一些，还得与自己工作的特点、志向等联系起来看，曲折地穿行于渊博之间。

在精读与粗读之间做适当取舍

一个更实在的问题，教师身边究竟摆些什么书？书房里或书桌旁，常放置些什么书？

我根据自己的体会，建议以四类书为重点：一类是语言文学的；二类是心理学的；三类是本专业的；四类是工具书，尤其是一些辞典。在前三类中，力求阅读经典。什么是经典呢？可请教他人，亦可自己去体验，从自己的内心出发。

我先是学数学，而后学教育学、哲学，也教教育学、哲学。但无论在何时，我都一直在学习汉语言文学。我们的汉语无限丰富，论字数，有九万多，组成的词达十万之多。论成语，我从一本成语辞海里知晓的是一万三千多条。论字，我大约能识五千多个，约十八分之一；论成语大约也是这个比例，大约一千条。

问题是，我还在学习，于是还会增加。增加到多少？目前的数字就不是十分精确的，所以要有一个明确的目标也难。但我总想对得起祖宗，所识的汉字尽可能达到总数的十五分之一吧；所熟悉且能运用的成语尽可能达到一千三百多条吧。这未必有意义，粗略一点儿说，就是继续努力学习，不断增加。如果我寿命长一点儿，又肯学习，且未痴呆，达到这些目标的可能性还是很大的。

肯学习这一点已为事实所说明。1983年出版的那本《现代汉语词典》，30余年来没离开我的案头，并且我勤于翻阅查询。还有，我的好友蒋冀骋是一部活的词典，我有疑问而词典解答不了时，总是去问他，他几乎有问必答。

我学习过数学，也从事过数学教学，数学方面的书读得也不少。刚参加工作的时候，工资基本上是拿来买书了。经常跑图书馆、资料室，也经常跑新华书店。那时候都是买数学书。后来自己也写书，最初写的几本书，也只可能是数学方面的书。第六本数学书写的是《数学文化》，这算是我对数学这行的告别礼了。

在转入教育学之后，比较自然地同时做了教育哲学、课程哲学、高等教育哲学以及纯粹的哲学原理的研究。此时，出书的速度好像也快了很多。

这样，我案头的一类书便与哲学密切相关了。亚里士多德的《形而上学》，黑格尔的《小逻辑》正是我阅读的经典。

在经济条件有限的情况下，不一定买那么多书了。但某些经典，某些经常乃至终生要阅读的书，还是尽可能自己买，节衣缩食也要买。教书，就注定了是一辈子要“啃”书的；要把书教好，在读书的质量上，都需自己琢磨清楚。

现在，我可以大致地罗列一下我的工具书。

首先是《教育大辞典》（上、下两卷）。从事教育，又从事教育学研究，当然离不了《教育大辞典》。

其实，《心理学辞典》是更基础、更重要的。心理学的门类特别多，我读过基础心理学的书，自己也出版了三本心理学的书，都是与我的生活、工作直接相关的，我并没有直接写教育心理学的书，而是写了一本《数学教育心理学》；我从事学校管理，也写出了一本《学校管理心理学》的著作；结合着培养两个孩子的经历，我出版了《子女的培育》《有效的家庭教育》，这可以算是儿童心理学的书。

除了《教育大辞典》《心理学大辞典》外，我还有《哲学大辞典》《数学大辞典》《力学大辞典》《体育大辞典》《辞海》《汉语成语辞典》《现代汉语词典》《法律大全》《英汉词典》《汉英词典》《不列颠简明百科》（上、下卷），还有整套的《中国大百科全书》（12 卷本）。

有些教师手头很紧，不一定买得起这么多工具书，尤其是《中国大百科全书》，价格不低。那样，就只好多跑图书馆了。我本人也经历过这种时候，也不是一下子就可以买这么多书的。

工具书为什么重要呢？因为要精读。凡认定要精读的，就不可一目十行；凡不懂的或模棱两可的，都要查查字典或辞典。尤其是教师之所教的内容，更是要求既精且深。对自己负责，更对学生负责。不精益求精，就可能误人子弟。

所有已备齐的工具书，我都查阅过。这或许与我有较宽的知识面有关。但我未因宽而马马虎虎。精与粗和渊与博关系密切，然而我在谈到精与粗的关系时，着重提到了如何到达精的问题。

细细体验教学过程

我建议的第五条，主要论及教学过程，建议教师们仔细品味教学过程。

这里包括教的过程和学的过程。我们合起来讨论，统称为教学过程，教与学交互的过程。

《教学论》作为一个教育学的二级学科大都论及教学过程。认识教学过程，通俗点说，就是弄清楚在教学的路上，我们是怎样走的，怎样经历的。因而，这一条也就在于建议教师们逐渐而又迅速地弄明白自己在怎样经历着。

苏联和我们20世纪五六十年代的关于教学论的教科书都认为，教学是一个认识过程。

在教学论方面，我也写过好几本书：《教学原则今论》《教学细则一百讲》《教学论概要》《教学理论探究》《教学论纲》《大学教学》《课程与教学哲学》等。

每每谈到教学过程，我都不赞成把它简单地归结为认识过程。而我们的哲学常常有这类简单的归结，即仅仅将人视为一个认识体，尤其是理性主义哲学。这种哲学从古希腊以来作为主流延续了两千年以上。

教育哲学家们强调，教育就是要使人成为理性的人，使人尽早受理性的指挥，理性使人成为人。还认为，非理性是先天的，理性是后天的，在后天受的教育中形成。其实，非理性的一面也需要在后天接受洗礼，在后天发展、丰富起来。

人是很神奇的，教育在于发展这种神奇；人是全面的，教育在于发展这种全面。人的全面不只在于思想或认识，人的思维本身就很丰富，也不能片面理解，教育不能片面对待。较之人们忽视全面，更严重的是忽视人的神奇与神圣。

光就认识或思维而言，就可分为直觉与逻辑，发散与收敛，归纳与演绎，分析与综合等。一般来说，认识本身就不具有单一性。直觉和归纳几乎是人天生就有的，这就不可简单直接地视为理性。逻辑更富理性，要靠后天培养，但是，一方面，直觉也需要发展和培养，另一方面，直觉的作用更大，逻辑不过是一个小买卖。我常把直觉发展比喻为长头发，而逻辑就是梳头发。直觉、归纳等才是大智大慧的源泉。现实中，人们忽略的又多是直觉，且不善发展直觉。

教学过程实是一个什么样的过程？应是一个什么样的过程？这是两个不同的问题。我们只能在“实是”的基础上去做文章，去思考和践行“应是”。

时下，常有一说，即只要认识问题解决了，一切就可迎刃而解。相应地，就有“思想领先”一类的说法。于是，遇事就有思想动员，事情还没开始做，就去提高认识，就去“先行”了。到了不可收拾的时候，也鲜有总结教训。

人们说，理性使人成为人，然而，若没有非理性，还能成为人吗？父母离世了不知道哭，“理性地”认为只是“物质存在”的方式变了，这是人吗？国家受侵略了，不知道愤怒，还是人吗？大喜大庆时不知欢笑，还是人吗？

那些贪污腐败分子之所以贪污是因为他们没有认识到公家的钱不能进自己的荷包吗？这是幼小时父母早已告诫过的：别人的东西不能拿。一千次没拿，第一千零一次拿了，这只是认识起了变化吗？如果只是认识问题，那么多的干部听一场报告就够了，这场报告也只需一句话：公款不能变为私款。一千次未拿，第一千零一次拿了，这叫作意志的丧失，叫作不知脸红了。

至少，我们需要把人视为知情意的一个综合体。这本身已足够奇妙了。人“实是”这样的，于是，教育在这种“实是”的前提下，思考“应是”，思考自己之所为。

教师当然会努力让学生听懂，让他们的认识提高，还要通过训练去加深认识，识别错误。然而，如果学生不喜欢听你的课呢？你如何让他们喜欢并且热爱你之所教、他们之所学呢？难道这只是一个单一的认识问题而与情感无关吗？

总有可能遇到听不懂的情形吧？总会遇到一些困难吧？如何在困难面前挺一挺，如何坚持一番？这里，不还需要意志力吗？不还需要咬咬牙吗？完全的一帆风顺是很难的，教师不也需要引导学生去坚持吗？去增强意志力吗？

所以说，至少应当把教学过程理解为知情意共同参与的过程，它们是融合在一块的，而不是三块拼起来的。这是“实是”，而教师的“应是”则是在引导学生学习知识、提高知识的同时，培养他们对知识、对自己之所学的热爱之情，并在此过程中锻炼他们的意志。

曾经有的教学论，存在着双重的单一化，一重是只把教学过程视为认识过程，二重是只把认识归于理性认识，甚至只归于逻辑、演绎或推理。这是一种现实存在的主要倾向，也是严重影响我们教学质量的根本性问题。

故而，教学需改革，不只是改革教材，而且要改革方法。这与对教学过程的理解有关。由此，我们势必需要回头来体验教学的实际过程，把“实是”弄明白，才可能对“应是”做出较为恰当的结论。“实是”作为一个基础性问题的重要性也就可想而知了。

钟情于心理学

很想建议无论是学过还是没学过心理学的教师都学习心理学。没学过的，无论如何要学一下；已学过的，结合实际的教学再学习。人就是一颗心，学生的那颗心，是最值得教师去理解、去关照、去爱护的。如何关照和爱护？懂点心理学就十分必要了。

我记得，美国每年约有四万名学生念心理学，每年约有四千人念心理学博士学位。心理医院遍设于全美。

当然，生理和心理是相互影响的，可是，心理还是更重要的。无病呻吟就是心理出了毛病。面对有些绝症，有的人不是病死的，而是吓死的，这也是心理问题。

古希腊时，心理学即灵魂学。直到冯特之前，灵魂学或心理学都还只是一门思辨的学问。冯特之后有了实验心理学。近代兴起的实证方法也运用于心理学了。比如说，思维进行时，脑神经细胞怎样变化着，这就是实验心理学之列的研究了，也是把生理与心理联系起来研究。

心理学之下所属的门类很多，如教育心理学、发展心理学、体育心理学、认知心理学、人格心理学、儿童心理学、军事心理学、工业心理学、商业心理学、病态心理学、管理心理学、心理诊断学、心理治疗学、临床心理学、基础心理学等。

教师主要学习什么心理学呢？能够从学习基础心理学或普通心理学开始最好；不然，也可从能直接运用的教育心理学开始。这可因人而异，随之再学较为通用的认知心理学、学习心理学、人格心理学（又称个性心理学）。

不懂心理学，很难真正搞懂教育学。从这个意义上看，心理学是教育学的母学科。而在学科的分类上，往往又把心理学置于教育学科类之下的一个一级学科。

在建议教师们学习或研读一些心理学知识的同时，我更想建议教师们用自己的心去体会。心理学归根究底是从心里面流出来的。所以，若用自己的心去感悟，以心换心，将心比心，心与心之间相互照应，这都是恰当的，必需的。教师就要把心放在学生身上，放在教育上，一心一意做下去。

还有我们常说的责任心、事业心。把心投入进去了，工作下来，教师自己也可以写出心理学的书来。我自己虽然也读过一点儿心理学书籍，但我的心理学还是从心“里”淌出来的。在教数学的过程中，写了《数学教育心理学》；在从事学校管理的过程中，也写出了《学校管理心理学》。我爱人和我培育了两个孩子，把这个过程总结出来，也写成了两本可称为儿童心理学或家庭教育心理学的书：《子女的培育》《有效的家庭教育》。这都主要是靠“心”悟出来、写出来的。“理”与“里”的差别就在于前者更加宝贵，更表现了一种论理。

我叙述这些，并不是想建议心理学只需要自己去感悟而不需要阅读，能够阅读那么两三本心理学书籍还是更好一些。然而，任何知识只有经过自己融化、自己融通，才会真正属于自己，心理学知识更是如此，这是必经自己感悟，并通过感悟化于自己的心、自己的魂的。

用心去做时，才可能领悟到心理学的真谛。

心、心脏，是可见的，心理则是看不到、摸不着的，所以，古希腊人把心理学叫作灵魂学很有道理。灵魂是心，是思想，是精神，还是理想、追寻、向往、思念……

如果既有践行，又有了心理学理论，教师就真正成熟了。优秀的教育工作者必定是优秀的心理工作者，是善于用心去从事教学，把心贴在学生身上，贴在教育事业上的人。

综合以上的讨论，一位成熟的教师，自觉于自己事业的教师，还是知晓心理学为好。

杜绝任何形式的体罚

教师对学生施行体罚，说得轻一点儿是无能；说得重一点儿是师德问题，是有悖于教师良知的。

有言道：朽木不可雕也。我不相信这样的话。

又有言道：没有教不好的学生，只有不会教的老师。我相信这样的话。有人质疑过我：那些顽皮捣蛋的、屡教不改的学生，也可教得好吗？我反问道：你屡教了吗？屡在何处了？反复观察过、思考过、交流过、尝试过吗？还可问：什么是调皮捣蛋了？他顶嘴了？他反驳了？他不服了？

我对体罚特别不能容忍，因而，特别建议杜绝任何形式的体罚。

据我所知，有罚站的，有罚扫地的，有罚跑步的，还有罚背书的，等等。本来，扫地是正常的，但用来罚就变味儿了。本来，跑步是锻炼，是有益健康的，体罚却用来损害健康了。背书也是如此。

我不赞成设立过多的奖项，原因之一是，奖多，评比、评估一类的活动也多，不仅误时误事，而且多有利用评估来进行控制的意图在其中。来自内部的、自我的评估尚可，来自外部的评估实在没有必要，若要，亦应由学校和教师自己去组织外部评估。

曾经有过一个20字的评估方针：以评促教，以评促改，以评促建，评建结合，以建为主。我专门写了一篇文章批评这个20字方针。有幸的是，方针的有关制订者，在知晓了我的批评后，取消了这一方针。可见，好的政府是愿意听到批评之声的。实际上，这才是真正的明智者，这对他们有益无害。大家希望和谐，正常的批评与被批评者正常的倾听，是和谐所必要的润滑剂或添加剂。

评估只是教学的一个环境。评估又称为反馈，在许多教学理论中，都视其为各环境中最后的一环。而且，许多优秀的教师，是凭自己的教育良知去教学的，有没有评估，他们都那样尽心尽力；为了更好地改善教学，他们有时也主动请教一些人，去征求意见，请求评论，但这都是他们自己的事，不是靠别人、靠外在去“促”的。拿教学的一个局部环节去促整体，就好比拿手臂去促脑袋。

体罚所伤害的似是学生的生理，实是伤害学生的心理，这是更严重的伤害，更可怕的伤害。体罚带有侮辱的性质。这种侮辱学生的事，教师也忍心做得出来吗？这是损害学生尊严的事，而尊严是人的生命中最宝贵的东西，不加保护反去伤害，怎么下得了手啊？这与教育的良知不是完全背道而驰的吗？

在我任湖南师范大学校长期间，印象极深的事件之一是，我在接待日的某一天，到固定的接待室去，一位大三的女生来找我，还没开口就号啕大哭。我十分耐心地等候，待到哭得差不多了，她诉说道：德育课老师认为我不认真听讲，就故意提了一个难题，让我答不出，答不出后就要我站在那里。说到这里，她又大哭起来。这就是对“罚站”所受到的侮辱的一种反抗。我赞扬她：你不错，你还知道利用你的哭声来控诉，但是，你还要多学一些办法来维护自己，比如，你可理直气壮地说：“答不出来也是我权利的一部分，你有权给我不及格，但你无权让我罚站。”此刻，她才真正平静下来。但我的心并不平静，这样的德育，这样的德育教师，让我极为不安。

后来，我曾在全校教职工会议上做过专题报告来论述该如何对待学生。

热爱学生是学校和教师的义务。但热爱需从关心做起，关心需从理解做起，理解需从尊重做起，尊重又始于平等的理念。所以，最基础的是平等，首先是平等对待学生。学生资历比老师浅，知识量比老师少，但人格上跟老师完全平等。不从平等、尊重做起，奢谈什么关爱学生？还是大话少讲，实事多做的好。教师有什么资格、有什么权力去体罚学生？忘乎所以了吧？忘记教育是怎么回事了吧？

后来，我在湖南涉外经济学院制订的校风八字即“平等、尊重、准确、高效”。平等和尊重是待人的，准确和高效是待事的。这八个字的概括性也还强，确系我对教育、对学校工作的一种感悟。并且，我本人有十分的把握：我自己就做到了这八个字。平等待人是我骨子里的东西，我在与任何不同身份、不同文化、不同地位的人相处时，态度都一定是平等的。无论是在那些卑怯的人面前，还是在高傲的人面前，都这样，我决不认为那些高傲的人比我高三分，更不会认为那些卑怯的人比我矮三分。那些关在牢里的人，除了法律剥夺的那部分权利外，其他方面跟包括我在内的所有人都是平等的。

我特别反感曾经有过的那种假大空。做人要做真人，真实的人，真诚的人，真挚的人。我可以说我的志向不小，追求不小，但多放在心里而决不说大话，更不说空话。我特别喜欢开玩笑，甚至以“吹牛”的方式开玩笑，但这只是大家在一起开心开心，与大话空话无关。说实在的，我所做的，比我所讲的还多得多。

不说空话，对教师、对校长尤为重要。自己说过了的，承诺了的，一定要做到；如果遇到了一些不可预见的因素而未能做到，则立即向有关知情人或有知情权的公众说明白。我因长期这样做，所以教职工心目中都认为："张校长承诺了的，一定会兑现。"他们相信我，是因为我也同样相信他们的客观。

我把师生享有自由、发展自由、创造自由看得至高无上。舍此，还会有杰出人才出现吗？舍此，学校还是学校吗？教育还是教育吗？

从逻辑上说，自由在，平等才在；平等在，自由才在。所以，我深信人生而自由、人生而平等的真理。

无论如何念一本教育哲学

这算是我对教师的第八条建议，意思是，不仅要学习心理学、教育学的知识，还确有必要读教育哲学。不过，究竟读哪一本是需要斟酌一下的。读两本可比较，但也不一定就能读到合适的。为此，我自己将提出进一步的建议，供教师们参考。

教育学属于教育理论，是高于经验事实的知识，知晓它的必要性我们已有提及，现在来说知晓教育哲学的必要性。教育哲学应当是对教育哲思的思考结果，应是对教育理论的再推敲，再理论。从知识形态上看，它属于上层了，第三层。

有些勤于思考、热爱教育的教师，很可能自发地走到教育哲学领域。通俗地说，教育哲学既是教育智慧的产物，又是能启迪教育智慧的知识。这两方面同时说明了两种可能性，一种是因具有了一定教育智慧而自发地走向教育哲学，另一种则是通过自觉地学习教育哲学而进一步拥有教育智慧。这足以说明自觉学习教育哲学的必要性。

再从教育哲学讨论的基本问题来看。先不妨简单地说说与之有关的历史。哲学在两三千年前的古中国和古希腊就有了；教育学被认为是以夸美纽斯的《大教学论》的诞生为标志产生的，那是1632年。如果教育哲学就是教育学加哲学的话，那应当在1632年以后就有了教育哲学。但教育哲学的出现是以德国人罗森克兰兹的著作为诞生标志的，此时已是1848年。这个历史告诉我们，只有一点儿哲学知识和一点儿教育学知识，不等于有了教育哲学知识，教育哲学实乃专门的学问。教育哲学不是两个东西加出来的。历史如此告诉我们，逻辑又告诉了我们什么呢？

这可以从教育哲学的基本内容去看。简单地说，教育哲学回答的问题是“教育是什么”，这是较之“什么是教育”的问题更深刻、更难回答的。而要回答这个较难的问题，就还必须回答：人为什么可以教？人为什么需要教？人应如何教？人应教些什么？这些问题又都与“人是什么”这一更根本的问题有关。教育学所回答的主要是“什么是教育”的问题，直接回答“教育是什么”“人是什么”并非教育学的任务。因此，教育哲学告诉了我们更根本的问题，可以让我们从根底上去认识教育、对待教育，有更高的教育自觉性，自觉于我们所从事的教学。

教育哲学在我国的出现，晚于罗森克兰兹的著作大约六七十年，即 20 世纪初。从 20 世纪 50 年代到 80 年代初教育哲学的命运可想而知。到了 80 年代初，以黄济先生为代表的一些先行者开始复兴我国的教育哲学，并且，在不少的大学有关专业里，教育哲学成为必修课。道理很简单，从事教育的人必须弄明白“教育是什么”“人是什么”，因而，必须学习教育哲学。

如果教育哲学只是停留在本体论、本质论、认识论等一般的哲学论题上而未围绕着人而展开，那是远远不够的。石中英教授的《教育哲学导论》是很值得一读的，该著作深切关注到了人生与教育的关系，人生与自由、民主的关系等。

当然，我亦可冒昧地提出我本人于 2006 年出版的《教育哲学》一书。这本书就从“教育是什么”出发论及了“人是什么”的问题，并且用公理的方法回答教育的根本问题，由此也从根本上回答了“人是什么”的问题。当然，这是一个难以有终极答案的问题。我的回答决不抱有终极的企望，只是在这个探讨的路途上走着。

人在教育的路上坚持并且深情地走着，教育哲学也会向你招手的；如果持续、反复地琢磨，智慧的火花就可能迸发出来，而这种可以称之为教育智慧的东西，凝结下来就是教育哲学。

或许三年五年，甚至七年八年的时间都尚未跟教育哲学行过见面礼，可能还勉强说得过去；若是从事教学十多二十年还未见面，那无论如何都是一件遗憾的事了。

四川有位高中教师在读过我的《教育哲学》之后，曾在网上发文感叹道，他终于明白教育是什么了，终于明白自己在做什么了，也终于明白自己该如何进一步努力了。我本人不上网，是我的一位博士生知晓后告诉我的，并且她还与这位高中教师做了进一步的讨论。

在古希腊，哲学、智慧、神话，是三位一体的东西。古希腊人贡献于人类的财富，我认为最宝贵的就是系统的哲学理论，有完整文本的哲学理论。这就是贡献智慧，贡献了可以让后来人更智慧的学说。这又正是古希腊神话中最珍贵的部分。有人说他人是“言必称希腊”，我觉得不必回避。现在一些高水平的大学里，如亚里士多德的《形而上学》一类著作以及古希腊哲学，乃是必修科目。正正式式地把“言必称希腊”变成了自觉的教学内容。

我们的老庄孔孟哲学也是极为宝贵的文化遗产，也需要继承，需要弘扬，以发展我们今天的哲学。这与研习古希腊哲学是相互有积极影响的。恩格斯就曾告诫后来的人要学习以往的哲学，他尤其指出了柏拉图、亚里士多德的哲学，以及出生在他的祖国的天才大师康德和黑格尔的哲学——德国的全面繁荣与此有关。

古希腊为何繁荣？ 17 世纪、18 世纪的英法为何繁荣？ 19 世纪前原本十分落后的德国在进入 19 世纪后为何特别繁荣并成为世界上的第一大经济体？ 20 世纪的美国为何全面繁荣且成了 20 世纪的第一大经济体？ 哲学，哲学起了决定性作用。

哲学与智慧同在，智慧与哲学同在，因而与全面繁荣和进步同在，这就是以历史事实存在的内在逻辑。

我们把话题拉得很宽了，为的是更好地说明我的这一建议的缘由。 同时，也表明我自己的深切盼望，盼望教师们具有教育智慧，盼望我们学校充满更多智慧，盼望我们民族因智慧和哲学而更富有创造活力，走向全面繁荣，走向复兴。

当然，我本人亦深受哲学之恩惠，感谢哲学，感谢教育事业，感谢这个时代。

多多思考“学生是什么”

这就涉及教育哲学，这是教育哲学中的一个极为重要的子课题：学生是什么？

固定的一个回答：“学生是人。”商店里的顾客不是人吗？ 隔壁住着的不也是人吗？ 养老院里的不也是可尊敬的长者吗？ 那律师、经理、商人不都是人吗？ 看来，只说“学生是人”并没有把“学生是什么”说清楚。 其实，真要把“学生是什么”说清楚，亦并非易事。 有多少人思考过？ 多少教师、多少校长、多少教育局长思考过？

反过来再问，如果不思考我们就能明白吗？ 学生不就是学生吗？ 明白了“教育是什么”不就明白了“学生是什么”吗？ 可是，究竟怎么才能弄明白“学生是什么”呢？ 当面对“人是什么”的问题，总不能回答说“人就是人”吧？ 这样，几乎所有类似的问题都不必思考了，甲就是甲，乙就是乙。可是，人们会满意这样的回答吗？

说到这里，我很快想起，自己曾写过一篇论文，题目正是《教育就是教育》。 这个看似毫无意义的题目，倒是引起了不少关注，但这是基于一种特殊的背景。 在很长的时间里，有的将教育说成是上层建筑，有的又说成是生产力，还说成是经济、政治的产物。 针对这些流行且有害的说法，我才以《教育就是教育》为题写了论文，教育是它自己而不应说成是别的东西。

坚持从事物本身来说明事物，这是以斯宾诺莎为代表的哲学家的基本观点。 但是，功夫正在“说明”上，要把事物的独特之处说出来，说明白，还说深刻一些，这就不是很容易的事了。 所以，对于“学生是什么”这样重要的问题，既不容易说明白，但又是必须去弄明白的，而且需要弄得特别明白。 学生作为人，就有其与众不同之处。 学生有何特别不同之处呢？

学生的独特正在一个“学”字上。 一般人也学，顾客、商人、官员等不都在学吗？ 然而，学生之学很不一样，他们以学为主要任务，专门学；同时，他们在教师的悉心指导下学；他们系统地、有计划地、以尽可能快的速度学习尽可能多的知识，并增长智慧；还有，他们几乎是无任何功利目的地学着，他们之所求在于发展自身，发展成更智慧、更高尚、更高大的人。

这里，就至少是从四个方面阐述了学生的独特性。 教师都是曾经的学生，然而，做过学生的人不一定就明白学生的特殊性。做了教师，可以回味一下当年，还需从今天的教师身份出发，再认识“学生是什么”。作为教师最基本的工作对象的学生，也特别值得去理解，甚至是一种重新理解。

教学中的几个基本要素是：学生，教师，以及连接他们的教学活动。教学活动是一条巨大的纽带，把教师和学生的心与魂连在一起，此中，不仅有知识文化的交流，还有情感上的沟通与交流。这是人与人之间一种最美妙的交往。它的预设性、计划性，使得师生关系在很大程度上胜过亲子关系。这也正是教育被称为人类最壮丽的事业的原因，也是教育被称为人间最困难的艺术的缘由。教师们正做着这种最困难又最壮丽的工作。

或许，学生也应当知晓“教师是什么”。但他们天然地会知道教师是教自己读书的人，给自己知识的人，为自己开阔眼界的人，好的教师可能还被认为是自己的朋友，是可以无话不说、以心换心的朋友。年龄差比较大的还是忘年之交。如果站在学生的角度去思考这些问题，就更有利于教师去明白“学生是什么”的问题。

很可能，我们需要在“教育是什么”“学生是什么”“人是什么”这样一些问题上反复思考和琢磨。这都可以说是一些哲学问题，其中“人是什么”的问题是最富挑战性的，是一个最难回答又必须去回答的问题，是一个没有终极答案却又一直会去追寻答案的问题。纠结在这里，是一种困惑，更是一种乐趣和义务。

哲学与教育是最难以分割的。尽管在人类活动的任何一项活动中迟早是要“长”出哲学来的，求知和深知也是一种必然，故而，教育中“长”出哲学来亦是必然；它们紧密联系在一起，几乎同时出现。

当柏拉图、亚里士多德办起学园来的时候，他们同时把哲学带到了学园和教育之中。当孔孟展开教育活动时，也就把哲学带给了他们的弟子，带给了教育。古中国、古希腊的历史，还有其他民族的历史事实都说明了这种紧密关系。

从逻辑上也很容易理解。教育是给人以智慧的，而哲学正是智慧之学。这是在有了文字以来的人类历史所必然表现出来的一种现象。毕竟，教育与哲学都离不开成熟的语言，因而，这也是文明时代以来的一种必然现象。

教师处在教育的最前线，因而教师也天然地拥有知晓教育真谛的优越条件。所有教师都如此，这就看谁能较快地利用这一优越条件，较快地明白“教育是什么”“学生是什么”“人是什么”这类哲学性的问题，谁能较快地走向教育智慧。

初任教师时，想得可能比较简单，就是努力把书教好。至于“教育是什么”“学生是什么”这一类的问题，还来不及思考呢。不过，一辈子从事教育，如果对这些根本问题不思索，实在是太可惜了，太遗憾了。并且，还是尽早尽快感悟到的好，这当然就需要有较好的感悟能力了。

我曾专门写过一本书，名字就叫作《感悟教育》。这是2008年出版的，但在此之前的40多年我就开始感悟了。只不过，开始时可能主要是对数学教育的感悟。自20世纪80年代以来，我才开始对一般教育有所感悟。对教育是什么的真知、深知，通常可能是由感到至悟到，从而走向理性，走向深知，走向哲学智慧，使悟到的东西进一步升华。

感悟教育，就包含了感悟教学，感悟学生，也感悟教师自己。由感性到悟性是通向哲性的思考道路上最重要的一段路。在感性、悟性、知性、理性、哲性的意识活动中，明白自己在怎样走着是自觉于教育所必需的。对“学生是什么”的问题亦然。对于这一过程不能简单地完全归结于一个认知活动。

我曾建议，对学生从平等、尊重开始，继而有了解、理解、关心和爱护。从理念上，更需思考学生的特点，思考“教育是什么”“学生是什么”这样的根本问题。

现在可以考虑，为了更实际地了解和思考这些根本问题，不妨回头想想一些相对比较具体的问题，比如说，学生本有和应有哪些权益？教师如何看待和维护这些权益？

在某次开学典礼上，我发言，讲了五分钟不到。我仅建议同学们观察：这是一所什么样的学校？它能给我们什么？它会维护同学们的权益吗？首先，同学们还可去弄明白：自己本应有哪些权益？自己可接受什么，可拒绝什么？可提出什么要求？如何维护自己的权益？是否可以组织起来维护这些？当权益受到侵害时到哪里去申诉？学生会如何独立行事并代表学生的利益？

事实上，教师和校长都是为学生而存在的，学生却不是为教师、校长存在的。这是一种非对称关系。因而，在权益上也具有非对称性质。

或者，学生是交了学费的，或者，学校是得到了政府补贴的。学校不只因此而承担有义务，而且还有教育良知的问题。

在我看来，教师和学校对于维护学生权益，需在理解的基础上，承担一系列责任。下面以罗列的方式叙述一下：

1. 学生应享有充分的信息资源；

2. 学生应享有优质的教育指导；

3. 学生有自由思考、自由询问的权利；

4.学生有发展的权利，健康、全面、个性地发展；

5.学生有受到平等、尊重对待的权利；

6.学生有想对的权利，也有想错了而不受歧视的权利；

7.学生有权拒绝任何的歧视和体罚；

8.学生应有充分的知情权、质询权；

9.学生应拥有顺畅的申诉渠道，以维护自己的权利；

10.学生有权组织起来维护自己的权益；

11.学生之所学知识，有自己一定的选择权；

12.在一般发展上更有自己的选择权。

当然，学生也有自己的义务：

1.有义务好好读书；

2.有义务孝敬父母；

3.有义务尊敬教师；

4.有义务友爱同学；

5.有义务热爱自己的民族。

教师与学生在权益上是非对称的，在教与学的活动上也是非对称的。教是为了学，学并非为了教。教的根本在于引导学生自学，或者说，教是为了不教。但是，“学是为了不学”这个命题是不成立的。

还是来说教育，历史也证明这一点，最初的大学，博洛尼亚大学是“学生的大学”，学生办起来的，学生聘请老师，给教师发工资。这种“学生的大学”持续了两百多年，足见其生命力。其后才有了“教师的大学”。从来没有“校长的大学”，尤其在欧洲，校长的作用是无足轻重的。

对于“学生的大学”，学生的权益不是问题，他们本就是出发点。只是，有些地方可能不知道或忘记了历史。另一方面，这也告诉我们，历史就能提示我们“教育是什么”“学生是什么”。

做被要求者

既然我们侧重关注的是学生权益，那么，学生的需要，学生的要求，就是教师关注的重点。 学生要求教师，与教师要求学生，不是对称的。 教师主要关心学生对自己有什么要求，即使他们没有明确提出，教师亦应知晓。

教师可不可以要求学生呢？ 例如，要求学生好好学习，要求学生用心听讲，要求学生按时完成作业，还要求学生善待他人，互助合作，提升人格等。 但是，我又觉得，这主要应当是学生的自我要求，有一些，他们自然会要求自己，如好好学习；有些是一个修养过程，不是谁说多少要求的话就可完成这一过程的。 而所有这一切，只要教师做得好，教师努力于自己的工作，此外也就不必过多要求了。

因此，我觉得，教师只需要明白学生在要求些什么，而自己该怎样去回应这些要求就够了。 故此，可以说，教师只要明白自己被学生要求了些什么，就要如此去自我要求。 总之，教师主要是一位被要求者。

自觉到自己是一位被要求者的教师，一方面他成为优秀教师的可能性极大；另一方面，学生更自觉地要求自己的可能性也会增大。 因而，教师不妨只想着要求自己，不必想如何去要求学生，也就是明明白白地做一个被要求者。

当一堂课基本讲完之后，可以问学生："你们听清楚了吗？"但也可以问："我讲清楚了吗？"在前一种问法下，学生是被要求者，后一种问法，教师自己是被要求者。 如果教师自己都没讲清楚，怎么要求学生听清楚呢？因此，确切的问法也是"我讲清楚了没有？"教师讲清楚了，学生却还没听清楚的情形也是会有的；此时，教师还需回头来进一步思考：如何讲得更清楚，更深入浅出。

总想着如何要求自己，总是置自己于被要求者的地位，一方面，这是自己的义务，另一方面在充分履行这一义务的过程中，自己的发展将会更好，使自己的教学更精益求精，使自己的教学达到一个更高的境界。 这是多么合算的事啊。

当教师做自觉的被要求者时，教师必然也是一个检讨者，经常自我检讨着：还有哪些做得不好的地方？ 还有哪些是需要改进的？ 还要如何去补救？ 固然，做得好的方面也可以弄明白，但不止于此，还求更好。 甚至还可欣赏自己的教学，但尤其要考虑：是否值得学生去欣赏？ 是否有值得学生去享有的东西？

自觉的被要求者与自觉的检讨者，是必然集于教师一身的。 未必不可以有满足的时候，但不能在满足那里停留过久了，尚需立刻回到不满足的地方去。 停留一刻钟，半个小时，足够了，再继续让不满足促使自己再考虑，再改进，再发展。 一分钟的满足也没有还是不行，过多了，更不行，多停停走走吧。

我这么一说，是不是太难为教师了？ 我没有为难教师的意思，我确实是这样想，也是这样建议的，并且，我也是这样做的。 要说“为难”，首先我已“为难”了自己。 我究竟因为“为难”而做得怎么样了呢？ 正因为我从“为难”中受益，所以也建议教师们去“为难”自己。 无非是在某些地方跟自己过不去吧；等到别人认为你做得太差而跟你过不去的时候，那还有什么意思呢？ 主动权不在自己手上了。

自 1959 年大学毕业后，“文革”中耽误了三年多，担任学校负责人之初教学又中断了三年多，实打实算，我在教学上，在讲坛上，50 年整。 虚数 57 年，实际就是 50 年。 50 年过去了，我更热爱教学，若不是经常将自己摆在被要求者的位置，若不是经常反思着、检讨着，能持续到今天仍热情不减，坚持不懈吗？

不过，可能要附带说明一点。 60 多岁之时不早就退休了吗？ 享有退休也是教师的一种权利。 但是，政府把我的退休年龄延至 75 岁了，75 岁过后，学校、我们教科院让我继续招博士、继续在讲台上开课。 这也为我在更长的时间里感悟教学提供了很好的条件。 由此，我也应当有更多的体悟，因为有了更多“为难”自己的机会，我在教学的践行上和理论研究上也应当有所作为。

把学问变成学“问”、教“问”

学生是来求知识的，且在求知的过程中陶冶自己的情操，磨砺自己的意志，增长自己的智慧，并在领悟中逐渐把自己的命运与自己民族的命运联系起来。相应地，教师也通过知识的传递，让学生在知情意方面都得到发展，增长各方面的智慧，知性智慧、理性智慧、德性智慧，从知识的入口处看到更壮阔的人生，看到更辽阔的世界，并让大千世界融入自己的人生，自己的精神世界。

求知是人类的本性，这是亚里士多德在《形而上学》中所说的第一句话。这也就是教育产生的根源，是人能走向人的根本，是人能改变自己的根本，并且在改变自己的同时也改变世界。故而世界与人可以合一，这也就是天人合一的根本。

人有求知的天性，而求知的基本途径就是叩问，叩问天地日月。故此，叩问也是人的天性。

这种天性在个体身上，在儿童身上即可看见。儿童的天真演绎着这种天性。他们来到这个世界后，遇到无数的“第一个”“第一次”“第一因”，因而，他们时刻在问着“这是什么”“这是为什么”，虽然他们无法知道这正是在叩问世界，正是在通向未知世界的大门，更不知道进门之后还有无尽的道路要走。

教育的使命可以从多方面去阐述，也可以说是引领学生入门，引领学生去叩问，引领他们在这条无尽的道路上，走得更好，更踏实，走向更高的智慧。换言之，引导他们发展自己的天性，在这种天性的支持下去知晓自己，知晓世界。

人的天性如此珍贵，教育却有意无意地抑制了这种天性，甚至逐渐泯灭了这种天性。无论基于什么原因，造成这种结果都是教育的悲哀。所以，在很大程度上，教育应特别小心，特别警觉自己是否没明白人的天性。而无论是有意还是无意，泯灭了这种天性，都是教育自身不可原谅的错误。

明白这种天性，保护这种天性，珍爱这种天性，还需发展这种天性。这才对得起天，对得起人。天赐予人的，即天赋的，能不好好保护、珍爱和发展吗？

由于学生问得多，对教师的耐心也是一种考验，能细心倾听吗？ 能不厌其烦吗？ 如果时间实在很紧，可能也需要说：我们下次接着再来讨论吧。并且，无论如何不能忘了“下次”，这不只是是否言而有信的问题，也是对于“问”的根本态度。

对于学生的问，教师不仅需要耐心，而且需要保护和发展，教师对学生的问、多问，应由衷高兴，如果能引导他们有所发展，那就是自己莫大的成功。

“问”，是叩开知识大门并通向世界的必经之路。 明白了这一点，就不仅会爱护学生，还需要引导学生去问。 赞赏他们问得多，问得离奇，问得怪异。

实际上，“问”是一门艺术；教学生问，更是一门大艺术。 对于称得上艺术的教学，“问”的地位是至高无上的。 谁更会问，谁是更好的学生；谁更会教问，谁就是更好的老师。 我曾多次说，常问的学生是好学生；会问、爱问的学生，是更好的学生；能把教师问倒的学生，无疑是最好的学生。“问”的地位何其高也！

相应地，常引导学生问的教师是好教师；引导学生喜爱问、善于问的老师是更好的老师；能引导学生把自己问倒的老师，必是最好的老师。 “教问”的地位何其高也！

被问倒了，一点儿也不可怕，向学生直陈：我答不出。 这不仅是一种勇气，更是一种赤诚，对学生的赤诚，对知识的赤诚。 同时，可由衷地高兴：我的学生能把我问倒。 此时，可以回应道：课后，我将去查阅有关这个问题的资料，必要时，我还会请教高人。 对于学生，教师真可以为他们问倒了自己而高兴；对于自己，则是一个获得新知、再增长见识的好机会。 实实在在的教学相长啊。

对于我本人来说，自己确实是常问着的，十分喜爱问的，并且，我深知，所谓学问，就是学“问”的结果。 汉语里，用“学问”一词来表达知识、见识、见解实在是太确切了。 学“问”是一个过程，这个过程的结果正是学问。 这是过程与结果的统一。

遗憾的是，我还没有成为“最好的老师”，因为至今还没被问倒过。 我真诚地认为，自己是可被问倒的，我确实还有很多无知的领域。 即使在我较为熟悉的领域，也还有未知的部分。

我曾设计过一些问的基本方法和步骤。 比如说，面对一个命题时，首先问它说得对不对；对了，再问够不够；够了，再问好不好，有无更好。 这是一个问题三部曲。 但这个三部曲的意义和学术价值并不特别高，因为它只是面对既有命题的，是跟着前人和现实的他人走的，因而是随从性的，而非原创性的。

我的“问”已成为一种习惯，也因为“问”而在学问的道上走了很长的一段路，因为问而与天地日月、江河湖海不停地对话和交流着。我也教问，一直这样教着，并且也成了习惯，在任何一堂课上，我完全没有可能不带着一串问题，而且，其间还会产生新的问题来，料想不到的，且真有可能是自己难以回答的问题。

关注如何走向原创

创造有不同的档次。最低一层是模仿，照葫芦画瓢。接下去是求新，求异，原创。新是相对于旧的，异是相对于同的，原创则连“旧”的背景、“异”的背景也没有。

CIT（加州理工学院）的格言“说别人没有说过的话，做别人没有做过的事”，表明了他们对创造的追求。但是，这也还不一定意味着原创。没有一流的理，就没有一流的工，技术上的创造是可贵的，但都算不上原创。理论上的创造，不是跟着别人理论走的，才可能是原创。牛顿的学说是原创，爱因斯坦的学说是原创，亚里士多德的哲学是原创，伽罗华的群理论是原创，哥德巴赫的猜想是原创。

近代以来的原理性发现基本上不出在我们这里。我们更多的是发明，而非发现；更多的是应用技术，而非理论性成果，更少哲学上的成就。我们的原创在世界上占的比例不到百分之一。无疑这将与可持续发展有关，与我们的后劲有关。这当然值得我们深思，显然教育对此亦有责任。我们的教育是探究性的吗？我们的教育称得上创造教育吗？社会环境无疑应做出自己的深思和必要的检讨。

我们文化传统中的某些因素可能也有影响，例如，我们多有发明而少有发现；我们看重技术和实用，而少有理论性和哲学成就；还有对感性的过于崇尚等。

然而，我们也在文化中，我们是传统中的一环。德国人在19世纪改变了他们的传统，自此，一大批思想家、哲学家、数学家、科学家、艺术家涌现出来。从此，他们站在世界的顶端，科学的顶端，经济文化水平的顶端，原创的顶端。

具体一点儿说吧，我们的教育应当怎样思考，应当思考些什么？我们对原创负有怎样的责任？为担当起这一责任，我们该怎样改变或改革自己的教学？大的环境的变革，教育很难起更大的作用，但教育自身的环境，不主要应由教育、由教师们来思考吗？即使外部环境有些问题，但教育也不是不能有所作为的。负有历史使命感的教师，是决不会让自己置身事外的。

比如说，语文教学中过分拘于语法的严谨和格式，而对活的文学本身下力不够。骨架子当然重要，但更重要的是有血有肉，有潜在于文字中的魂，文字中的灵气。语法当然重要，但文学家们不会有语法上的困难，真正的困难是对生活中艺术的领悟，尤其是那些乡土作家，那些诗人，他们是驾驭语言的人，而不是被驾驭者。他们的作品是真正有血有肉有魂有灵气的，他们是思想者。

再说一说数学吧。数学教学中有类似于语文教学的问题，或许还更为严重一些。

可能以几何为例特别便于说明问题。几何特别看重演绎论证，以严格的论证为荣，是相当普遍的现象。这也就是对逻辑的格外看重。几何确实具有特殊的作用。除了大学里的少数情况下开设形式逻辑课程外，一般都是以几何的学习代替了形式逻辑的学习。这是几何对全人类无可替代的贡献，是希腊人的公理思想对人类的重大贡献。感谢希腊人的哲学精神缔造了几何原理。没有任何著作比《几何原本》具有更大影响。其印刷版本有 1000 多种，以各种文字流行于全世界。

但是，这仅仅是一个方面，形式逻辑只是一个基础，更高的智慧还有赖于辩证法，有赖于想象力的发展。然而，只有几何演绎逻辑是达不到这些目标的。

可以问问：几何公理是从哪里来的？恰好，它本身并不是演绎出来的，而是归纳出来的。归纳才产生原创。

归纳与演绎相比，前者才是开拓性的，原创性的，具有更高智慧的，又培养更高智慧的。

直觉与逻辑相比，直觉是开拓性的，原创性的，需要更高智慧而又能培养更高智慧的。

直觉和归纳获得的一般是半成品，还可能泥沙俱下，但是，最珍贵的东西正从它们那里来。我常把直觉比喻为长头发，而逻辑是梳头发。教育不能只是梳头发，头发没长出来，长得不那么茂密，梳有什么意义？教师不应当只是理发师，还应是营养师、培育师。猜想力、联想力、想象力、幻想力的价值是不难理解的，但这些能力主要不是由逻辑推理来培养的，不是仅靠三段式论证能培养的。

“凡羊都有两只角，A 是一只羊，所以 A 也有两只角。”这是经典的三段式，从大前提到小前提，再推导出结论。其实，这个结论早已包含在大前提之中了。因而，论学术价值，也就十分有限。真正要解释的，是大前提的来源。“凡三角形内角和为 180 度，A 是一个三角形，所以，A 的内角和亦为 180 度。”问题正在于，你怎么知道“凡三角形内角和为 180 度”的？

这才是源头，才更需要智慧。

历史表明，几何发展史上确有人质疑过：“三角形内角和为180度”是一定成立的吗？

而其结果还真的发现了三内角和小于180度的几何和三内角和大于180度的几何，这两种几何都被称为非欧几何。至此才算认识了较为完整的几何世界。这是更伟大的成就，这种成就恰是从对大前提的“天经地义”的质疑而获得的。

什么叫原创？非欧几何是伟大的原创之一。这不是从三段式演绎出来的。事实上，逻辑推理走不了很远。于是，人们称逻辑不过是一个小买卖，直觉才是大本领。许多人知道我是学数学出身的，由此而常称赞我逻辑性很强，殊不知，这只是在称赞我能做点“小买卖”。我不仅很看重直觉和归纳，而且实际上也不断地锻炼自己的这种能力。实在说，那点形式逻辑能力，我在中学就掌握了。我在学术上也做了不少工作，其中，逻辑仅仅起一点儿辅助作用，确实只是个“小买卖”。

真正的本领在直觉，在归纳，在想象，在猜测。这才是大智大慧的源泉，原创的源泉。我本人在教学中，就常常引导学生去猜测，去想象，从而在猜想和想象之中发展直觉能力，归纳能力。我关注的，也就不仅仅是逻辑推理能力。

直觉和归纳本来是人的天性，逻辑能力是后天获得的。实际上，发展这种先天能力是更不容易的。现实的情况是，一方面不少的人（包括教师）不明白真正具有原创性的东西并不来源于逻辑；另一方面，即使明白，对于如何发展学生的直觉能力、归纳能力，也没有多少办法。这两方面合起来，就使得问题变得格外严重。如果这种情况不改变，教育就确有令人担忧的地方。

我们为什么培养不出杰出人才？我们为什么没有多少原创性的科学成果？为什么总与诺贝尔自然科学奖无缘？最近出了个屠呦呦，是从事中医药研究的。为什么很多人在问却得不到正面回答？尽管有体制方面的原因，可是，教育没有责任吗？教育能说自己已做得足够好了吗？

试问，这种只关注形式逻辑，只会去讲究严谨而不知还特别需要思维活泼的教育，能有杰出人才出现吗？能为原创性成果的涌现做好准备吗？我们的教育要检讨的事情实在太多了。有些事还不是单个的教师所能去做的，可是，又需要从一个一个的教师做起。

我愿意冒昧地说，在自己的教学中，我已经形成了主要引导学生去猜测的习惯，引导他们去想象，并通过举一反三、触类旁通、异想天开的方式和言说，引导学生发展自己的自觉；在实例不多的情况下，引导学生去归纳，通过归纳去猜想。实际上，教学中比较难的正是在这样一些过程上。不必急着有结论。在尚无结论的状态下，能够容纳更多的自由想象与思考。还不妨把疑问带到课外去。

或许，大学教学与中小学有较大的不同。不过，共同之处也不少，并且，儿童和少年的直觉天性、归纳天性保留得更多，在自由的状态下，在教师的启发和引导下，他们可以发展得更好。切切此心，希望跟教师们讨论和建议的东西还很多。

不妨将“更富有、更智慧、更高尚”作为培养目标

目的与目标似有不同，但“的”与“标”是近义字，目标稍具体一点儿。于是有人认为目的是对大的方面而言的，而目标则是指大的目的之下更具体的方面。这样理解也无妨。在运用时，我自己并不严格区分，例如，我曾将“把学生培养成更富有、更智慧、更高尚的人”作为目的，亦为目标。我自己就是这样去追求的。现在，我所建议的是，各位教师亦不妨以此为目标。下面还对此做稍详细的说明。

“更富有”这一点是容易理解且不太可能忽略的。上学或升学前，就有了一定的经验和知识，之后，就要更增长知识，知识上就更富有了。每个不同的学习阶段，教师都会给学生以新的知识，因而，自觉地会以让学生“更富有”为其目标之一。

“更聪明”“更智慧”这个目标就更高了。增长了知识，并不一定变得更智慧。在进入新的学习阶段之前是聪明的，能在其后变得更聪明吗？不是也有越学越蠢的吗？很少，但也有；至于获得同样多知识的人，在聪明与智慧的发展上不一样的情形，就很常见了。同样的富有，不一定同样聪明和智慧。

在长沙大学和北京大学之间，只要有可能，学生还是愿意选择北大。不完全是名气问题，还因为那里有更好的师资，但什么是更好的师资呢？也就是这些教师更富有、更智慧，他们不仅让你更富有，而且让你更智慧。长沙大学和北京大学教的微积分都是围绕着牛顿－莱布尼茨定律讲的，可是，北大的教授们确实不仅能让你更明白，而且能让你学了之后变得更聪明，更智慧。有不少学生，在北大念了博士之后，还跑到哈佛、耶鲁去念，这里也有类似的考量。

我把聪明与智慧，做适当的区分。一般人都是聪明的，但聪明的人之中只有两成左右能达到智慧。所谓智慧，就是多少有些更深刻的思考，有哲思。教育干什么呢？在一定的意义上就可以说是把那个两成变为三成、四成，甚至有更高比例的人达到智慧。这也就是教师的一种应然目标。智慧的教师会努力让学生更智慧，同时教师亦将在此过程中实然地让自己也变得更智慧。

我曾在“更智慧”之后加上过“更高尚”“更高大”。如果智慧中不仅包含了知性智慧、理性智慧，还包含了哲性智慧、德性智慧，“更高尚”的目的亦属必然了。“更高大”仅仅是强化语言，显然不是指个子长得更高了，而是其神性更高大了。

学生是在变化着、发展着的。教师的目的在于引导学生向更美好的方向发展变化。什么叫作更美好呢？我们也就将其具体化为更智慧、更高尚、更高大了。这还不美好吗？人间最美好的，是能给予他人；给予他人以钱财物，那是身外的东西，也很重要；但更宝贵的，是给人以身内之物。有比这更美好的吗？

教师所从事的是未来的事业，真正的收获在未来，而且难以有预期，因而，教师是满怀期待的人。这种情感本身属于“高尚”，且以此高尚去换来“更高尚”。这与春播秋收那种季节性明显的生产很不一样。农民给予土地的是耕耘、播种、施肥、浇灌……教师也类似，所不同的，农民是物性，教师是神性；农民以神性赋予物性，教师赋神性于神性。但都在天上人间忙碌着，奔跑着。

智慧主要还是两大方面，一是知性智慧，二是德性智慧。这两方面彼此独立又相关，知性智慧高的人，并不一定德性智慧高；反之亦如此。但彼此间有影响。或许，德性智慧影响更大一些，善于善的人不可能不努力使自己善于知；善于知的人或许对于善亦必有所考虑，但不一定考虑得那么多。当然，人还是把真与善统一于一身才更美。

那种能走向原创的人，多半还是真善美统一得较好的人。这似乎不是纯粹的知性智慧。

很多情况下，走向智慧都是自觉不自觉地靠近哲学了的。于是还是得与哲学打交道。从教育中应当获得智慧，可是实际上获得智慧，却是与哲学不能分割的。教育哲学能给教师以智慧；教师能把智慧给予学生，又需要有哲思。

归结我们的讨论，最重要的是更智慧与更高尚，如果高尚可视为德性智慧，那么，最重要的一桩就是：让学生更智慧。“更富有”不是不重要，而是对于它，人们不易去忽略；“更高大”当然也不是不重要，而是它本就是一个必然的结果。

为使每个学生成为自己而努力

知识只有在真正属于自己的时候，才是真实的知识，融于自己血脉的知识。对这种知识，不只是理解透了，而且能运用自如了，能用自己的语言表达出来了。

同样，任何目标也只有在它融于自己的心身了，在它变成了自己无须约束就能为之奋斗，在任何曲折和坎坷中矢志不移，与目标同在了，这才真的是自己的目标。看来，要使目标在自己心中树立起来，并不是一蹴而就的，这是一个并非轻而易举可以完成的过程。有些目标可变，有些是永远不能变的；已经实现了的目标当然需要另立，某种难以预料的困难出现了，亦需调整自己的目标。许多情形下是需要阶段性目标的，一步一步地走，这就还需有相应的设计，为不可预见的因素留下余地。目标可以宏伟，但更重要的是扎实，能经过努力而实现。

德智体全面发展，那是方针，实际地变成教师自己的目标，就多种多样了，并且必定是通过教师的具体工作来体现的。而且，具体到每个学生，德智体都会有他们各自的特殊内容，通过不同途径去发展。归根究底，是每个学生自己的德智体发展。因此，可以简洁地把目标归结为：让他们成为自己。

对于“把自己培养成自己”的目标，还真有人质疑，强烈地质疑：“怎么能自己培养成自己呢？”我反问：“不培养成自己，难道是培养成别的人吗？”“培养成雷锋式的人，周恩来式的人。”那还只是“式”，只是那个样子，你不还是自己吗？不还只是有点儿像别人那个式样的自己吗？向某些人学习也是需要的，但不也还是为了做一个更好的自己吗？不是学做别人而还是学做自己吧！

自己、自我、自在、自由、自尊、自重、自信、自立、自强，所有这些，对于一个人该有多么重要啊，可是，这一切都在于自我实现，自我奋斗，无人可替代。教师们不可能替代，却可以辅助，强有力地辅助。辅助学生成为自己。在自由中，在自爱、自尊、自重、自信中成为高大的自己。

这是一个崇高的目标。

教师从学生出发，学生从自己出发，这正是一种极好的配合。学生从自己出发，也可说成是学生从个人出发。从个人出发有什么不好吗？不是应当从国家出发吗？可是，中小学生的国家概念还是相当模糊的，他怎么可能从一个相对较为模糊的概念出发？再者，不从个人出发，不使自己更富有、更智慧、更高尚，拿什么为国家？又如何从国家出发？教师怎么可能不从每个学生出发来奉献国家？从个人，到父母，到家庭，再到民族和国家，谁能不经历这样的过程？

我们的话语体系很特别，“农业、农村、农民”“世界观、价值观、人生观”“国家、集体、个人”……这都是演绎思维，而人的天性是归纳的。农业在哪里？很少人能说清。农村在哪里？农民知道：那是我生活的地方。我们的顺序是，先说那个许多人看不见、说不清的农业；然后，才看到炊烟缭绕的农村；最后才看到肩扛锄头、头戴草帽的农夫，还有那在家养猪养鸭的农妇。

亿万人之中，思考人生的，有百分之几？形成人生观的又有百分之几？百分之几的百分之几，就成了万分之几，那就为有万分之几的人有了人生观？石中英先生的学问做得好，他在自己的著作《教育哲学导论》中才比较系统地讨论了人生，讨论了人生与教育、人生与自由、人生与民主的诸多关系。如石中英先生这样自觉于人生的，又有几分之几？无此自觉，人生之观又从何而来？一天一天地过，这不也是人生吗？

从人生观跳到一般意义上的价值观，颇不容易；再跳到世界观，就像跳高跳到二米四一样，世界上有几人？中国跳得最高的，也不过两米三九。

以我本人的体验为例。直到高中，还不曾想过什么人生观，更谈不上世界观。大学毕业后还未想到什么世界观。真正想到人生并有个“观”，是开始了哲学思考之后。至于世界，作为地理知识，中学就学了一些，五大洲的一些主要国家的分布都知道了。世界在心中了，但并没有什么世界观。又只是在知晓康德的理论，在进一步思索哲学问题时，才有了对世界、对人生的一些看法。某些天才，可能在“而立”之年就有了“世界观”，我至少是在“天命”之年才明白了一点点。我真不知道，那些把世界观摆在前面的人，是对那些天才而言的，还是对像我这样到“天命”之年才有所领悟的人的？

不只有物质世界，自有了人之后，还生出来了一个精神世界。这个精神世界更奇妙了。那些讲世界观的人知之多少？那些真有了点世界观的人，在面对这种世界时，能不十分的虔诚和谨慎吗？世界上那些最杰出的哲学家恐怕也不敢狂言，他们知道这种奇妙应被称之为神奇、神秘、神妙，因而神圣。

这里，我是在建议教师们把“把学生培养成他们自己”的目标放在心中。其前提在于，每个学生都是神奇的，他们都有一个精神世界，他们都可走向神妙和神圣，而教师们要努力去帮助他们走向神圣。“把学生培养成他们自己”是教师们的一个伟大的目标。

“人是什么？”对于此问，至少有一百种以上的回答。回答之一正是，人是那种自己可以成为自己的生命，可以成为更高大、更丰富的自己，更鲜活的自己；当然，弄得不好，也可能是萎缩了的自己，更贫乏了的自己。这都是看自己如何对待自己的。

很可能，这是人最重要的特征，人这种生命是可以获得新的生命的生命；未来的自己一般而言还是今天的自己，却又在很多方面已不是今天的自己。

视引导学生做人为第一要义

人是可以成为自己的，今天的自己不同于昨天的自己；明天的自己又不同于今天的自己。那些自觉于自己的人，便可自己引领自己的路程。那些优秀的教师便可在他们身边，帮助他们好好照顾自己，进而引领自己的航程。

自己成为自己，人成为人，就是在人去做人的过程中实现的。天底下，唯有人具备这种使命：人学习做人。羊不会去学做羊的，猪会去学做猪吗？它们天生是那样子，就一直是那样子，只有生理上的不由自主的变化，人则可自主地变化，于是，在人间有了理想，有了信仰，有了追寻，人都以不同形式的自己做自己。有一些人明白到这样的程度：一直到老都还要认真做人。

起点很重要，父母和教师正站在教学生做人的起点上。做人的学问很大，但实际地做，则要从最基本的地方做起。在做人的问题上讲大话、空话是很害人的，弄得不好就会说假话，距离真人越来越远。人们也称这一现象为人的异化，也就是弄得不像人了。

做人最基础的地方在哪里呢？在脚下，在不说谎，讲礼貌，尊重人，孝敬父母。

人是唯一知道自己有父母、有祖先的生命。因而，还知道有过去，有历史，进而，知道有明天，有未来。有更高自觉的人，就会珍惜历史，把握未来。教历史课的老师是最值得尊敬的，因为他们把过去与未来连接起来，把传统与现代连接起来，把今天的人们与自己的祖先及其文化连接起来。

忠孝仁爱，礼义廉耻，是我们文化的精华。唯一需要解释的，是我们无须忠君，只需要忠于我们民族、我们国家就够了。这种精华所教导我们的，亦正是做人的一些最基本的方面。我上小学时，还没有玻璃窗，只有木窗，四版大木窗上写着的四个字，就是礼义廉耻。这四个字嵌在我心中一辈子。

是我小学的哪一位老师或哪一位校长让写上这四个字的，我无法知道了；但我知道，一定是他们传承了中华文化，是他们要把这些精华再教给我们，世世代代，生生不息，记住我们民族古老的训示，我们伦理的精华，文化的精华。经过了 20 世纪 60 年代前后 20 年的风雨冲刷，也没能把我们的根抹去。

在我任校长期间，曾建议党委组织部从一些最基本的方面去考查干部，第一，看上厕所后是不是冲水；第二，看他跟人说话时是否喜欢唱高腔高调，趾高气扬；第三，回家后是否欺负老婆或者老公，把仗势欺人带到家里去了。

组织部的人竟把我在开玩笑中说明的内容做了直接的理解，以为真的是看他们上厕所冲水了没有，故而颇感为难。其实，我所表达的，只是这样一个意思，做领导还是从做人做起。做人都做不好，当什么领导？

艺人们知道，要演好戏，首先是做好人。学人也知道，要把学问做好，更要先把人做好。各行各业的人，从商的，从政的，做人都是第一位的。“无商不奸”，此话在现代就不那么确切了，邵逸夫、李嘉诚都是大实业家，可是他们对教育有巨额的投资。比尔·盖茨更是亿万富翁，可他也是大慈善家，巴菲特也向他学习。

学生长大后，会志各一方，很可能未来在各行各业，教师都看到自己的弟子。如果他们在校学习期间做人的底子打得好，未来成功的把握就大得多。

实在说，学生在校学习的那些知识是最易忘的，况且，人的一生所需要的知识，学校能提供百分之二三就不错了。最不易忘的，恰恰是老师的关爱、呵护，最不易忘的是那些让自己有了对人生的感悟的知识。正像我上小学时窗户上的四个大字那样可以永远铭记。在大中学学习期间也有很好的记忆。我从大学也获得了很好的知识，比如，我所学的的微积分、高等代数、解析几何，对我有重要影响，毕业后能继续自学也得益于这几门最基本的课程。此后，李盛华教授把测度论、泛函分析等教给我时，我就能较好地领会了；但是，李盛华老师对我最大的影响还是做人。他待人厚道、诚实，不在气势汹汹的批斗面前屈服，以及他高深的学问、人格修养，也让我终身受益。

把独立、自由与智慧连接起来

我们讨论了智慧问题，教师拥有教育智慧，并给学生以智慧；又在给学生智慧的过程中，进一步增长自己的教育智慧。教育就在于引导聪明的学生更聪明，这个“更聪明”就是智慧。只要有可能，还将在智慧的高度上向更高处进发。

这种发展是需要有一定的主客观条件的。陈寅恪先生将做人的要领归结为独立之人格、自由之思想。这是一个真正的人所必需的，陈先生用高度凝练的语言说出了做人的真谛。人有人格，校有校格，国有国格，这是更基本的一面。

有三种不同意义上的人格，一是法律学意义上的，那是指人的资格，人享有的权利及应尽的义务；二是心理学意义上的人格，它与个性是同义的；三是伦理学意义上的人格，那就指道德，指人的品格。作为人，够不够格，主要是从第三点来看的。

陈先生所言“独立之人格”的人格，可从以上的各个方面去看。独立所强调的是不依附，一旦依附，独立就丧失了。从而个性、品格都成问题了，法律所需保障的人格还在，但更关切自身的人格，就因依附而失去了。故而，心理的健康，平时之修养，至关重要，让依附不致发生，独立亦不致丧失。

有了独立之人格，自由之思想是必然会有的吗？不一定。独立人格对于自由思想是必要的，但并不必然导致思想的自由。影响思想自由的，还有一些因素，例如，对权威的不自觉地盲从，对书本的不质疑，对自己的思维定式所可能产生的不利影响缺乏警觉。所有这些，并不是只要人格独立了就一定不会发生的。

学生的独立与自由是如此重要，教师自然必须倍加爱护，引导学生去珍惜和维护；并且，还需在教学中提升学生的人格，发展学生的自由。这既关切到学生做人，又关乎学生更好地成长，并且这是学生走向智慧走向创造所最必需的。

自由加求知的欲望，就是创造，或者是走在创造的道路上了。这与教师有关吗？

更具体的问题也是相应的两个：求知欲可不可以在教师的引导下增长？学生的自由可不可以在教学过程中得到发展？否则，这与教师的教学有何相干？自由与求知如此重要并关联着，但凡重要的，教师都需去关心吗？但这确系非一般的重要，因而，教师需给予非一般的关心，做出非一般的努力，最值得的努力。

我们分别简要地就学生的独立、人格、求知欲和自由思想的问题进行一些讨论。

先说独立人格。每个人是每个人自己，这是人格独立的理论前提。子女是父母抚养的，但并不因被抚育而在父母面前没有独立人格，父母是无权打骂自己小孩的。学生是教师教授的，但学生不因被教授而在教师面前没有独立人格，教师无权损害学生的独立人格，决不可有侮辱学生人格的任何言语和行为。父母和教师还有义务教导自己的子女或学生珍爱自己的人格，这是自尊自爱中最重要的方面。

关于求知欲，我们在前面已谈及了。人是通过求问而求知的，浓浓的求问欲望，也就是强烈的求知欲。这种欲望也是需要并且可能在教师引领下得到发展的，从而，让学生持久地处在强烈的求知欲望下，不停地去追寻和探索。

人有七情六欲，但是，求知欲是最重要的，有些欲望是须限制的，而求知欲望可以是无限的。

下面稍详一点儿说自由。我们不想把自由的范围涉及过广，仅限于思想自由，且是在校学习的思想自由问题。

“人本自由”是亚里士多德的名言，许多的哲学家、文学家、诗人视自由为生命，不少的政治家至少在他们夺取政权之前喊的口号里，都必定有争取自由的声音。

许多人明白，行为上的自由具有相对性，基本的，起码要有的一条限制是不能伤害他人。思想的自由则具有绝对的性质。言论虽是思想的一种表达，对这种表达亦需限制其不得伤害、诽谤他人。学术自由是学者思想自由中最基本的，他人可赞成可不赞成其思想观点，但他人不能限制其学术思想自由。

自由为何那样重要呢？“人本自由”还只说到了本有，还没有直接说明思想自由的重要性。思想自由是学术创造的前提和源泉，这种观点就已说明了学术自由的重要性。从另一面想想也很有说服力。如果一个人的学术思想不自由了，一般情况下应是其自我丧失的，在此状况下，他还能在学术上有什么作为呢？

人的自由是本有的，天赋的，但在后天是还可以发展的。人为什么上学？为什么要尽可能接受好的教育？在很大程度上，就是为了获得自由，且发展自由。

哲学家们说自由是对必然的认识。但是，自由不只存在于认识必然之后，还应存在于认识之前，认知之中，这样，达到必然的可能性会增大。所以说，在整个认识过程中，自由都是必需的，重要的。有了较为充分的自由，就可能较多地知晓世界；在更多地知晓世界后，自由尚可进一步扩大，自由是可以发展的。

教师几乎天然地在发展着学生的自由，但也有两种可能，一种是天然的情况下让学生能更好地发展自由；另一种是有意无意地损害了学生的思想自由。在现实的教育中，这两种情形都存在着，而没有充分意识到自己有维护和发展学生自由的情形，可能还相当普遍。因而，教育中令人担忧的事真还有不少。

既然是思想，就有想得比较对、比较不对的情形，还可能有很荒唐的情形。教师需要去判断，最好是讨论式判断，不匆忙下结论，那种不听清学生之所言所想，就打断学生发言的事情，应当是教师的一个大忌。并且，还要想一想学生的“荒唐”背后有什么，很可能在那里还有教师没了解或没理解的东西。故而，通过对话式的探讨，让学生处在十分自由的状态下探讨，既有利于启发学生思维，又有利于比较自然地达到结论。如此结论可能是属于比较深刻的，似是教师跟学生一道获得的。

这样一类的过程，不仅让学生享有了自由，还发展了自由。当学生不赞同教师观点时，不是教师的尴尬，而是教师的成功，教师可以引以欣慰之事。

向着教学艺术境界前行

任何工作，任何行业，都可达到艺术境界。由熟练而拥有技巧，由技巧而生成艺术。走向艺术有其必然性，此乃人性之必然。因为人是美的存在，人为美而生，为美而长，为美而不断前行，故而走向艺术。有军事艺术、政治艺术、经营艺术、烹饪艺术，会没有教学艺术吗？

艺术似是必然产生的，那还需做什么主观努力去追寻呢？可是，事实上并非所有教师都达到了教学艺术。这必须是经过努力，经过追寻，经过锤炼才可能达到的，这存在于磨炼之中。需要许多的探求和讲究，功夫不到，没能达到炉火纯青，艺术就仍然是可求不可及的。

十年磨一剑。教学艺术没有五年八年的功夫，是磨不出来的。每三五年前进一步，十年过后，就很有希望了。自觉不自觉，效果是大不一样的。决心一辈子从教，就早早地走在自觉追寻教学艺术的路途上，艺术的境界就会向你敞开大门。

为了学生，努力让自己的教学成为艺术，为了自己，也应当为走向教学艺术而奋斗。无个性，一定没艺术；有个性，还不一定有艺术。于是，从自己擅长的、已有所领悟的方面开始是重要的。模仿是最原始的做法，开初，未必不可以向一些优秀教师学习，但真正的艺术，必是属于自己的，个性化的。有风格一说，艺术可能与独特的风格同在；而风格这种东西，只可能在自己的心灵中生成进而展现出来。功夫到家了，教学艺术就从这种独特风格中飘然而至。

有些人被称为歌唱家、作曲家、画家、雕刻家。科学家们很尊重艺术家，并且向艺术家们学习，希望自己也能像艺术家那样生活，那样从事科学研究。艺术家们直接追求美，表现美；科学家们通过自己的科学成果间接地表现美，对美的追求也成为科学家工作的动力。这是科学史所说明了的事实。

教师若能将美传递给学生，不仅传递给了他们以知识，而且提升了他们的美学水平，增强了他们的审美意识，无疑是为学生未来的成功奠定了良好的基础；同时，这也是教师自己教学的成功。当自己的教学成为艺术时，这种目标就更有可能实现。科学家、艺术家、哲学家，不都是教师培养出来的吗？ 让自己的弟子中多出现一些这样的“家”，更是莫大的幸事，是教师孜孜以求的事。

教师的教学艺术包含许多方面，口头语言的艺术，书面语言的艺术，对话的艺术，追问的艺术……这一切，还有赖于思维的艺术，研究的艺术，幽默与诙谐的艺术，传情达意的艺术，如相声、歌唱、飞翔……教学艺术确系一项综合性极强的艺术。 难怪康德认为，世间的两大艺术之中，即有教学艺术。

我想，教学艺术与众不同的原因在于，它是心灵的艺术，是交往的艺术，是人与人神往的艺术，神性起决定作用的艺术。 因而，是特别不容易把握的艺术，也是人间最珍贵的艺术。 故此，也值得教师终身去追求；尽快地去掌握这一艺术，也就可以去享有这一艺术。 更能让学生享有艺术，让学生在艺术欣赏中成长；虽然“快乐学习”只是一种理想，学习不可能不经过艰苦曲折，但最终还是应享有快乐；因而，只要不做简单化的理解，这一理想就具有现实性。

艺术确实是站在高峰的。 说各行各业都可走到艺术，也就是因为各行各业的人都愿意登上高峰，也都可以经过努力向高峰进发，登上去。

艺术具有永恒性，因为它容易永驻于人的心间。 教学艺术则可永驻于学生心中。

其实，从中学到大学，我们所记得的。 并不是老师所讲的那些原理、定律，而是他们的风格、派头、神态。 李盛华、杨少岩、张国魂、赵孝恭，这些名字永远在我心中，不仅是因为他们带着我走进了学问和真理的殿堂，还在于他们引导我热爱学问，热爱真理，也热爱艺术。 这才是生活，艺术般的生活。

为什么我终身记得他们，并为他们写下了诗篇？ 就因为他们告诉了我思维的艺术，表达的艺术，连同他们对学生、对教育的情感，一起感染着我。他们艺术般的教学，表现形式各异，共同的是，我都可以欣赏，可以享用，可以成为永恒。

把音乐、美术、体育看得更重些

有教语文的，教数学的，他们之所教应受到重视，几乎是不需要任何提醒的。在大学里，重视微积分，重视理论物理，重视哲学，也是自然的。

音乐、美术、体育就不一样了，它们甚至被认为是副科，是玩玩耍耍，打打闹闹的。然而，这些看法本身才是肤浅的，有害的。这些看法反映的是对教育的片面理解，对教育史的无知，对这些科目的意义在认识上的重大偏差。

我们现在常说的“德、智、体、美”的顺序。从逻辑上讲，“美”绝不是末位的。我们在许多地方已讨论过，“人是美的存在”，以此为主题，我有过一本专门的著作。

关于“体”，按以上顺序，它是排在第三位的。可是，从古希腊，直到康德，都是把“体”放在第一位的。发展体育运动，绝不仅仅是“增强身体健康”。人的身心是不可分离的。灵魂是附于体魄的，纯粹的体，与魂无关的体，存在吗？

如今最具世界影响力的夏季奥运会，起源于希腊。它仅仅只具有“体”的意义吗？那是人类空前的聚会，其经济意义、文化意义、教育意义、社会发展的意义，几乎无人不知。能够举办奥运会，既需要实力后盾，又是莫大的荣誉。中国在告别了20世纪60年代至70年代的动乱之后，也迎来了体育的春天。女排是这个春天里最早报春的项目，其意义远远超出了体育范围，它振奋了我们的民族精神。它被称为“女排精神”，它把附在“体”上的“神”和“魂”显示出来了。

自20世纪80年代之后，又经过了约30年，中国国力进一步增强，体育地位也大大提升了。由此，2008年，古老的奥运来到了我们更古老的文明之地。这既是中国强大的必然，也表明中国更开放了，中国与世界不可分割了。中国离不开世界，世界也离不开中国。

如今，体育已发展成三大类，一是群众体育，如广播体操之类；二是表演体育，不比赛，只当作艺术供人欣赏；三是竞技体育，以比赛的形式出现。体育存在的根基是人的需要，人需要健身，故有了群众体育；人需要多样的艺术，于是，表演体育也存在了；人是在竞争中发展的，竞技体育正体现这一点。人的需要的多样性决定了体育的多样性。在这三大类体育之中，又含有千百种不同的项目，满足亿万人的需要。这才构成了令人眼花缭乱的体育世界。

奥运会开幕那天，那些最好战的人也停止了射击。他们也不敢亵渎这一神圣的节日。在所有的人类活动中，体育最具广泛性。在所有的教育科目中，体育也最具广泛性，各级各类的学校，都有不同的体育项目。还有许多具有民族特色的体育项目，存在于世界各地。其生命力即源于人的多种需要。

如今十分流行的广场舞，就是把音乐、舞蹈、体育自然融合所产生的。

尽管许多教师不担任体育教育，有的甚至不参加什么体育项目，但每位老师都需要关心体育。体育不就是玩玩吗？然而，这种“玩”意义重大。在玩中学习，在学习中玩，这是教学的一种理想境界。那些会玩的学生，其前景会更好。

作为父亲，我曾带着我的两个小孩玩，他们后来的发展证明，他们从玩中获得的东西起了重要作用。他们在玩中变得更聪明了，更会学习了。作为教师，我本人从学生时代起对体育的酷爱就保留到了现在。我已年近80，却每天还有一小时的乒乓球运动。这是习惯了，无须什么坚持之类，兴趣使然，却与某种天然相吻合。年轻时打篮球，但现在这种身体对抗性较强的项目不宜去做了，但隔台相望的乒乓球没问题，只要步法好就行了。这是一种极好的全身运动。它起源于英国，却成了中国的国球。许多体育项目，在中国是“阴盛阳衰”，乒乓球、羽毛球却例外。可是，能体现体育强国而不只体育大国的，是田径、游泳、足球。田径是运动之母，游泳是水上运动之母，而足球则名副其实地被称为世界第一大运动。

中国在游泳上稍好，然而，从总体上讲，我们还算不上体育强国。在世界上，真正的体育强国，还是美国、德国。不过，我相信我们中国未来的前景，体育会伴随我们的全面繁荣而日益兴盛，中国也会成为真正的体育强国。

作为校长，我更自觉地关注体育。回首50年的教师生涯，我感到欣慰的一个重要方面，就是为发展学校体育做了很多事。以我在湖南师范大学18年的校长和党委书记任职期间的工作为例来阐述几点。

我修建了当时湖南最好的田径场，共有一万五千个座位的看台。修建了当时全国最好的室内体育馆，可同时进行三场大球赛，共有三千个座位的看台。我们举办了全省大学生的综合体育运动会，还举办了全国大学生田径运动会。

那时，我还不知道古希腊人和康德是怎样看待体育的，但我与他们不谋而合。其共同前提都在于对教育本身的感悟，都把教育中的体育视为未来事业。现在，我可以说：不重视体育的校长，很可能不是一个好校长。校长本人不一定很喜欢体育，但为了学生，就必须喜欢，必须高度重视体育。

我还想说两个事实，一是我对体育有广泛的兴趣；二是在体育界我有许多的朋友。

这种兴趣几乎涉及所有的体育项目。我看电视，目前就锁定在两个台：音乐台（CCTV15）和体育台（CCTV5）。偶尔也看看综艺台（CCTV3）。有一本书为证，我的《体育与人》这本书所讨论到的项目，遍及各个领域。此书出版于 2014 年 11 月。

我曾在北京体育学院做过一个体育的专场报告，也在湖南大学体育学院做过学术报告，在本校就更多了。我还曾应全国田径协会负责人文超会长之邀，就田径运动做过学术演讲。我多年的朋友唐煜章长期任中国青年男篮教练，他同我保持着持久的联系，常送我一点儿体育用品之类的。朋友马卫平是体育学博士、教授，他常跟我讨论体育理论和体育哲学的问题。他在体育理论上已颇有建树。

人走着走着，就跳起来了，舞起来了，于是有了舞蹈，有了一个专门的学问。

人说着说着，就唱起来了，哼起来了，于是有了音乐，有了人置放自己灵魂的学问。

人想着想着，看着看着，看到物质世界的内部去了，于是，就有了物质科学、自然科学。又观察人和社会，思考人和社会，于是又有了人文科学和社会科学。

人想着想着，想到至深之处，遇见了哲学，向哲学行见面礼之后，哲学也来到了自己身边。

在山脚下，科学、哲学和艺术各自行走着，到了山顶上，彼此相视一番，发现是一家，终于在山顶上团圆了。如此，人也就登上了山巅。看清了神秘的物质世界，也看清了更神秘的精神世界。登高望远，可以瞭望整个世界了。我们创造了如此之多的学问，因为我们看到了、想到了如此之多；而如此之多的学问又帮助我们进一步去窥视那神秘的世界。人类与自然、与自己就这样交往着。

现在我们专门说说音乐。人类在自己的所做、所行、所思、所想中，总是在提升着，并在这类提升中也大大提升了自己。音乐显然是说话艺术的提升，它的产生自有其必然性，必然出现在人间，并且将永远伴随着人类，伴随着人间的悲欢离合，伴随着人间的酸甜苦辣，春夏秋冬，与江河湖海和日月同在。

《乌苏里船歌》是赫哲人的一首歌曲，流传很广，降央卓玛也演唱过。但赫哲人没有填词，这一事实能表明，音乐这种文明可早于以文字符号为象征的文明。从民间到宫廷，都有音乐；从一丁不识的人到文化水平高的人，都有音乐，都喜欢音乐。

有个故事令我难忘。1957 年，人类第一颗人造卫星由苏联发射成功。自以为科学技术领先于世界的美国，对此惊愕不已。虽然他们的科学技术确实领先了苏联，但毕竟如此重大、如此反映综合科学技术水平的项目苏联是先达成了一步。惯于检讨的美国，在惊愕的同时从各方面去寻找落后的原因。有的认为是教育落后了，有的认为是艺术落后了。很深刻很全面很虔诚地检讨，并且立即开始行动。

哈佛大学开始了一个“零点计划”，意思是他们的艺术教育几乎是零，就从零开始吧。确实不错，俄罗斯是一个有着传统艺术的国家。

麻省理工学院（MIT）也开始了一项发展音乐教育的项目，他们开设了 80 门音乐课程，共有 3000 多名学生修读。

在教育理论方面，则出现了著名的布鲁纳的结构主义学说。对这一理论，争议颇多，影响极为广泛，波及众多的欧洲国家。理论能引起争议，这本身也是一种成功。

在欧洲，我们知道，近代科学家们都感谢音乐家，如古典音乐的始祖巴赫。科学家们认为，是音乐家们唤起了他们的想象力，引导他们走向突破性的发现。美妙的音乐与深邃而庄严的哲学一起，为科学的繁荣发展打开了通道，照亮了前程。

无论是古代中国的“六艺”，还是古希腊的“七艺”中，都有音乐。古代教育的先圣们都知道音乐的意义。相反的例子也有。在 20 世纪 50 年代至 70 年代，音乐没有了，只剩下八个“样板戏”和语录歌。记得 20 世纪 80 年代初，我曾去过一些中小学，那里的音乐课无教师教，就请一些会唱歌的语文老师、数学老师或物理老师来教。音乐学院关门了至少 20 年，音乐教师匮乏。“文化大革命”，革掉了音乐，后来的百废俱兴中，即包括了音乐的复兴。这个复兴的过程中，也涌现出了不少音乐家，包括天才音乐家施光南、王洛宾等。

除了数学和哲学，对我影响最大、教育最深的，就是音乐。如果说在体育上我还不得不更换一些项目，音乐则不必更换，而是不断地丰富着、积厚着。读中学时，我就参加了汉阳区的合唱团，那时，我就能唱全套的黄河大合唱，从《黄河颂》开始。从小，父亲就教我唱会了《松花江上》。音乐是我们民族的声音，音乐也把我和自己的民族的命运紧紧联系在一起，音乐带我成长。

1956 年，我还参加了湖南省大学生合唱团，当时由省音乐协会主办。我被挑选为合唱团的男中音领唱。1957 年后被迫中断了一段时间。但我们班有一个小合唱队始终存在着，我们的队长巫干文，很有音乐天赋。有一首歌的词和曲，至今我还记得：太阳斜照西山坡，我们歌咏队唱起歌，唱得挑担的舍不得回家转，唱得太阳舍不得下山坡。

诗一般是不易记住的，可是当诗词连着音乐时，就很好记了。我通过歌曲记着了许多美妙的诗情。那时，我们能唱许多的苏联歌曲，让我能真切地感受到俄罗斯是一个艺术大国。那是一个产生了普希金、托尔斯泰、莱蒙托夫的国度。因而，我认为美国人在 1957 年之后的检讨是真诚且十分到位的。

音乐从多方面帮助了我，教育了我。所以我深深感谢音乐。在我任校长期间，我请音乐学院每年为非音乐专业的学生演出一场交响乐，让他们听到真正的音乐。起初，一个音乐学院拿出一场交响乐有很大困难。声乐方面的困难不大，器乐方面，难有多把小提琴，难有多把小号。后来我建议音乐学院与外单位合作，以解决这些困难。我是为自己学校的音乐教育尽心尽力了的。音乐学院的教师中有许多我记得非常清楚的好朋友，从赵小平、王如湘、朱泳北到比较年轻的吴春富、冯往前、熊伟等。

在湖南涉外经济学院任职时发现广播里每天百分之百放流行歌曲。我找到管广播站的叶云霞，建议她美声、民歌和流行都来一点儿。她不能十分清楚地区分，我就建议她找音乐专业的老师请教。我在这个民办学院还做过一件事，为它写了校歌歌词。曲我也能谱，但还是请专业音乐教师去谱更好，不要什么都自己包了；水平也有限。无论作为教师，还是校长，我对音乐情有独钟，不离不弃。音乐伴我成长，伴我从教一生。

在语言上一直磨炼

我建议在自己的语言上不断地下功夫，语言艺术是教学艺术中的核心。教职工看校长，第一印象是看他会不会做报告；学生对教师的第一印象，是看他会不会讲课，说话流利与否，有趣与否，不然，随时就开小差了。

语言美，教学效果就有了基本保证。一旦美，只要学生感受到了，他就会被吸引。美从何来？还是美的那几个基本要素：简洁、匀称、和谐、奇异。教师的语言，体现出这样几个基本要素了，必定就美了，谁会不喜欢？唯一要注意的是，接近学生的审美水平。很美，但学生欣赏不到，还是枉然。美育中，也有“最近发展区”，也需要从最靠近学生已知或已感受到的地方出发，再引导他们提升。

简洁的反面是啰唆、唠叨。同时，这也可能反映教师对其所教还没有很深入地把握。再三重复，还担心自己没讲清楚。如果从学生眼神里看出他们似乎没懂，似乎很茫然，此时，教师宜“换句话说”，不要简单地重复，而是用多少新颖一点儿的方式再表达；如果多留几手，多有几个“换句话说”，听懂的可能性就增大，兴趣也可能增长。

所谓多几个“换句话说”，就是从多侧面、多视角去分析一个问题或看待一个事物。因而，能多几个“换句话说”不只是量的问题，而且是在广度和深度上的提升。当然，能“换句话说”与啰唆就不是一回事了。简洁既不是唠叨，也不是简单化。

语言的匀称意味着什么呢？这不只是声音的抑扬顿挫，而且是轻重缓急得体，重点和难点适当分散，同时又构成了一个整体。开场和收官的语言是可以特别讲究的。开始时，既可从学生已知的边沿出发，又可出其不意；既可是复习性的，又可以是对此前所学知识的深入发问。这都可能迅速集中学生的注意力。

学生的注意力不可能一直持久，即使高年级学生，也不容易一堂课一直都绷得很紧。所以，教师的讲授亦需有所起伏。每次课都可能有某种高潮，这种高潮最好能出现在“黄金分割”的那个时段。这比简单的对称更有效果。

学生短暂的注意力可以靠意志，但较长时间的注意就需要有兴趣的支撑。我曾提出过一个“五 I”教学观，其中就包括了 Interest（兴趣）。这是必需的，不只是对注意力的持久是需要的，对学习的进一步深入也是不可缺少的。且“兴趣是最好的老师”，此话是基本成立的，兴趣是一个引领者。没有兴趣也努力去学习，这不是一般人所能做到的；况且，兴趣在学习进程中也可能产生，苦去甘来。

兴趣属于情感的范围，它是人的整个生命的支撑点之一，还需要有认知和意志一起发挥作用。总的来说，知情意三者的联合，才总括了所有基本方面。

奇异是美与艺术不可或缺的。有个性才可能有艺术，包括语言艺术；无个性，就一定没有美，没有艺术。语言的奇异性也是必需的。这种奇异不一定是石破天惊，却应当是闻所未闻，出其不意，想象不到。谁会喜欢老调重弹、陈词滥调？学生何时不喜欢听新鲜？如果你说了上句，他就猜得出下句，这还能引发兴趣吗？除非有意引导学生去猜下句，下句属于他自己，这才可能有兴趣。

这一点倒是可以启发我们，教师的语言本身应尽量去引导学生往下猜，给予充分的机会让他们去猜。善于教学生猜，是一种教学智慧；猜想、猜测、猜度，是一般研究所必不可少的。有形的东西可以去目测和观察，无形的东西，首先就是靠猜去琢磨的。猜了之后再去讨论，或实证，或逻辑证明。猜错了的，再来。既然是猜，势必就有对有错，故而，不能认为猜错了就是不好的。猜错，是走向正确的必要一环。故而，教师的语言应留有供学生猜想的最大空间。这也就是想象的空间，创升的空间，发展成长的空间，可以虚怀若谷的空间。

这很可能是教师语言的一种最高境界。

一个人的语言史，就是他的生命史。一个教师的语言，也就是他的教学生命或生命本身。

人类史也是一部语言史。从单音节语言，到多音节语言，使人类与动物在语言上分开；又从多音节语言到文字语言，这才开启了文明史，同时也有了成熟的教育，让教育成为文字永恒的传递者。这是语言史，又是教育史，更是人类生命史。

一个人的成长，在很大程度上是其语言之成长；一个人的个性，在很大程度上，也是他语言的个性。文如其人，语如其人。教学语言的意义有多么重大，可想而知。教师们语言的意义和作用有多么巨大，也顺理成章地可以知晓了。

无论教什么课的教师都有自己的语言，而且所教内容亦是语言。语言文学课自不必说，数学之所云乃数学语言；音乐之所演、所唱即艺术语言。多种多样的课程是多种多样的专业语言；学生走进社会之后，又在不同岗位上获得不同的职业语言。

唯有教师的语言意义最为重大，因为他的语言是要到达学生心灵的，而且他的使命就在于发展和丰富学生的语言，这也就是发展和丰富学生的生命。教师使命的神奇与神圣是与这一点密切相关的，有什么比教师语言更为重要的呢？

“生命攸关”似是从生理上说的，其实，对于人，最重要的还是心理。而语言是心理的一面镜子。语言的健康反映的是心理健康，语言的广度和深度，反映的是心理的丰富与深邃，辽阔与充实。语言从知情意各方面反映人自身。

教师的语言确实是需要长期的、自觉的锤炼，这比身体锻炼困难得多。当然，教师的语言如此重要，也就值得去锻炼了。这是与教师智慧相伴相行的。

从另一方面看，教师的语言也可造成对学生的伤害。这种伤害胜过生理伤害，生理伤害吃吃药就可以了，有些不吃药也能治愈。心理伤害如何去诊断和治疗？只有发达国家才遍设了心理医院，才培养了大批心理医生。教师不仅不应成为心理伤害者，还应成为心理诊断和治疗者，成为准心理医生，如此善哉善哉。

让故事充满课堂

辟一专节来进一步讨论语言的奇异性。当然，这取决于教师语言的独特性，取决于他的风格与众不同，别具一格。似曾见过，似曾听过，还会有什么奇异感？

好奇心是人类打开未知世界的一扇窗户，保持好奇心，也就是保持了通向未知世界的道路。好奇亦即爱好奇异。奇异是美的基本要素之一，因而，爱好奇异也是爱好美的表现之一。当学生以好奇的眼光望着教师时，教师能感受那眼神里的美丽吗？教师是为消除学生的好奇而进行着解惑的教学活动吗？消除了原有的好奇，能让学生产生新的好奇吗？

如果把学生的好奇心消解了，那岂不是关上了他们通向未知世界的窗户、堵塞了他们前进的道路吗？“解惑”这种事还能不能做呢？这种关窗堵门的事能做吗？

不能让好奇心丧失，不能让奇异感消失，又需要不断地解惑，这是一个难以克服的矛盾吗？实际上，求知起源于惑，故解惑；但仍可由旧惑之解又产生新的惑。从问题开始，但还可在解决问题之后仍存有问题；问题接着问题，与解决接着解决相并而行，可以始于问题，又终结于问题，又开启新的探索航程。

我们已讨论过学问与学“问”的关系。让奇异存在于问题之中，仍不失为一种基本的更重要的做学问的方法。这里，我们特别讨论一下讲故事、说故事的意义，及其对于新鲜感和奇异感的保持的意义。教师自己不仅会讲故事，也还可以成为创造更多故事的人。每个人都有自己的故事，教师也是一样。

故事故事，故去了的事。这好像对教师也提出了一些要求，讲语言文学的，要知晓一些关于语言文学“故去的事”，即相关历史；讲数学的，需要一些数学史的知识。故事存在于历史之中，因而，任何一个学科的教师，都需尽可能知晓相关的学科史。

有物质史、精神史，学生更关注的当然是思想史、文化史、精神史，即人的相关历史。

我教过数学，并通过数学也熟悉了一些相关的历史。我知道数学为何初始于埃及的僧侣，也知道为何公理方法起源于古希腊，也知道欧几里得和阿基米德的贡献之不同，阿基米德更富原创。当然我还知道牛顿和莱布尼茨之间关于微积分发现的优先权之争的故事，知道高斯、希尔伯特、黎曼的许多故事。这样，我在讲授各种数学课程时，都会有故事穿插于讲授之中。许多历史为学生所不知，因此也自然地给他们以奇异感，他们则可通过历史故事而享有奇异之美。

我讲授的教育学、哲学等课程之多甚至超过了讲过的数学课。在这个过程中，我也知晓了教育史、高等教育史、课程与数学论史、哲学史（含教育哲学史）的不少知识。数学思想史是人类的精华，它是哲学史、文化史、思想史之重要的组成部分。

一般以为高等教育哲学源于布鲁贝克 1978 年的著作。但它仅是第一部以《高等教育哲学》命名的书，其实，1923 年出现的雅斯贝尔斯的《大学之理念》就堪称高等教育哲学著作，且其学术价值远高于布鲁贝克的书。不过，布鲁贝克在高等教育学中，一路从形而下走来，在 80 高龄之时写出多少算形而上的著作，实属不易。对这个过程，就只能用历史说话，真正系统且深刻地回答了“大学是什么”的是雅斯贝尔斯。也难怪，雅斯贝尔斯同时是顶尖的哲学家，此即为布鲁贝克所不及。

虽然，历史无情，但学生一般都会以极大兴趣关注相关的历史过程，那是真实的故事。

美国学者多尔曾提出一个“三 S”的课程观，即 Science（科学），Story（故事），Spirit（精神），但他没有就此展开叙述。他主要阐述自己的“四 R”观去了，即 Richness（丰富），Relations（关联），Recursion（回归），Rigor（严密）。他称泰勒的理论是现代主义的，而称他自己的“四 R”是后现代主义的。其实，他依然只停留在知识层面上，而未深入思考到与人的关联上，更主要的一个缺点是“四 R”观仍然缺乏哲思。

后来，我本人提出了一个“五 I”理论，应当说是克服了多尔的两个方面的缺陷。关于“五 I”我还有过专门的著作，做了更充分的论述。但我清楚，如果没有泰勒的理论和多尔的理论在前，也不太可能有我“五 I”理论的产生。我想自己更富原创意义的是课程哲学。高等教育哲学虽在中国鲜见，但世界上已有，课程哲学则中外均未见到。当然，这是以我认为多尔的课程理论称不上课程哲学为前提的。教学理论源于德国，课程理论源于美国，但均未到达哲学。

我相信，多尔注意到了故事的作用。但他是否进一步注意到了学科史、课程史的地位，就不得而知了。故事有趣，所以，不仅小孩喜欢听，成人也喜欢，故事本是过去了的事，但对于后来人还是新鲜的；并且，谁不希望知晓自己的同类过去之所为、所思、所想呢？所以都喜欢故事，这实际上就是喜欢知道历史。

还有一点，“三S”的Science还不足以代表知识，它主要是指自然科学。人文科学具有更重要的地位。

人文科学中，文史哲三大类，都不可缺少。哲学是智慧之学，文学则是以特殊的形式表现生活，也承载哲学；然而，一切都在历史中。哲学中，最重要的是哲学史，文学中的文学史亦具有崇高的地位。古典大学中的四院中，文学院或哲学院赫然在目，但没有史学。这可能是一个缺陷。不过，古典大学毕竟只是开端。

琢磨笑料，创造笑料

人能笑，能哭，能悲，能喜。什么事能让人哭？什么事能让人笑？什么能使人哭笑不得？

人有喜怒哀乐悲，而不只是认知和意志。人的认知就很奇妙，人的感情无比丰富。教育关注的全面，就包括关注认知与情意的发展与充实；教育的全面性才有利于学生走向全面，发展全面，经由片面到达相对的、属于每个人自己的全面。

男儿有泪不轻弹。为打日本鬼子，流血流汗都在所不惜，但绝不会有泪。泪只洒向自己的亲人，自己的同胞。其实，无论男女，泪水都是无比珍贵的，上天在把无比丰富的感情给予人类的同时，也给予人类最能表达感情的眼泪。有悲伤的眼泪，也有喜极而泣的眼泪，大喜大悲都有眼泪相随；也会有欲哭无泪的情形。

我儿时生活的地方，是湖北沔阳长埫口，一条不到 200 米长的小街，一个小镇。可是，它给我留下了永远的记忆。它的四周都是池塘、溪流和小河，人们无忧无虑，一片繁荣景象，清晨熙熙攘攘，午后异常平静，街上琴棋书画都有。镇上的人为它带来欢声笑语，自己也就生活在欢声笑语之中了。偶有悲欢离合，几乎是一起悲，一起欢。在这种环境下，怎能不产生笑料、故事、诙谐和幽默？这个镇的四周总计有三座寺庙，人们有信仰、有寄托。我父母在这个小镇没买房，一直是租房，有一家房东是刘合顺。每晚，刘家的两位老媄朓都念佛经。

我就受着家乡的文化熏陶，我的性格中很多方面都渊源于我的父母、我的家乡。当然，我知道自己的祖籍在湖北天门，但我儿时生活最长时间的地方，正是长埫口这个充满了灵气和深厚文化底蕴的小镇。我今天的爱说爱笑，其源头就在那里；我的堪称宽厚的个性也源于那里。随后，在学习中、琢磨中，自己也创造了不少故事，也创造了不少可称之为笑料的东西，说出来就成了多少带着幽默和诙谐的笑话。乃至于今天，我几乎每堂课都有笑话可说。

说笑话的人，一般是别人笑自己不笑，但我常常是和别人一起笑，一起高兴高兴。

什么东西是好笑的？让学生觉得好笑是必要的吗？好笑会有利于他们的学习吗？那些好笑的东西从哪里来？那笑料可以创造或制造出来吗？创造笑料需要些什么条件？笑料具有哪些特点？因为从小就爱说笑话以至于成了习惯，所以，即便经过了一个“以言治罪”的不幸年代，这种习惯依然故我，还在那里。

既然建议教师们琢磨笑料、创造笑料，我也就对上述这些问题再做一番分析和探讨。

我想，笑料与这样几个东西是密切相关的，即想象、联想、幻想、适度的夸张、适当的跳跃和拐弯，还可有一些词语的错位或换位使用。这一切都还寄托于语言的表达和运用，善于驾驭自己的语言。当然，丰富的词汇也是重要的基础。如今，我作为教师，还在认字，不认识的字或不知其含义的词，都不厌其烦地查字典。即使如此，写白眼字的情形也还有，一些语言水平和修养极高的审阅者都愿意向我指出。至于成语，我更是经常查阅《汉语成语辞海》（武汉出版社出版）。

故此，我感觉到，教师可能需要一辈子锤炼自己的语言，与此同时，积累笑料，创造笑料，这是学生的需要。他们觉得好笑之后还可能感到不能只是付之一笑，笑只是引导自己进一步去思考。笑料本身也应当是有余味的，换言之，它还应当是深刻的，可供人品味的，如茶水，如香槟，如茅台，如白兰地；而且日久弥香，越陈越浓。那字眼，那句子，学生可能会忘了，但那香飘万里的思想和精神却永驻心间。

在讲课中，当说到某个辩证观点时，我会说：这个观点我跟亚里士多德讨论过，他点头赞同。当说到皮亚杰的结构心理学时，我确实不以为然，认为他不过是把从小学到初中，再到高中的数学贴上了一些心理学的标签。数学中笑料也不少，大数学家也有偶尔出错的时候，以特别的方式讲述出错的过程，也是能引人发笑的。以为大人物不会有错，哪有这回事？但用笑料去说明，效果会好很多。

至于在日常生活中，我更是随时随地制造笑料，已无须刻意，而是自然制造着。在乒乓球场上，无人抽烟；有烟瘾的人便到室外去抽，虽相距20米，但我还闻得到烟味，有人说“这么远你还闻得到？”，我答：“他在武汉抽，我在长沙也闻得到。”一笑置之了。这是适度夸张，夸张到“你在美国抽我也闻得到”就可能不适度了。

这个“闻”字也有味道。闻烟味本是用鼻子，但这个字的根是“耳”字，“闻所未闻”用的是耳朵，但也迁移到鼻子来“闻味”了。我们的祖先有无限智慧，从而创造了充满智慧的汉字。可是创造之初他们是怎么想的，很少有介绍。于是就自己去揣摩了。在这个揣摩的过程中，各种笑料都可能出现。笑料有时就是自我揣摩的结果。这揣摩中依靠的就是联想、想象，依靠思绪的自由飞翔。

乒乓球场上，有时对方一个擦边球，这是对方的运气球，我却称之为“无聊的球”；个别时候，我能把擦边球也救过去，太不可思议了，我就称之为“神球”。我还开玩笑说，闭着眼睛我就能知道谁输了，只要听见谁喊了11次“哎哟”就明白了。

笑料随时在我们身边，只要稍微用点心，就可捡到它们并装在自己的荷包里。用形象的语言说抽象的话也是很有味道的；反过来也很有味，看如何运用。

其实，是否是笑料还得看对象，张三认为很好笑的，李四可能不动声色。成人和少年的感觉也不一样；农民与知识分子也有差别；你对不打乒乓球的人说什么“神球”“无聊的球”，他听起来可能就觉得无聊。自己觉得好笑的，别人不一定感到好笑；高年级觉得好笑的，低年级不一定觉得。反过来的情形也可能有。这就要靠教师的审时度势。词语、成语、笑语……需要一辈子积累，并且在不断的运用中实际地把握，更透彻地理解，驾轻就熟。还有熟能生巧，无巧不成书，那些“巧”就可能是引人发笑又引人深思的。

珍惜并培养学生的自信

我不太相信“骄傲使人落后”的话。在我初任学校负责人的时候，全校只有16个专业。我花两个礼拜的时间就都跑了一遍。当然，我特别关注那些学术上做得好的。人们也就向我介绍，说某某某的学问做得很好，就是有一点儿毛病：太骄傲了。多少令我惊讶的是，16个专业居然都如此：他的学问做得真的不错，就是骄傲了一点儿。惊讶之余，我必思考：他们是因为学问做得好而骄傲，还是因为骄傲而学问做得好，我还必须找到答案，从事实和逻辑上分别去寻找。

很容易想到的是我自己。几乎历次政治活动/斗争中我都是受批判的。经常批评我的理由有两条，一条就是斗争性不强，另一条就是骄傲。我总想改，却总也改不了。斗争性怎么也强不起来，这亦使我长期感到困惑。终于，到了1978年之后，我才明白：不必改了，改不了正好。很可能，这是后来做了校长，并且做的时间相当长的原因之一。

至于骄傲的问题，我当然也想过，总是学着谦虚点。但后来，我又琢磨出一个道理：如果真没有那么一点点可骄傲的东西，那你又谦虚什么呢？还确实是那样，因为有了点骄傲的资本，所以才想起要谦虚；因为谦虚，骄傲的资本还可以增加。原来，骄傲和谦虚是同在或同无的，并非一个全坏，另一个全好。

凡有所作为的人，迈开他的第一步或做出的第一个判断是：这件事别人做过，但我可能会做得更好一点儿；或者，这件事别人没做过，但我可能做得出；或者，别人想也没想过，但我想过了，并且预计我还可以做成功。这是骄傲吗？如果是，那么，没有这么一点儿骄傲，能迈开前进的步伐吗？作为又从何而来？

有人说某某大师就很谦虚，但我认为，他是已经骄傲过了并取得了成功，才真正明白谦虚，才表现出由里到外的谦虚来。旁人所感受到的或许是他的谦虚，却可能没感受过他的骄傲。这也不能不说是在感受上的一种片面。若没有多少成功，怎么说得谦虚不谦虚，没有足够的自信、被误认为骄傲的自信，成功又从哪里来？

我们的某些传统是不是也有影响？例如，自信过一点儿，就被认为是骄傲，不予接纳和赞赏；自信不足叫作自卑，则很容易得到同情，这似乎也不公道吧。

在我们词汇里，“自以为是”是带有贬义的，而“人贵有自知之明”是褒义的。其中，“自知之明”指的是自知不行，不要那么逞强，不要那么好高骛远。还有“人怕出名猪怕壮”“枪打出头鸟”，还是缩着点安全得多，不要那么壮实，更不要那么张扬。

我也渐渐受到影响。大儿子在读小学时，对老师的提问总是第一个起来回答，我和他妈就劝告他，要忍耐点，最好第二、第三个回答。为儿子担心呢！

当然，在我做了校长后，讨论问题时，我一般都不会直接讲的，你先讲了，对集思广益不利，对开阔言路不利。因而，这与谦虚或骄傲无关。我们的社会30多年来，大大开放了，人们也有了更多表现的机会，有了出风头的机会。音乐、美术、体育特别能告诉我们这一点。我们的CBA越来越好看了，这与运动员们爱表演了有关；那个NBA更是表演与智慧同时展现的舞台，并且世界一流的篮球运动员云集。世界在发展进步，在人们的充分展示中变得更加繁荣。

善良而深邃的心理学家们认为，一般人的潜能只发掘出两成左右。他们是怎么计算出来或估算出来的，我不清楚，但我相信这个数字大体准确。只是对于那些特别注意挖掘自己潜能的人，这个数字可能稍高一些。

所以，教师们可以相信和接受心理学家的估算，从而千方百计去发掘学生的潜能。这个潜能几乎是无限的，故而可以满怀期待地引导学生去发掘自己，从而更好地认识自己，发现自己，壮实自己，创造自己，增加自己的信心和前进的动力。

因此，我也可以建议教师们在面对学生时，自然地由衷地说出：你能，你行，你比你自己想象的可能更好。即使学生有时失误，亦有信心期待他自我发现，自我矫正，教师在一旁为之鼓劲，为他们擦汗，为他们呐喊助威。

人的自信太重要了，如果有了发自内心的自信，一个人确实可以更智慧，发挥出更大的能量，生命的价值必然会大幅提升，从而团体的力量也大增。个体是基础，力量大增了的团体也会给予个体以积极的影响。那些在团体中更具影响力的人，有更多的义务去深切关注其他个体，从而也是关注了团体自身。

鼓励人们，尤其鼓励学生充满自信实在太重要了，原因也可以从上面的分析看出。从反面来，人若不充满自信，总在妄自菲薄，那还能做什么事，还能迈出脚步吗？左顾右盼、畏首畏尾，能有多大出息？还没出征，不就败下阵来了吗？

心理学家告诉人们，父母送给子女的最好礼物是自信心，教师送给学生的最好礼物也是自信心，自己最珍贵的心理品质，还是自信心。绞灭自信心的任何言行，都是教育者之大忌啊，无论是出自自觉还是不自觉，都是不可原谅的。

我从武昌养真小学毕业后报考武昌中学，结果名落孙山。我父亲在带我回沔阳家乡的路上，在从张之洞路去往汉阳门过江到汉口的路上，口里念叨着："我这孩子不可能考不上的啊。"他不是在安慰我，而是自言自语地这样说着，怀疑着。然而，这对我当时幼小的心是最好的保护，令我终身铭记，我一定要对得起父亲的信任。

后来，多次的经历证明，我是不擅长应试的，在曾经出现过的对应试教育的批判中，我缄默不语，自己就不会应试，有什么资格去批判应试教育啊？

也是后来，我还感到应试确实是一种能力，那些能考上北大、清华的人就必定有很强的应试能力，这没有什么不好。唯一要注意的是，不只关注应试，不只为了应试。其实，更重要的还是聪明与智慧，应试只是其中的一部分。应试毕竟是应"试"，然而，人生来自外面的、来自自身的挑战多得很，比书面考试还重要。

从平等、尊重到热爱

热爱教育事业，从热爱做学问开始，从传递学问开始，更重要的是，从热爱学生开始。

然而，爱从何来？ 爱属情感之列，那是“酿”出来的，如甜酒、如蜜糖，亦如风浪和海涛。 教师对教育的热爱，应是从对学问的热爱，对学生的热爱那里来的。 对学生的热爱又是从哪里来的呢？ 是怎样“酿”出来的呢？ 有几位教师在那里有意识地“酿”着？

初任教师时，很可能还未尝到教学的滋味，那么一两页书要讲45分钟，这时间如何打发也还是个问题呢。 说不定还会有几分紧张，与恐惧差不了多远。 如何面对学生也是一个问题，自己知道了的东西要讲出来，较之仅仅知道是不一样的；要讲出来，要当着受教的学生讲出来，还可能有忐忑，还可能有新的困难。

作为教师，我就经历了、亲历了，很长时间，在面对新生的时候，都不是很轻松的。 似乎论知识、论经验、论经历，我都远在学生之上，却依然很小心，很谨慎。 在大庭广众之下做学术演讲，也有类似的经历。 直到现在，可能脸皮也厚了不少，可能也“老油条”了一些。 如此漫长的数十年历程，才学会如此自然，却仍不能说炉火纯青了。 至今，我还在锤炼着；或许，我已与教学艺术沾了点边，但还得向前走，深入进去。

仔细想来，我在新生面前都有几分谨慎，甚至几分不自然，对于这一点，又可以从另一方面来看，即我心中有学生，他们是活灵活现的人，有血有肉、有情有义、有思有想的人。 如果我居高临下，甚至盛气凌人，我就不是这个样子了。 当然，我更不可能装腔作势，装模作样，那不是我。 我自始至终是个真我。

把上述心态做一个简单的描述，就是我把学生当人。 这有什么？ 难道学生不是人吗？ 可是，把人不当人的情形不是也存在吗？ 况且，不仅当人，而且当成神奇的人，当成跟自己一样的人，甚至在自己看来更有几分珍贵的人，做到这一点亦并非易事。 如果细想一下，他们还是待成长的人，是我对其成长负有相当大责任的人，同时也是我寄予期待，与我自身的成长和发展息息相关的人。 所以说，把学生当人，实属非同小可的事情，对教师格外重要的事情。

把学生看成和自己一样的人，这就是平等。有平等，才有尊重。尽管教师比学生的学问多、资历深，但在人格上双方是平等的。若不尊重学生，也就是不尊重自己；不平等对待学生，也就是把自己看低了一等。教与学是非对称的，但作为人的人格，是对称的。

说关心学生，这并不容易做到。你关心什么，如何去关心，你肯不肯关心，能不能关心，善不善关心，这些问题并不只存在于想象之中。不回答这些问题，真能关心吗？热爱从何来？做事，需从根底上做起，讲大话反而误事。

在平等、尊重与关心、热爱之间还有呢，还有了解、理解一类。教师充分了解了自己的学生吗？在某些不了解的时候，能理解他们吗？没有了解和理解，以及必要时的谅解、宽容，关心和热爱也到达不了啊，这是一条虽不算漫长，却也是不易一步登天的路，又是教师必定要走的，且确是有那么几道坎的一条路。

教师还需警觉自己误解了学生的情形，这种误解常伴着危险。故而需要小心，需要试误，试误了，才有更大把握避免对学生的误判。故而，有一个"无判断介入"的概念可能是对教师有益的，在与学生相处时，尽量探讨着，互问着，不必急着斩钉截铁下结论；许多情况下，结论可以尽量留给学生自己去给出。

还有教师不被学生了解，甚至被学生误解的情形。教师可能有"恨铁不成钢"的时候，此时，多检讨自己的火候到了没有是十分必要的；当教师有更多的细心、耐心和决心时，被学生误解的可能性就不大。即使如此，被误解了也应当宽容。被学生误解，较之自己误解学生，带来的危险小得多。还是多要求自己为好。对于一般人而言，都有一个严于律己、宽以待人的修养问题，教师之对于学生，更需要如此了。

教师亲近学生，应是无条件的，此乃责任使然，亲近学生的教师，教学效果会更好，当然自己也更会努力于改善教学。学生对教师的亲近是有条件的，一般情况下，学生会尊敬教师，不值得学生尊敬的教师实在太稀罕了，但值得学生亲近的教师，可能不会有那么多。从接近到亲近，大约也是一个需要去经历、去历练的过程。

不去谋求调动、激励他人一类的事

鼓励与激励有区别吗？鼓励似是必要的，勉励亦是必要的，激励必要吗？从我个人的感受上看，激励似乎过了一点儿，似乎带了一点儿给别人以刺激的味道。作为教师，从自己的感受来看，肯定不喜欢物质性的奖励，也不喜欢过度的激励。

还有调动学生的积极性的问题。我觉得，实在要少去考虑调动学生，实在需要多多去调动自己，甚至于只着眼调动自己。自己没充分调动起来，功夫没下够，怎么去盼望学生有更好的表现？当自己在尽力调动自己时，学生仍不为之所动，那就还得去检讨自己，检讨是否把自我调动做得更充分了。这还是一个真正站在学生中间，还是站在学生之外来思考和对待的问题。

任何人的积极性、主动性都来源于自身，都在于自我削减或自我增长，因而也在于自我调动或自我抑制。他的自我意识可能受到外界的影响，但只有当其产生影响并由自己接受或无形地受到影响时，影响才实际地存在，变为他自己的东西。

我做教师数十年，总是着眼于调动自己，充分地调动了自己，学生才可能为之所动。充分调动自己的目的就在于做好自己，目的并不在调动学生，因为调动都是各自的事。如果说你表现得好，很可能有利于学生的自我调动，但那只是“有利”，而不能“代替”。教师的作用就在“有利于”，甚至可以是“大有利于”。这就是成功。充分调动自己是需要花很大功夫的，把功夫花在这一点上也就足够了。

我做校长时，当然总是力图改善学校环境和条件，以有利于师生的自我调动。因而，对于我，也只是想着调动自己，而不是总想着去调动别人，更不会想着激励别人。

我从没有过高高在上、居高临下的那种心态，始终是一颗平民心，无论我在顺境或逆境中，无论处在何种位置，无论知识多寡，我都还是一个平民。这颗平民心，让我很平静，难以烦躁，难以分心，总求做好自己，做好了还求更好，也难以有满足。物质生活很容易满足，比起我们的父辈来，不知好了多少，现在所要求于自己的，是对得起今天，对得起父辈和自己的民族，这也才对得起自己。

也有人认为，在我长时间任校长时，师生员工的积极性都很高，这是源于我的调动。但我完全不这样认为，并且事实亦非如此。我总是着眼于调动自己，心理学家的观点也告诉我，这种自我调动怎么做都是没有止境的。无论是作为教师，还是作为校长，亦即，无论我工作的对象如何不同，我都是这样看待的。这也可以叫作单纯，没有杂念；可以轻装前进，一往无前。所做所思之事很复杂，却用一心一意的单纯去对待。于是，我心安理得地调动自己，鼓动自己，鞭策自己。

我调动自己的办法和条件都有，存在许多有利因素让我去调动自己。例如，我想着父母，为了他们，我该充分努力；我想着学生，为了他们，无论怎样奋斗都是值得的；从小，我就具有了民族主义精神，我不会不孝忠于我的民族；做校长时，也为了我的大学，为教职员工；还可以说为了那些先知，是他们教给了我很多很多东西，这些就足以调动我。所以我勤奋，所以我有使不完的劲头。

教师和学生，或许会因为热爱自己的学校，或者也为了不辜负父母之期望，也可能因为校长之所为而有所感动，从而自己也很愿意调动自己了。但这终究还是他们的自我调动，只是说学校和我个人也创造了较好的环境，有利于他们的自我调动，那个“自我”的性质还在那里。如果说我因想到学生而调动了自己，他们因想到校长或教师而调动了自己，其性质是相同的，同样的各自的“自我”。每个人首先是他自己的存在，才再有与他人或社会存在的关联。

有人说“存在决定意识”，但此言之中的存在不是指那个拥有意识的自己。如果是指自己的存在、存在的自己，这句话就等于白说了；如果不是指这种存在，就不只是白说，而且还说错了。这个道理，从我前面的论述中可以看到。

激励与调动具有类似的性质。还有人在很用心地建立激励机制，还出现过绩效工资制。我甚至觉得，教育离自己越来越远了，因此，在哀叹之时，也疾书己言，呼吁不要做这种荒唐的事。农民的生产效果可以用产粮多少来衡量；工人的生产可以用生产了多少件产品来衡量。教师的工作该用什么来衡量？

教师的工作可以用上了多少课来衡量吗？一节课可以换算成30元或50元吗？教师的工作叫作精神生产，怎么用计件来衡量？同样的一堂课，有的人准备了又准备，注入了更多的心血，投入了很多的感情，有的人则差一些。你怎么计算？

精神这种东西没有长宽高，没有体积大小，用斤两没办法去测定的。而我们却硬要把它量化。老想着调动和激励，这种心态就不健康，又采取一些量化的办法，就很不科学。不健康，教育就生病了；不科学，教育就不再是自己了。

我们的教育确实存在着一个还原成自己、保有自己、发展自己的现实的且十分严峻的使命。

着眼于让教育是它自己

教育在许多方面不是自己了，这是最令人忧虑的事情。是什么让它不是自己了，这是最值得深思的问题。为什么教育会有这种特别的遭遇呢？它本是最多人关心的，是什么样的“关心”、是从哪里来的“关心”使它不太像自己了呢？

每个人是每个人自己，每个商店是每个商店自己，每个工厂是每个工厂自己，每个事物也是它自己，宇宙、太阳、地球也都是各自的自己，为何教育这件事竟然不是自己了呢？最多人关心也确与最多人利益攸关的教育，怎么会成了这个样子呢？是因为有了过多的关心才这样的吗？是因为被溺爱而被宠坏了吗？

如果教育不是教育，那么，我们教师还是教师吗？我们所从事的最神圣的事业究竟是什么呢？

除了坚定地认为教育就是教育自己，教师就是教师自己外，确实还有必要弄清楚，是什么让教育不是自己了？是在什么地方把教师说成是别的概念了？

我想，问题来自两个方面，一是从事教育理论研究的人之中，有一些把教育看走样了；二是站在教育之外而未虚心地知晓教育的人把教育说成别的东西了。这都很不幸。潜心于教育的教师们是事实上最明白教育就是教育自己的，但不一定说得出多少道道来；这样，要坚守自己，坚守教育，也就不是很容易。所以，教师们从理论上武装一下自己也很必要，对于外来的说三道四也善分辨了。甚至，我们需要捍卫自己，不让教育受到扭曲，不让美好的教育受到伤害。

有些“理论”认为，教育是经济的产物、政治的产物、社会的产物。是人构成社会，是人组建家庭，然后，众多的家庭，组成小社会，由小社会组成大社会。我们这里却有这样的理论，认为没有国就没有家。持这种理论的人可能需要去看看恩格斯关于国家起源的学说。家庭出现的历史比国家出现的历史漫长得多。

世界上至少有两个国家里先有大学，后才有国家的。美国在1636年就有了大学，可是美国作为国家诞生于1776年。以色列是先有大学后有国家的另一个例子。

当然，在我们有了自己的国家后，我们就要尊重它、爱护它、保卫它。我们的中国有五千年灿烂的文明，它特别值得我们去热爱。热爱自己的民族、自己的文化，热爱这片土地。但是，从地理的，尤其是文化的角度认识自己的国家，并非易事。对长江、黄河，对这片深情土地的热爱也不是一瞬间就能来到的。

我们儿时感受的起点，在父母，在自己的家，至少要到七八岁甚至更大之后，才有家乡的概念。国家在哪里呢？中国在哪里呢？这些概念可能是十二三岁甚至更大一些才会逐渐形成的，才在自己的心里有了中国，才明白自己是可以骄傲的中国人。长江、黄河装在自己的心中了，五千年文明装在自己心灵深处了。

我自己从湖北沔阳走出，后来到了汉阳，站在龟山上瞭望浩荡的长江，由此而渐渐望到了我的祖国。这时已经是十七八岁了。可是，中国不只是一个地理概念。经历了数十年，我还深深地眷恋着自己的国家，情感还在继续积厚着。我明白，自己生于斯，亦将逝于斯；肉体连同我的灵魂都属于这片土地。

每位教师都期望自己的学生心中有自己的祖国。但这不是一个简单的认识过程，还有情感的问题。这情感从何而来？这认识又从何而来？看看地图，看看东方那片海棠花，那就是中国了吗？看看那奔腾的长江、黄河以及从东海到天山的辽阔土地，那就是中国吗？还有作为文化国家的中国，还有作为民族国家的中国，如此这般，一个无比丰富、无限伟大的中国，才会在心中生成。

这需要从孝敬父母、尊敬老师、友爱同学做起，从身边做起，从自己做起，一点一滴。对国家的那份情那份意，是生成出来、生长出来的，是“酿”出来的。这确实是要在一个相当长的过程中才能生成和发展起来的。从某种意义上讲，情感的生成比认知更难。真正需要“酿”的正是那能散发出喷喷香味的情与意。

在第十六节讨论过让学生成为他们自己的问题，这一节则在更一般的意义上讨论，从过程上去探讨如何使自己成为一个更好的自己，能跟自己的民族命运连在一起的自己。这个过程的充分有效的展现是教育最重大的课题。

教育真是别的什么的产物吗？教育是一直伴随着人类的，它与人类同龄，在人类的各项活动中，它都是老资格。什么经济、文化、科学、政治等，怎么可能“产”出这个老资格来？说教育是经济或政治之类的产物，是违背历史常识的。

人本身才是“产物”者，是人连同教育“产”出了各种各样的其他活动。把教育说成是“被产”者，这就把教育说走了样，而不只是大大降低了它应有的地位的问题。对任何事物，首先是从它自己来看，随后是从它与其他事物的关联来看。这是基本的观察方法、思想方法。对于教育这个最重要的事物，尤其应如此视之。

至于教育之外的人如何看教育，那就听听吧，或许有智者。但“旁观者清”这句话，对于教育的旁观者是很难做到的。不身临其境，感受是不一样的。有史以来的教育家，没见过有置身度外的人。可能有人曾在“度外”待过，但他一定进到内部来并深入体验过。那种不在其中而能说到点子上来的观念和说法，决然不可能有。

对评估保持警觉

上一节建议了教师们对来自教育之外的一些东西保持警觉，让教育保有教育自身。这一节具体讨论某些值得警觉的事项。我也随时将自己经历的一些事转告给教师们，仅供参考；本来，我所有的建议也都只具有参考的性质。

评估这件事对于教学活动还是必要的。但也曾严重变味过，并且多与外部有关。

说实话，教育部对我是十分信任的，我说的是十分，不是九分。许多的评估工作邀我去参加，并且还担任负责人；另外，我常有一些与教育部相左的观点，他们不仅不见怪，还很虚心地听取我的意见。我觉得，这才是知识分子与政府之间的一种正常关系。我与湖南省政府的关系也非常好，他们对我也是十分信任，虽然我对政府多有批评，但他们认为我是善意的，对他们还是有益的。湖南省的最高负责人毛致用、熊清泉、刘夫生、孙文盛、陈邦柱、杨正午，都对我很好。按毛致用的说法是："张校长是一位真正的知识分子。"我觉得，这是很中肯的评价，也是极高的评价。不过，更确切地说，我是一个真诚的教师，以教学为基本工作，以学生的健康成长为基本使命的一名教师。

省委、省政府邀我去做副省长，而我除了谢谢他们的信任外，就只有谢绝了。我判定自己是更适合做教师、做学问的。因为说到教育部的信任，也联想到了省府的信任，省府一直让我做一所大学的校长，直到64岁才卸任。做校长与做副省长，前者与做学问基本没有冲突，所以校长一职我还是接受了。后来的事实证明，不仅不冲突，而且校长工作还给了我许多灵感，更开阔了我的视野。完全可以说，因为做校长，从而大大有益于我做学问了。

在教育部邀我去参与评估的过程中，我渐渐发觉一些问题，觉得不太对劲。于是，大约在八年之前，我在谢谢教育部的同时，请他们不要再邀我去参与评估了。我的谢谢是由衷的，我的拒绝也是由衷的，确实不能再这样下去了。

我的发现是，有通过评估去控制学校的迹象。站在学校之外的人，教书不一定行，但他们认为自己搞评估还是行的。除了评估似乎也没有其他多少事干；并且，把评估的重要性说得越高，对他们越有利。于是，甚至有了“评估是天大的事”的说法。我实在无法沉默了，它连“地大的事”也未必算得上，怎么成了“天大的事”？

在某些国家曾长期没有教育部，而他们的大学却是世界一流的。如果我建议在我们这里取消教育部，恐怕也很不现实。“一取消，我们大学的水平就可迅速提升”，这种说法可能也没有什么人能听得进去。取消了，有些人还可能失业啊。

还曾有过20字的评估方针：以评促教，以评促管，以评促建，以评促改，评建结合。我曾撰文对此方针进行评论，指出其中连基本概念都搞错了。例如，评估只是教学中的一个并非主要的环节，只是其中的一部分，“以评促教”岂不是拿一个局部去促整体吗？岂不是拿胳膊去促身体吗？并且，我认为，这是曾经有过的“抓革命，促生产”的口号的翻版。工人、农民世世代代生产，需要“革命”去促吗？教师凭着自己的良知去教书，需要评估去促吗？这个方针问题实在太多了。

我不知是否因为有了我这番评论，教育部很快就停止了对这一方针的宣传。教育是讲究科学的，这种不科学的方针或口号不停止行吗？取消了就好，故而，我再一次认定，教育部是听取民间意见的。现在，不仅言论相当自由了，而且在真心倾听。

正常的教学，首先是教学本身，在一定时候，就需要回顾一下，总结一下，哪些做得还好，哪些还有不足。按照泰勒的说法，是四个步骤，第一是确立目标，第二是选择经验（或知识），第三是组织经验，第四是反馈评估。排在第四的，并不是不重要的，但它绝不是主导的，不是最重要的，不是拿来“促”的。

这种评估，尤其是自我评估是必要的，也需要有一些外界的，例如，来自家长的，来自社会的。但是，这些来自外界的评估，是由教师和学校主动去做的，是辅助的，是整个教学中的一个环节，这可以说是教师自我评估的一部分。

学校内部有时也可能高估了教学评价的意义，这可能多来自非教学的行政人员。其中，不少人自己不会教书，但搞评估还是可以来一下。这未尝不可，教学也需要外面的人来做出评价，但若有通过评估去控制他人的心态，就不好了。去评论，并努力学习如何去深入评论，是有积极意义的，有利于提高教学质量的。若是这些人有过教学经历更好，如果还研修了一些教学理论，就有可能使他们的教学评价产生更好的作用。

文学评论家们自己并不一定写小说、诗歌，但他们懂文学理论，擅长评价，甚至批判，或曰文学批判。 这是文学繁荣必要的一部分，使文学保持其生命力的一部分。

因而，从事教学评估的人摆正心态，视自己的工作为教学里的一部分，他们就会是跟教师们共同合作的一部分，并努力提高自己的评估水平，教师们就会视他们为可以信任的自己人，是于自己有益的合作者，是值得尊敬的合作者。

体味元学习

各行各业、各类人员都在学习，学生有所不同的是，在学校里学习，有计划地学习，有指导地学习。教师也学习，学习更宽、更新的知识，学习如何教学，学习如何与学生交往，以便更好地完成作为教师的各项任务，达成既定的目标。

然而，教师更有所不同的是，他不仅自己学习，还要引导、辅导、指导学生学习。这样，他不仅要自己善于学习，还要善于教导学生学习，让学生也善于学习。在学会学习中更善于学习，也帮助学生在学习过程中越来越会学习。

学生学习的不同效果，就取决于谁更会学习。一般的学生都在学习，但其中有些学生更善学习；一般的教师都在教学生学习，但其中有些教师更善教学生学习，从而也让学生越来越会学习，让更多的学生在学习这件事本身上能有长进。

“学会学习”中有两个“学”字，有两种学习，前一种特称为“元学习”。道德是指善，“善于善”中也有两个“善”字，前一个也可称之为“元善”。善也需要学习，谁学得更好，就可能更善于善了。

教师会逐渐明白，“学会学习”中的前一个“学”字更重要，较为优秀的教师，可能较快地意识到元学习的意义；由此，他们也就可能有较高的教学质量，培养出优秀的学生，他们之优秀也就是不仅学得好，而且还领悟到该怎样更有效地学习。

在问“学习了些什么”的时候，通常只是回答学习了什么实际知识。其实，“学了些什么”的内容中，更应当包含学到了如何更好更有效地去学习。“学了些什么”还包含学了做人，学了如何善。学习的内容本不是单一的，故而不能单一地理解。

元学习中包含元认知，但不只是元认知。情感的陶冶，意志的锤炼，也在其列。

任何一个领域里，相关的知识都分三层，形而下，形而中，形而上。这都是去认识的结果，自然，人的认识也是从形下至形中，又至形上而发展着的。元学习、元认知，在人的认识由形而下走到形而上的过程中起关键的作用。

“元”字具有最初、最根本的意思。有元教育学、元数学、元哲学等。这都是在对已有理论的根基进行再思考中又产生的理论，一般是更上层的。是寻根究底的结果。

比如，教数学时，必然会思考数学讨论了什么，自己去讲什么。但是，还可问“数学是什么”，这是较之“什么是数学”更为深刻的问题。正如，“语言是什么”较之“什么是语言”是更为深刻的问题一样。实际上，这也可以说是对元语言、元数学一类问题的思考更难。

故而，元学习是关于学习的学习，这是具有根本性、原初性的重要问题，也是对学习本身的形而上思考。无疑，这将使我们的教学处在更自觉的状态。

稍具体点说，元学习应包括学习如何思考，如何更有效地训练，如何培养对自己之所学的兴趣，培养感情，还包括学习如何坚持，如何克服困难。有一个“快乐学习”的提法，对此也有人不赞成，认为学习不总是快乐的，也会吃苦头的。不过，吃了苦头之后，可能更快乐。所以把快乐作为一个选项是没有什么问题的，苦去甘来才能更好地学习。一直都苦，青少年受不了，成人也受不了。我每天写作、思考，不少人认为我能吃苦，能坚守，但我如果感觉不到其中的乐趣，仅靠坚韧能做得到吗？甘苦并存才能持久，酸甜苦辣，五味杂陈，才不会腻人。

一年的第一天是元旦，阴历第一个月的十五，叫元宵。第一个月叫元月，公元后的第一年叫元年。一国之头头叫元首，一个村上的最长者叫元老，最高的军衔是元帅，元戎即主将，功劳最大的人是元勋，最坏的人叫作元凶或元恶。

元素是指最基本的要素，状元指头一名，元音在发声中起关键作用。一元论、二元论都是哲学上的不同流派，是对世界起源的不同看法、对世界原初的看法。单元的元指的是构成整体的基本成分。教学内容作为一个整体看待时，也是由一个一个的教学单元构成。把每个单元教好，整体教学效果就有了基本保障。

故而，从“元”上去思考，从“元”上去行动，都意味着着眼于根本，抓住根本。我们对“元”字说得比较多，都在于说明建议教师品味元学习的必要性和重要性，加深一些印象吧，实际的，可能还存在一个比较漫长的过程，还是需教师去细心体悟的。

更多地注意方法的训练

做什么事都讲方法，方法好，事半功倍；方法不好，事倍功半。工人有生产方法，农民有种地方法，商人有经营方法，军人有射击方法、打仗的方法，指挥官和战士有各自的方法。方法都反映人的聪明和智慧，聪明的人往往就表现为方法好。

立场、观点和方法，这三者之中，对于从政、从商的人，可能需要讲立场、讲功利。对于学人，没有功利，没有选边站的问题，只站在真理一边，别无选择。

对于学人，对于教师，在观念和方法之间，哪一个相对而言更为重要一些呢？任何科目的教师，都会将某些观念传授给学生。文学传递的是前人或故事中的人对于世事的态度，由此反映观念。史学通过历史人物与事件，传递给学生信息，并在史论结合中的“论”里面传递观念。哲学、数学更为抽象，它们传递的观念比较间接，它们是通过一些原理或数学中的定理、公式来表达并传递观念的。音乐、美术，则是通过审美活动，通过艺术的形式来传递观念的。都有以不同途径或方式来授给学生观念的实际任务。但是，仅有传授观念这一任务吗？换言之，我们除了传授知识外，还有别的事情要做吗？教师仅就知识传授而言，也不只传授内容本身，至少还有一个传授学习方法、阅读方法、研探方法的任务；语文有作文的方法，写作的技巧；数学有做练习、解题的方法，论证的方法，计算的方法；等等。物理、化学、生物中，还有实验方法。

这样看来，观念与方法似乎是难舍难分的，其实也还是可以分辨的。于是，我们还可以思考一个问题：观念与方法相比，哪一个更重要？各种方法之中，有没有某种方法更重要？这与教师的教学工作当然是关系密切的。在教学中，更重视什么呢？在教学的各种方法之中，又特别注重什么方法呢？处理教材的方法，时间配置的方法，问题设置的方法，对过程中临时出现问题的应变方法……方法问题确实不少。该传递给学生哪些方法？方法本身又如何传授？

在我看来，教师自己的思想方法最重要，传授给学生思想方法也最重要，较之观念更重要。

唯物论和唯心论都是观念，但是，辩证法则属方法。有机械唯物论和辩证唯物论之分，都唯物，然而，一个是机械的、形式的方法，一个是辩证的、更看重过程的方法，显然，辩证法更有效，能获得较为正确的观念。唯心论也有自己的方法问题。

辩证法本身是方法，它可用于一切方面，这就是它独立的方法论意义。辩证法用于人、用于物都是正确的方法，因为人与物都是辩证发展和变化着的。

黑格尔被公认是辩证法的大师，但他的观念对不对就是另一回事了，许多与他有不同观念的人，都还是赞扬他的方法，并且还一定会认真学习他的方法。他的著作影响了千百万的人，也主要不是他的观念，而是他的方法。他认为世界起源于绝对精神，有几个人赞同他的这一观点？他还因此而被称为客观唯心主义者，但谁都认同他是方法论大师。这正是方法论更重要的经典一例。

古希腊大哲学家们所提供的，也主要是方法，他们的观念则主要是理性主义的，本质主义、自然主义是他们的主要观念。近代以来，人们主要是学习和运用他们的方法，尤其是他们所贡献的辩证法，而对于理性主义观念则颇有微词。从亚里士多德到黑格尔，人们对他们的观念持有异议，但对他们的方法，则倍加赞颂。

有一个说法，谓之“教是为了不教”，意思是，为了学生最终无须教师去教了。但只有能将一些很好的学习方法教给学生的教师，才会在这一点上做得更好。观念、原理之类的东西是讲不完的，以一定的观念传递为基础，能教给学生一些有效的方法，许多观念内容他们就可以自己去学了。还是方法更重要。

有教学方法，实验方法，操作方法，阅读方法，演讲方法……在所有的方法中，相应的思想方法更重要；在各种各样的思想方法中，辩证思维方法更重要。

曾有人把辩证法视为先进阶级的思想，形而上学的孤立、静止、片面的方法则被视为落后阶级的意识形态。这是误会，是泛阶级化之下产生的误会。辩证法也好，唯心唯物也好，都与阶级意识形态无关。辩证法的大师亚里士多德、黑格尔，他们是哪个阶级的？我们不知道，也完全不必去知道。想变得更聪明更智慧的人，不论是穷人还是富人，都需要学习辩证法，学习亚里士多德和黑格尔。

黑格尔把柏拉图和亚里士多德称为人类的导师。无论黑格尔有没有资格代表人类，他都有资格说这种话。说什么话的资格，人人都有，认不认和信不信则由你。

这样的话，我本人自然就建议教师们更重视方法，特别是思想方法。由此，也就会进一步建议教师学习辩证法，运用辩证法，并把辩证思维带给学生。那些看问题、想问题深一些的人，实际上就是自觉不自觉运用辩证法比较好、比较多的人。

究竟什么是辩证法呢？我做一个字面上的解说。“辩”者辩论、辨认、辩解、辩护也，通过辩而去论证。辩证就是为了辨明、辨析、辨别、辨分。辩与辨，确实是相关的，都与变相关，并且都是在变中进行思考而表现出来的。在变中思维，对变进行思维，这就是辩证法，并且，辩证法就在这种对变的思维中产生了。善变者，善辩，善辨。

认为辩证法是关于普遍联系、普遍变化的学说，这种观念应当不错。

然而，还可以进一步说，辩证法是关于冲突、关于对立、关于矛盾的学说。冲突、对立是普遍存在的，辩证法研究它们，它自己也就成了普遍联系的学说。对立、冲突就是联系吗？它们不是联系又是什么呢？变化不也正是在冲突中展开的吗？

有一个对冲突和对立如何理解的问题。哲学上，彼此不同也在“对立”之中。天和地，昼与夜，明与暗，正与反，老与少，男与女，兴与衰，生与死，喜与悲……都在哲学所言之“对立”当中。哲学给它们一个特称：范畴（category），与范围的意思不一样。哲学既可以说是研究范畴的，又可以说是研究对立和冲突的。

其实，哲学不只研究对立，也研究统一，对立中统一，统一中对立。若彻底破裂，则统一不在，对立也不在了。绝对的斗争哲学，恰好是走向消失的哲学。

有些哲学教科书认为，在无数的范畴中，有基本范畴，并且认为，必然与偶然，现象与本质，量与质，肯定与否定，自由与必然等，是一些基本的范畴。

不过，哲学还不只研究范畴，这是哲学的横向面。哲学还有纵向，那就是形而上。通俗点说，形而上就是追根究底的结果，一直追问下去的结果。故哲学又被称为追问的学说。

实际上，追问是人的天性。故而，人到达哲学是具有先天条件的。教学则在于发展这种天性。

哲学是智慧之学，因而，发展这种天性，就是发展学生的智慧。这也正是我们提到过的一种教学目标。哲学离我们似乎很远，实际上，它就在身边，问题只在于：你是否看到了它？你是否喜欢它？你是否觉得必须与之打交道？ 是否感到需要掌握它？ 是否要熟练地运用它？ 它不陌生，它深邃，却并非深不可测。

无论是形而上，还是范畴分析；无论是纵向，还是横向，都还是在说方法。 哲学确实不神秘，多讲究方法，哲学就来到了身边。 不知不觉，它就跟你打招呼了。 那些多思多想的人，喜欢分辨乃至争辩的人，实际上已处在哲学的世界里了。

我曾向长沙梅溪湖学校校长自荐，给她的初中学生讲哲学。 我有足够的把握让他们不仅听懂，而且会让他们喜欢。 还有一句不必说出的话：他们还会因此而更智慧。

现在，我向教师们建议的是：更看重方法，更多训练方法。 教学都离不开一些实际知识，但透过知识的把握，更关注方法的把握，尤其是思想方法的训练。 一直这样关注下去。 不忽视观念、原理、定律，但更重视透过它们阐明方法，方法是精华。 原理、定律可能被遗忘，方法则难以忘怀，且终身受益。 方法的可迁移性也更珍贵。

思考学生的内在之物

人既有身内之物，又有身外之物；既有心灵之内的，又有心灵之外的。学生也不例外。教师可能都需要关心。弄清楚了内外差别及相互关系，教学中就需有相应的许多思考。这涉及一些根本性的问题：我们更需关注什么？如何去关注？我们能分清身内身外吗？内外是怎样关联的呢？我们该更重视哪些方面呢？

衣着，打扮，这很明显是外在的东西。但衣着是否整洁、得体，则与身内有关了。

吃的蔬菜、水果、鱼、肉……这是身外的；吃进去之后被吸收了的，就成了身内的。

别人得到的知识，对于自己是身外的；学习了之后，还不一定是自己的。正如吃进去的食物还不一定都是自己的，有的被排泄了，只有吸收了的，才真正属于自己。学习到的知识只有经自己消化、吸收了，融入自己已有的知识体系之中了，能再用自己的理解和方式表达出来了，那才是自己的内在之物。

人是一个整体，人有血有肉，有生理和心理。这个整体不可分割，思辨上可分为血与肉，但血与肉若实际地分割开，生命就终止了。生理与心理也是这个关系，心理附于生理而活动；一分开，就都没有了，人就死了。然而，人死后，有人认为那心理、灵魂还在，认为灵魂可以不死，精神不死，那颗“心”不死。

这是人很奇妙的一种表现，人有不同的信仰。就有人相信灵魂的存在。事实上，父母去世后，他们还活在子女心间。孔老先生逝去两千多年来，却也还活在众多的中国人以及不少的外国人心中，可能还会继续活下去。柏拉图、亚里士多德，今天也还活着，他们的躯干、肉体不在了，他们的灵魂确实还在。

最记得那些不死的灵魂的，是教育，并且教育还把这些不逝的精神一代一代往下传。大中小学都在传着，大学教授们还深入地研究着。除了阅读他们留下的文本外，还有从那文本散发出来的芳香，学生们一直品味着这种芳香。

教师都会关心学生的生理健康和发展，所有的教师都更会关心学生心理的健康和发展、灵魂的健康与发展，关心那种属于学生身内的东西。学生的身内之物，即他们的精神、灵魂、心理，这确实是更宝贵的，是教育关注的重点之所在。

让知识成为学生自己的知识，只是懂得了，记得了，还不等于理解了；最后还要能拓展，还能举一反三，触类旁通。从学习中所得之知识，还要能成为进一步的思与想的原料，还能进入自己的情意之中。如此这般，才能说，教学为学生生成自己的内在之物发挥了作用。从这个意义来讲，该为教学下的功夫实在是多。教学本就是最深奥、最特别的艺术，怎么去讲究都不为过。

从根本上讲，教师从事的是精神劳动，进行着精神生产，人的再生产。父母生下的子女，还需要继续打磨、雕刻，继续培育。这就是教育，使下一代的灵魂进一步升华，为使他们获得更充实的内在之物，从而让他们在已有生命的基础上获得新的生命。

当然，这既是教师工作的神圣之所在，又是他们工作的困难之所在。从商的人要知道顾客内心想些什么，从政的人要揣摩百姓希望得到什么，从教的人需要知晓所有这一切。最理想的状态是，教师知晓学生的心，且和他们的心一起跳动。这样，师生之间的交往就是一种神交，一种神往了，心心相连了。

学生离开学校后，所学的书本知识，十有七八会被忘记的，但教师的风貌、精神，教师给自己的体贴、关爱，是永远不会忘的。为什么呢？因为这些神性的东西已成了自己身内之物的一部分，也正因如此，教师才长久地在他们心里。

我中学时代的张国魂老师、赵孝恭老师、班主任刘锦华老师，都早已离开人世，但他们还活在我心里。他们具体教给了我什么，已经十分模糊，但他们的形象，连同他们的神态，都还在我心里，我还能在今天为他们写诗，既是怀念，又是歌颂。

记得更清楚的是大学老师李盛华、杨少岩、李传和、陈鹿平。李盛华乃北大的高才生，懂四门外语，在数学上始终站在最前沿。20 世纪 60 年代初，他为我们年轻教师开设了“测度论”“半群理论”“泛函分析”。我还记得，“测度论”使用的是美国学者哈尔莫斯的著作。由此，我知晓了黎曼测度是我们学过的普通微积分的基础；勒贝格测度是勒贝格积分的基础；还有更一般的测度及相应的更一般的微积分，还有一种称之为流形上的微积分。尽管我对许多具体内容淡忘了，但微积分所包含的思想我记得；李盛华老师对这些知识的阐发我记得。

2006 年，李老师以 93 岁高龄辞世，我为他致了悼词。 悼词震撼了所有的追思者，也震撼了我自己。 他是我们大学史上的一位杰出者。 2013 年，是他百年诞辰，如果那时的校长是今年（2015 年）上任的蒋洪新校长，我一定会建议他举行一次全校纪念会。 但那时候，我只是出面邀请了李老师当年的几位学生一起聚会来缅怀他。 他给了我们难以忘怀的身内之物，他指导我们增长学识和做人，他引导我们在精神上成长。

关注诸智力因素的协调发展

人的心理也可分为两个方面，一方面是认知心理，另一方面是非认知心理。我们特称认知心理能力为智力，而称非认知心理为心力。这只是一种约定的说法，智力其实也源于心，为说话方便起见，才用“智力”一词以区别于非认知心理能力。

这一条建议，在于提醒教师们对学生在这两方面的协调发展都予以关注，从而使学生具有健全的心理。一般情况下，较易忽视的是非认知心理能力，可是，对于学生未来的成功，影响更大的，却正在于非认知心理能力。容易被忽视的反而更重要，这使得本条建议具有特别的意义。有人将这两方面分别与智商和情商对应。商是两个数相除的结果，例如，智商是智力达到的年龄与实际年龄相除的结果。6 岁儿童达到了某种测定标准下 8 岁儿童的智力，其商便是 8 除以 6，即 133%，这被认为达到了智慧的水平。6 岁达到了 10 岁的智力水平，10 除以 6，即 166%，166 这个数字意味着天才。情商也有相应的某些计算方法。

但是，关于智商的测量，意义并不大。一方面，事实证明，并非儿时智商越高未来一定越成功；另一方面，这种商数只对儿时有意义，到了 68 岁与 66 岁之时，其年龄之商接近于 1 了，而儿时 8 岁与 6 岁的比较，对此时完全没有意义。

情商更是一个难以测量，也更没有意义的概念。但是，这不表明情感和意志方面的修炼对于一个人影响不大。实际上的影响可能比一般人想象的更大。虽然不必用情商去预测未来，但不可忽视情商发展对未来有着特别重大的作用。

这里，我们对智力和心力分别做一些较为具体的分析。智力可以分为记忆力、观察力、理解力、想象力和操作能力；心力则可分为情动力、注意力、意志力、自我评价能力。有必要对我在这里提出的一些概念和杜撰的术语稍加说明。

先说智力方面。记忆力也是可以培养的。机械记忆不是完全没有意义的，适当的背诵也有必要，但理解记忆更重要。在理解的基础上记得更牢，原因在于，通过理解而使得记忆对象与其他一些因素关联起来了，知识原子被串起来了。零散的珠子易丢失，串起来的珠子则十分不易丢掉了。

记住了的不一定理解了，理解了的多半是记住了。及时记忆和及时复记，可以大大提高记忆效果，但更重要的确实是理解记忆。理解是使记忆对象联络起来的方法，却还不是唯一方法，还有通过类比、通过记忆对象的发展特点来加强记忆的方法。

观察力较之记忆力，是更富创造特点的能力。许多创造是从观察开始的。在一潭平水中，他能看出一丝涟漪；在万里晴空中，他能看到一片云彩在生成。在似乎毫无疑问之处，他看出了问题，打开了缺口，活水源源不断地流出来了。

观察到的，记忆住的，都还有待进一步去分析、思考、理解。常有人说我记忆力好，原因主要在于，我任校长时的湖南师范大学之当年的教师我几乎全认识，都喊得出名字来，甚至记得他们的妻室儿女；对其他职工也能认识个八成以上。

其实，我觉得这不全是记忆力的问题，至少与责任感、情义感有关。当一位教师初次跟你打交道时，自然不认识；第二次再见时或许还喊不出名字；但是，如果第三次、四次还是这样，那么，教师就会感到校长心中没有我。然而，我心中确实是有教师的，是我和他们一起撑起学校这片蓝天的，岂能不记住他们啊。

不过，我对于记忆力好的称赞并不在意，我认为自己更好的是理解力和想象力。他们只是从某个角度去看的，并未从我的学术研究工作去分析过。例如，做数学也好，做哲学也好，仅仅是记忆力好实在是太不够了，这里最需要的正是想象力。还有我写了1200多首诗，这更不是记忆的结果，甚至也不只是一般的理解。诗歌是情感“酿造”出来的，是从想象那里“飞翔”出来的。

我说这些，似乎只是在说明自己，其实，我的目的在于向教师们说明：培养学生的理解力、想象力更为重要。死记硬背不是绝对不必要，但绝对不是重要的。

智力发展的内容就已如此丰富，够教师们从多方面关注了，可是，还有发展学生心力的问题。我常常由此而深深感到人的复杂性、多样性、神奇性，进而感到教师工作之艰难性、深刻性和神圣性。这也再次让我感到“人类灵魂工程师”之说的肤浅和错误。工程师重要，但教师与其工作之性质实在太不一样了。

教师工作最重要的部分，不只在于发展学生智力，发展智力和扩展知识相比已高了一层，但还有发展学生心力的问题，这是更重要的。改善学生心理品质、提升学生心理能力，对于学生的未来，更为重要，从而也更考验教师自身的能力。鉴于发展心力及关注智力与心力的协调具有特别重要的意义，我将这方面的有关内容作为单独一条建议列在下一节，当然，它本就具有独立的意义和价值。

现在先讨论对诸心力要素的理解。

首先是情动力。本就是动力，但我称之为情动力，动力的来源与认识有关，但与情感的关系更为密切。认识到该做的事，你是不是愿意做，喜欢做，而且不屈不挠地做，这就不完全是认识的问题。一种关于"只要认识了，一切皆可迎刃而解"的说法，是把事情简单化了。与此简单化相伴的是反复的动员、讨论，去提高认识。一些人搞腐败，如果只是认识问题，应该在儿时就解决了，小时候母亲便叮嘱：别人的东西不要往自己荷包里装。腐败就是因为忘记了母亲的教导吗？如果真是忘了，再让听一场报告吧，这场报告也只需要一句话：公家的钱不能挪到自己账上去了。可是，那些腐败分子趋之若鹜，进牢房他都不害怕。

这似乎扯到社会问题上去了，讨论起来也不容易，不只是认识问题，也不只是再加上一些情意上的考虑的事，更重要的，还有机制问题。此处就不再论及了。我们还是回到学校，回到教师工作上来，回来讨论如何培养学生非认知心理能力的问题。

所有事物都运动着，简言之，都动着，都需要有个动力吗？先说物体吧，牛顿有个惯性定律，在物体没有外加力时，它恒动或恒静着，静可不说了，因为静只是动的一种特殊形态。在有外力的情形下，才产生了加速度。这样，牛顿似乎把一切动因都说清楚了。地球绕着太阳转，月亮绕着地球转，于是有人问牛顿：这是什么原因让它们动起来的？牛顿回答说，那是因为有一个"第一推动力"，它就是上帝的手推动起来的。许多事情，在人感到无奈时，都有一个办法：从万能的神那里总可找到答案。一切的美好也从神仙那里来。

人的动力从哪里来？人有一个动力系统吗？这个动力系统的燃料是从何而来的？需要燃料吗？人会有一个永动力吗？人有"加速度"吗？外力又从何而来？

人来自大自然，却难以由自然本身来说明人；人不外在于自然，但自然似乎给了人许多超自然的东西，这是人的奇妙与神秘之处，又是大自然的奥妙与伟大，人是大自然的杰作。对于这一点，人自己至今还没弄明白，还难以理解。最杰出的哲学家好像敢于挑战揭秘这一工作的很罕见；挑战了的，大半也还没说到家。但是，间接地，曲曲折折地去叩问与之相关问题者，倒是并不稀罕。比如说，我们探讨智力，又探讨心力的问题，可归属于这种间接迎战的行为。

具体来讨论心力时，首先就还是讨论动力系统。在第二十七节，曾涉及与此相关的问题，这里，则是从心力的角度来探讨。教学的基点在传授知识，任何其他的高层的、高尚的目的，都离不开这一基点，都得紧紧扣住这一环，又不停留于这一环，问题也恰在于需要通过知识传授而既发展学生智力，又发展他们的心力。

学生的动力从哪里来呢？他们为了什么而勤奋学习呢？可不可以为了不负父母的养育之恩？可不可以为了光宗耀祖？也可不可以为了证明自己？当然，还可否为着不辜负老师的教导？可否为了自己民族的繁荣、复兴？为什么不可以呢？

如果为了这一切，相信就会有强大的学习动力，就会深入钻研，不畏艰难，由此，就可以把自己充分调动起来，发挥出更大的能量，大大提升生命品质。

不过，这是一个并非轻易获得的动力，并非只要想到了就能做到的。还需要经历一个并不十分短暂的过程。那时候，可能会有使不完的劲。或许，还不需要立即想那么多，为了证明自己，也为了证明父母，就足以迈开大步向前进了。

教师的作用还在于进一步唤起学生自己对父母的责任。在很多情形下，教师能拥有如父母般的巨大影响。原因在于，在一般学生眼里，都认为教师懂得更多，回家后，当他们想在父母面前坚持某种观点时，会说出一句他们认为十分有分量的话来："这是老师说的。"父母则完全可以为之而高兴。有的父母还可能对老师说："这孩子就托付给你了。"这是彼此真心的信任与寄托。

学生自己的动力系统对于他们眼下和长远的发展的重要性是不言而喻的。问题在于，这种动力的获得最终只能靠他们自己，教师和父母只是辅助。强有力的辅助也还只是辅助。从更宽阔的视野下获得动力，例如，从民族和国家获得，将自己的命运与民族的命运联系起来，就会使自己特别坚强。这固然是十分必要的，但已如我们所知，明晰的民族概念和国家概念也不是轻易形成的，从感情上融入自己的血肉，更是一个修炼过程。

任何人都与外界存在关联，这种关联的方面会越来越多。有些关联可能是积极的，有些可能是消极的，这都与自我掌控有关。教育则在于引导学生去掌握，去扩展积极面，削减消极面，从而获得更强和更牢靠的积极影响，并化为动力。

人的积极性、主动性或动力，与人的反身心理密切相关。唯有人能自觉于其自己，人可知晓外部世界，更可知晓自身，知晓内心世界，亦即人能以自己为意识对象，自己认识自己，自己鼓励自己，自己相信自己，自己鞭策自己，自己充分调动自己……消极的一面便是自己贬抑自己，自己消磨自己，自己伤害自己，自己毁弃自己，自暴自弃……

动力很强的人，自然是那种充分调动了自己的人，或者说，是很自我的人。自我，却心中有他人，并且，自我调动的充分，还必须包含对他人的尊重和理解。真正尊重自己的人，必尊重他人；同时，尊重他人也是尊重自己。这里，确实具有对称性。

不仅人的动力系统的获得需要一个过程，而且，中间还要加油，以补充油耗。尤其当道路不那样平坦时，越过坑坑洼洼，油耗更大。加油，充电，都意味着不停地再学习，再思考；审查一下当初的人生设计究竟实施得如何了。

说实在话，现在人们所处的时代好多了。以我个人的历程来说，真正能把握自己，是1978年之后的事。自此之后，才有了较明确的目标，做自己觉得较为适合自己的事，例如，那种多依靠纯思辨的事；在此基础上，每三五年有个明显变化，求得一个明显的变化，或许叫作发展和提高，把原动力化为了实实在在的行为。

关切其他心力

对于心力，我们较多地讨论了动力系统的问题。相信这也是教师特别关注的一个方面。现在讨论心力的其他几个方面，即注意力、意志力和自评力。

注意力似是与智力关系更密切的一种心力，对求知有更直接的影响。一心难以二用，无论是阅读，还是听讲，注意力集中与否、专注与否必对效果产生影响。这既与学生有关，又与教师及阅读文本有关，就教学而言，注意力问题主要由教师负责。

注意可分为有意注意、无意注意、有意后注意。持久的有意注意之后，自然生成了进一步的专注，几乎无须心理约束的注意，即有意后注意。有良好的注意品质的人，比较容易集中注意，亦称之为有较强的专注能力，俗称很专心。外界有点儿什么干扰也不易产生影响，不易分散注意，此刻似是“目中无人”。

显然，教师都希望学生专心学习，课堂上专心听讲。但是，如果教师们的教授没有什么味道，学生集中注意就很困难。讲授没什么吸引力，他怎么能持久注意？教授需要有起伏，一直平铺直叙不行，总是处在一种亢奋之中也不行。这就需要有节奏。

任何人的注意力不可能过于持久。我的实际感受是，对教职工演讲，一般不宜超过两小时；对研究生讲课，一般宜在一个半小时左右；对体育系的学生，最好尽量简短，不宜超过45分钟，他们蹦蹦跳跳习惯了，坐不住啊，如果讲得没味道，45分钟也难坚持。高年级与低年级有别；大学生与中小学生亦必有别。

一般而言，讲得既肤浅又没味或过于艰深，都难以让人注意。只有在听者觉得有趣，乃至是一种欣赏，一种享受时，他就不用费什么力就能集中注意了。学生注意力集中，效果当然会更好，为了让他们注意力能集中，教师需想许多办法。

还有一个心态问题：是你希望学生愿意听你的，还是你要求学生听你的？学生可能没想那么多，你讲得好，讲得有味，他就听；否则，他就不听，无论你要求怎样。有些教师还总觉得是学生不用心，事实上，学生对不同的讲授、不同的科目，态度就可能有不同，你讲得好，不喜欢的科目，他也可能愿意听，用心听。

注意品质如何，与意志力有关。听不懂的，坚持一下或许就听懂了；似乎没有味道的，坚持听一下，或许就听出味道来了；钻不进去的，坚持一下，就可能打通了一些关口，并且，钻进去了之后，还能自己爬出来，进进出出能把世界看得更清楚。

意志在困难时，遇到坎坷时，觉得没趣时，持久难耐时特别起作用。毅力、意志的坚强从哪里来？认知起作用，认识到那件事非做不可，就会不畏艰难而坚持做下去；但仅有认知还不够，还要情感的支撑，喜欢它，热爱它，就比较容易坚持。还是知情意联合起来力量最大，三者并非简单相加，而是可以相互补充，相互促进，三者还可以彼此放飞。认识深刻，情感丰富，意志坚强，这样的学生，未来取得成功的可能性特别大。

情商与智商相比，前者对未来的影响更大。不忽略对学生情感的陶冶、意志的磨炼，也就特别重要。教学工作是一个很细腻的活，每颗跳动着的心，都有其纷纭繁复的地方，都有其神秘莫测的地方，故而，细心、精心和体贴入微也就十分重要。不使自己对学生发生误判，尤其不能把知情意分割来看，避免简单化；实在可以把事情想得更多样、更多可能。简单问题不能复杂化，复杂问题不能简单化，说来容易，具体拿捏起来颇不容易。主要还在于细活细做。对学生的心理引导，宜细不宜粗；对学生行为上一时的过错，则宜粗不宜细。

通常说全面发展是指德智体美各方面的发展。其实，还可换个角度看，那就是知情意的全面发展；不妨再换个角度讲，即智力与心力的协调全面发展；再深一层，就是各智力的协调全面发展，各心力的协调全面发展；各智力及各心力的再细分，也还有求得相对全面的问题。例如，思维力的结构就很复杂，也需要获得较均衡、较全面的发展；注意力也包含诸多方面，其发展亦需较为周全。

人本是全面的，在后天再发展这种全面，教育促进这种后天的发展，避免畸形。

最后还说一下自评力，即自我评价的能力。如果有标准答案，考试完毕之后，自己就可以估计可打多少分。一般智力与心力的评价，都难以量化。自信、自卑是自我评价的结果，我们对此已有所讨论，比较确切的、恰当的评价并不容易。

评价常常是在比较中，在有参照系的时候进行的。念大学时，我就有一些比较了。论学习成绩，在 100 名同学中，我排前 8 名很难，但排第 9 至第

15 名还差不多。论打篮球，在常玩的同学中，我大约中上水平；论短跑，我是下等水平，100 米跑不进 14 秒。论唱歌，论音质、音准，我可能属上等了。大体上还是心中有数。

“人比人，气死人”，这容易导致回避。“比上不足，比下有余”，这可能陷入中庸。在写《高等教育哲学》与《高等教育哲学通论》时，若没有跟布鲁贝克的著作比较一番，就不可能动笔。同样，若没有事先有个估计，有个比较，在读了卡希尔的《人论》之后，我也不可能动笔也写一本《人论》，并且在写完之后也还回过头来再比较一番，看是否真的有些新意，有所发展，有无属于自己的观念和思想体系。

比较时，既看到自己可能的不足，更看到自己可能不同的特点，多少要说出一些别人没有说过的话。没有前进，没有发展，决不甘休。也就是说，不怕比。

还有一个很重要的方面是，自己跟自己比，跟昨天的自己比。天天向上，不就是今天比昨天登得更高吗？原地踏步走，可能练得腿，但不能前进。“不怕慢，只怕站”；但是，太慢了也不行。逆水行舟，不进则退，还需乘风破浪啊。

说别人没说过的话，做别人没做过的事，想别人没想过的问题，还要说自己过去没说过的话，没有老调重弹，没有陈词滥调，也没有空洞无物、无的放矢。

我奉行“低调做人、高调做事”的格言。做人低调是尊重他人，不傲慢，不趾高气扬；做事高调，也不是要压着别人，而是在希望别人做得好的时候，自己也努力做好，只要有可能，总力求在那么一点两点上做出一些名堂来，力求别出心裁，别具一格。

从教育自身来理解教育

那些悉心于自己事业的教师是学生终生不会忘怀的。没有任何一项职业能与教育的这一结局相比。如今，世上数千种职业，从事教师职业的人数可能是最多的，从事这一职业的人群可能也是最稳定的。荣华富贵与此职业无关，但无限智慧与此有关，富贵与光荣之源与此有关，其影响之宽广和深远更是无与伦比的。

对教育的认识，也是我们认识中最困难的问题之一。我们想说的是，想强调的是：根本在于，从教育自身来认识教育。当然，这也是我对教师们的建议之一。

不是要从众多的关系中认识相关事物吗？然而，关系也是生成的。一个单身汉，哪来的家庭关系？他与父母之间构成了家庭关系，那是源于父母而生成的。他本人并没有再生成关系。讨个老婆吧，再生儿育女，他才算生成了家庭关系。

关系的双方并非都同时生成。太阳与地球密切相关，但太阳早生了约5亿年以上。我们与小鸟有关，鸟语花香构成了我们的环境，但小鸟比我们的资格老多了，鸟的历史约一亿年，而人类的历史则只有382万年。如果有新的考古学发现，这个数字还可能增大；但再大也超过不了6000万年，那时是恐龙时代，岂能有人存在？据说鸟的祖先是恐龙，人的祖先是谁呢？说不清楚。有一说是猿猴，但现在有猿猴，它们能变成人吗？恐龙变为鸟了，恐龙就不再存在了；猿猴变成人了，怎么它还在呢？

当我们说从事教师职业的人口比例最大时，是就比较而言的，是从关系中讲的。这个关系也有一个生成过程。在农业为主的国家里，种地这种职业的人口比例是最大的。中国就曾是八亿人口搞饭吃。现在这一比例已大大下降了。下降了多少？眼下，我手头尚无相关的资料。但我知，美国的农业人口早在很多年前就只有百分之一左右了，他们这百分之一的人口不仅提供了全美的各种农产品需要，而且还有大量的出口。

当我们说教师在人口中比例最大时，也只是对今日的中国而言的，对教育已大大发展了的中国而言的。包括高等教育，我们在绝对规模上也是世界上数一数二的了。

要从各种关系中去认识和理解教育，但如我们已指出的那样，有些关系中的双方是同时产生的，有些则是有先有后的，关系也就不可能在“前”而只能在其“后”了。

即使在事物有了与其他事物的种种关系之后，从事物自身去理解事物仍是最重要的。

坚持从事物自身认识事物，这一看似简单的思想实际上是极为深刻的。这一思想是出自荷兰 17 世纪杰出的哲学家斯宾诺莎，他的这一哲学思想产生了深远的影响。近代以来的众多哲学家都由此而深受启发，恩格斯即其中一位。

坚持从事物自身认识出发，再言该事物与其他事物的关系。从逻辑上讲亦如此，对自己都还没多少认识，怎么去认识它与其他事物的关系？对自身的认识越来越多，越来越深，才能对与其他事物之关系也认识得越来越多又越来越深，从而回头来对事物自身还会有更好的更深刻的认识。基于自己，再言其他；言及其他，还返回自己，如此迂回反复，认识就越来越深刻，越来越向前发展了。

从教育自身来认识和理解它有其特别的意义吗？斯宾诺莎之所言对教育有特别之处吗？这种特殊确实是存在的，这从教育这种人类活动的特殊历史即可知晓。

我们已多次提到，教育是人类最古老的活动之一，另一桩即觅食。这个“觅食”如果用“经济活动”来描述，字眼就实在用大了，充其量算得上一点儿物质活动吧。今日所言之科学、文化、经济、政治和其他社会活动，都还远没有出现。又哪里会有教育与政治的关系，教育与科学文化的关系，哪有教育与经济的关系呢？与吃饭当然有关系，但吃饭与经济有关，却并非经济本身。教育与其他事物的关系，都是后来渐渐生成的，而作为关系一方的教育，则是早早存在的，是老资格。

不从教育本身来看教育的观点，大体可分为两类，一类是说教育受到经济、政治、文化的影响，有的甚至把这种影响说成是制约，因而，教育就应当去适应那些制约者，这就是所谓制约论、适应论。另一类则干脆说教育是社会的产物，经济、文化的产物，政治的产物，教育是被别的一些东西所“产”出来的“物”。

我深感某些观点把教育说得越来越走样了，越来越不像教育自己了。可以说已到了忍无可忍的时候了，我就写了一篇论文：《教育就是教育》。这个标题似乎是一句废话，这不就等于说“铁就是铁”“钢就是钢”“羊就是羊”“马就是马”吗？

但正是这句近乎废话的话，引起了一些反响，让人们感到多少有点儿奇怪，反倒想看看这句“废话”背后说了些什么。《高等教育研究》杂志迅速在某一期将这篇文章作为首篇发表出来后，确实有不少人关注。在这篇文章里，我不得不说教育是人的产物，教育不是经济，教育不是政治，教育也不是一般意义下的文化，教育更不是军事，为了说“是”，为了强调“是”而不得不说了许多的“不是”。

我并不是想到了斯宾诺莎而说“教育就是教育”的，这是来自我心灵里的话。作为教师，对于自己的工作总是会思考的，不如自觉地思考，早早明白自己工作的性质，明白教育自身。我的这一条就在于建议从教育自身去看，再言及其他相关的方面。

掌握或自创教学原则

知晓自己工作的性质，就会涉及教学和课程理论，再深入一步，就会走到教学哲学。如果把这些方面尽可能思考清楚，当然就可能大大提高教学的自觉性。

德国人偏于做教学理论，美国人则更看重课程理论。留德归来的李秉德先生对中国的教学理论建设做出了重要贡献。另一方面，留美归来的张敷荣先生对中国的课程理论建设做出了重要贡献。尽管有中国学者希望调和两种流派，但事实上不同流派还是存在着，并且这对中国的学术发展有益无害，不是要兼容并蓄吗？

我在教育学的多个领域做过一些学术工作，也涉及课程理论和教学理论。在我看来，教学理论和课程理论关系的密切程度，可用“互译”来表达，它们虽有不同的术语，但可互译。什么是课程？教学论说，课程即教学内容。什么是教学？课程论说，教学即课程的实施。其他派生术语的互译就是顺理成章的事了。

我本人在1999年出版了一本书，名叫《教学论纲》。这本书也可取名《课程论纲》。但我觉得中国读者习惯是偏于教学论的，这是我最后定名的主要考虑点。

2002年，我为攻读课程论的博士生们开设了一门课，名字就叫“课程与教学哲学”。次年，人民教育出版社便为我出版了与此课程名称一致的一本书。在我看来，博士必须达到形而上的思考，这是我为他们开设此课程的基本动因。

这本书的书名也有在课程理论与教学理论之间调和的味道。但就实际倾向而言，我还是比较喜欢用课程这一概念。美国学者给予了课程一个极为宽广的定义，课程即学校里学生可习得的一切文化之总和。沿着这一定义去思考和观察，可使我们对学校各类人的义务，有一个更深切的理解，从而对学校活动内容的丰富性也有更好的理解，学校的一切皆可在课程的视野下去给予不同程度的重视。

我研究过教学中的形而下内容，以《教学细则一百讲》为证；《教学论纲》则属于形而中的层次；《课程与教学哲学》则走到了形而上。我一点儿也不轻视形而下的工作，决不会不朝形而下的方向前行，并且，数学让我明白从形而下到形而上，并非一定是沿着一条直线走的，我的经历说明，可以迂回前行，上下翻腾似乎效果更好。

关于教学原则的研究，是属于形而下还是形而中呢？原则相对于理论应是下位的，故而，它好像难以靠上形而中；同时，它又比经验、事实似乎高了一层，因而又不至于是形而下的。这样，岂不是在形而下和形而中之间又出现了一个层次？

在形而下、形而中、形而上三个基本层次之间还有些中间形态，也未尝不可理解。不过，相比而言，原则还是有其理论性的，因而视之为形而中还是较为恰当。

夸美纽斯的《大教学论》就被认为是理论，其中他提出了 37 条教学原则。后来，苏联的教育学家凯洛夫提出了 5 条原则，构成一个体系，简洁明了，大体上反映了夸美纽斯的思想。我自己在念书的时候，读的就是凯洛夫的著作。历史证明，我们那批师范专业毕业的学生，很受益于凯洛夫的教学原则理论，初次教书时不知怎么做，有了凯洛夫的那 5 条，心中多少有了些底，走上讲坛心都不太慌了。

37 条实在是太多了，记也记不住；记不住怎么用得上？5 条，很简洁，更便于应用了。

凯洛夫的 5 条，即直观性原则、自觉性原则、巩固性原则、系统性原则、量力性原则。大概是觉得凯洛夫的原则太消极了，另一苏联学者赞科夫提出一套新的原则，但他的原则可能是过于积极了，甚至激进了，例如他提出了高难度原则、高速度原则。真有点儿走极端，所以，赞科夫的原则体系没有留下多少佳话。

凯洛夫的教学原则并不是针对某个或某些具体学科的，后来，在不同的学科教学中，根据各自不同特点提出过一些原则，其中，大都受凯洛夫教学思想的影响。

我自己是学数学、教数学的，比较喜欢凯洛夫的理论。例如直观性原则就很重要，无论教几何、代数，还是教微积分，都尽可能在讲原理之前寻找一些让学生看得见、摸得着，至少是较易想象到的材料。即使到高年级教更高深的数学，更抽象的科目，我亦尽量使之具体化，由形象到抽象。欧氏空间较易形象化，非欧空间也能以一定方式形象化。

到 1993 年，我做教师已有 34 年了，除了“文革”及其他政治活动耽误的时间外，也实际有 25 年以上的教书时间了，我亦对教学本身有了不少感悟。于是，就在 1993 年 5 月出版了一本名为《教学原则今论》的书，洋洋洒洒，有了差不多25万字的论述。

这里，我根据自己的实际体会，就建议教师们掌握一些教学原则，这比掌握教学理论既容易些，又实用些。并且我还建议，只要有可能，通过相当长的一些时间的感悟，也要摸索出一套具有自己特点，从而就属于自己的教学原则体系来。

我的《教学原则今论》，到现在又已过去了20多年，已经是“昨论”了。不过，我觉得当年那本书还是有一些特点的。具体说来，我提出了制订教学原则的四条基本要求，即相容性、完备性、独立性、简练性的要求，这四条要求亦可视为制订原则的原则了。至少是让制订工作本身少一些盲目性，多一些自觉性。

我所提出的是6条原则构成的一个体系，当然，我本人首先就要按自己提出的4条制订原则的原则去做的。

我的体系最明显的特点，就在于与夸美纽斯、凯洛夫、赞科夫大不相同。这与我的哲思习惯有关，即使讨论这种比较具体的内容，我也要做辩证的分析，要分析矛盾，分析关联，从而通过普遍关联去理解和把握教学原则及其体系。

这里，限于篇幅，就不再集中介绍我的体系中的6条基本教学原则的具体构成情况了。事实上，分散性的叙述中都已部分提到，以后还将从不同视角叙及。

这里，我所建议的是，教师们尽可能知晓和运用一些教学原则，再进一步去提升教学理论水平，说不定也会走向哲学，持久的理论兴趣引向哲学的可能性极大。

把握深入浅出

这也是个关系问题，深入与浅出的关系。

认识的过程总是由浅入深的。教学中的大师们都是善于深入浅出的好手。1942年我在广州听过华罗庚两个月的演讲，讲的是多变复函数，他就从单复函数讲起，从哥西一黎曼定理开始，这对于我们这样刚大学毕业不久的人，入门也不困难。当然，随之就越来越深，越来越难了，但至少让我们知道，这个深是从哪里开始的，这个难又难在哪里。终归还是深入浅出，这就能知道有个源头。

很可能，年轻教师忌讳自己太浅，年长的教师则忌讳过深。成熟的教师就会注意处理深入与浅出的关系了。有的教师较快成熟，有的可能会稍慢。但总还是尽快熟悉教学中深入与浅出的关系较好，对学生好，对自己当然也好。

这里，还有一个问题：一个班里的学生常有参差不齐的情况，对这部分学生浅的，对有些学生可能还觉得深了；相反的情形也可能有。这样又如何来把握深入浅出的原则呢？众口难调，酸甜苦辣都要有一些才好，需下更多的调料，更有讲究。

我也面对过这种情况。我的做法是，仍然坚持浅出，但既要浅得使学生基本听懂，又要使程度较高的学生不至于听起来觉得没味；并且浅出一定是为了深入。最终还可能是，有的学生比较懂了，有的则似懂非懂，有些可能基本不懂。

有一次，我在武汉大学做学术报告，报告完毕后，主持人黄明东教授总结时，只说了一句话："在没听张校长报告之前，我是懂的；听完后，我不懂了。散会。"这多少让我有点儿惊讶。从未见过有这样总结的，很新鲜，但也不觉得有什么奇怪。

那一次，我是住在华中科技大学，回到华中科大后，我把黄明东的总结告诉刘献君。智慧的刘老师说道："有一类报告是使人由不懂到懂的，有一类的是使人从懂到不懂的。你的报告就是后一种情形。"他还说，北大是使人从懂到不懂的，清华是使人从不懂到懂的。当然，我想这并非一种绝对的划分，仅在一所学校内部各种各样的情况都可能有。我想，老清华跟北大的差别就不很大。

我想起自己的一位老师李盛华教授，他 1931 年以湖南省的状元考上北大，在北大亦是高材生，学习数学的同时，掌握了四门外语：英、法、日、德。念本科时，他没给我们上课；做青年教师时，他给我开设了测度论、半群、泛函分析等前沿课程。我特别记得他对我说的一句话：一堂课百分之二十的人听懂了，就差不多了。后来，我的体会是，对研究生讲课做到这样就够了，他们有了更强的自学能力，听不懂的，听了个大概，课后再自己去念去想；对本科生讲课，可能顾及面要大一些。

我知道，名大学有一个传统，那就是低年级的基础课由资深教授来上，高年级专业课反倒可由年轻教师上。我记得，中国科大的微积分就是由吴文俊、华罗庚、关肇直等大家来讲的。今天，这种传统是不是在一些功利因素的影响下有所改变呢？

我念本科时，那个传统还在。为我们讲微积分的是萧伊莘教授，讲解析几何的是杨少岩副教授，讲高等代数的是李传和讲师。那时候，整个数学系，教授只有两位，副教授也只有五六位；那时，讲师就算高级知识分子了。如今，教授一把一把的，讲师怎能还在“高级”之列？职称是不是大大贬值了？学位是不是也大大贬值了？含金量是不是下降了？

在美国，教授必须是学术水平为世界级的，副教授必须是全美一流的。

说到基础课的重要和给予的重视，不能不想到 CIT（加州理工大学，钱学森的母校），这是一所袖珍型大学，学生只有 2200 人，900 名本科生。给本科生讲课的，是大师级人物。而 CIT 是众所周知的诺贝尔科学奖获得者的摇篮之一。这真可令我们深思。我本人确实深思过，还撰文论述为什么世界顶尖的大学如此重视本科生的培养。优质本科生，是整个高等教育的关键一环。我们前面所提到的那种传统，在美国几乎是恒定的了。美国人保有世界最高水平的高等教育体系，表现很多，原因很多，这与他们的优良传统亦密切相关。

绕了很大一个弯，再回头来讨论深入浅出的问题吧。深入浅出的基础究竟在哪里？我们说一个初等几何的例子。一般的四边形的对角没有什么特定关系，但圆内接四边形不同，它的对角是互补的，即其和为 180 度。怎么知道这一结论的呢？就回到一个最基础的命题：三角形内角和为 180 度，等腰三角形两底角相等。现在就可以从圆心出发，作四条半径连接各顶点，这样就形成了四个等腰三角形；将第一个等腰三角形两底角编为 1、2 号；顺序将第二个的两底角编为 3、4 号角；依次还有 5、6 号以 7、8 号角。按等量加等量其和相等的原理，即知 1 加 4 号角等于 2 加 3 号，6 加 7 等于 5 加 8

号，因而，1 加 4 与 5 加 8 也相等，2 加 3 与 6 加 7 也相等，而这正是圆内接四边形两对角之和相等，总和为 360 度，相等则各占一半，都是 180 度，互补了！ 说得稍啰唆了一点儿，说明的是：最基础的东西是三角形内角和为 180 度。 由浅入深，深到最基础了还不够吗？ 那就还要说明：为什么三角形三内角和为 180 度？ 这一追问，就会到几何公理上去了，公理还不是底吗？

浅，如果是指浅到最基础的地方去，看来也不容易。 知根知底的事，就那么容易吗？

然而，并不是事事都要从根底那里说起的。 因而，何以才算足够浅了，还得结合学生的实际来看。 无论是什么科目，学了一两年以后，离根底都会有一段距离了，最多偶尔回顾一下“当初”的出发点；需有一定的迂回，有反复，但不一定总要反复到“当初”去。 对学习程度较好的学生和相对较差的学生，“浅”在何处是有所不同的，是需要教师去体察的。 不浅出，就难以深入，所以，即使不是很容易，也要去寻找“浅”的出发点。 一定的进度还要求不宜过多的反复和迂回。

现在说深，深到哪里去呢？ 总的来说，应是浅而不陋，深而不玄。 这样，深浅就相连了。 最理想的状态是，教师能深能浅，随时根据情况与需要来进行调试。 学生的眼睛都瞪着，可能是需要向浅处走一走了；学生听来没多少味道了，就可能需要加点料了，或更辣一点儿，或更苦一点儿。 这是有经验的教师都有体会的，临场的调试总是需要的，不可预见的因素出现时需要教师的随机应变。

深毕竟是最终想达到的目的。 深的顶点可能是到了哲学。 每个学科都是可以到哲学的，但是，按教学的实际要求，并不是都要到哲学的。 当然，对于哲学修养较好的教师而言，即使是对低年级学生，对中学生，也可以自然地给他们以哲思。

至于对博士生，则是学生自己也要进到哲思的。 故而，博士生的指导教师，务必有较高的哲学水平。 否则，何以能引导博士生们走向深刻？ 不仅不能以其昏昏，使人昭昭，而且必须是以其昭昭去照亮学生前进的行程，陪伴他走向深入。

哲学是什么？ 对这个问题可以有几十种回答，甚至更多。 回答之一是：哲学乃寻根究底的学问。 换言之，哲学是使人最后无言以对、答不出来了的学问。 如果问得你还答得出，就还没有到哲学。 这似乎是说笑话，但也有一定道理。 难怪有人说不懂，那多半是碰上了哲学，走在了沙滩上，跑不动了。 怎样才出现了由懂到不懂的情况？ 就是一直被穷追着，被泊在沙滩上了。 不如此，就算不上跟哲学行了见面礼。

培养自己的理论兴趣

人总有尽可能知晓得更多的愿望，但是再多也有限度，总会有自己不懂的东西。想懂就可弄懂的可能性是存在的，多多努力，多多求教。但是，想懂得很多又很深，是困难的。这就有个尺度，有个如何拿捏的问题。不过，我又觉得，无论对别人，还是对自己，宁可高估一些；不过分声张，这一类的目标捏在自己心底里，往往实现的可能性更大，做得比想象的更好的可能性更大。

做人低调，做事高调，这个低调的表现之一就是不过分声张，不在事情还没有开头就嚷嚷个不停。人总在懂和不懂之间来来回回，所不同的是，有的人几个来回就通了，懂了，有的需要多几个来回；有的能懂得更深些，有些相对浅些。

什么人能懂得更多些、更深些呢？教师肯定希望自己的学生中有更多的人能懂得更深、更多。这样，自己也就需要懂得更多、更深些。怎样才能做到这一点呢？

兴趣确实是一个很重要的问题，不能只靠兴趣，但也不能不靠兴趣。我写作，能说没有一点儿辛苦吗？但有兴趣，所以就毫无辛苦的感觉了；只是走了较长一段路，回头再看时，确曾洒下了汗水，确曾有过几分辛劳。

除了生病和出差之外，我每天打乒乓球。有人说："你坚持得好。"但我想，若不是喜欢，不是有兴趣，怎么坚持？已是耄耋之年了，去散散步不就够了吗？若干年前，我出差时还带着球拍、球衣和球鞋，现在也困难了。现在还跳着蹦着，总有一天走也走不动了，最后坐也坐不起了，一生就走到尽头了。

兴趣确实也不是天生的。人本善，还是人本恶？对此即有不同的答案。人本懒，还是人本勤？我的看法是：人本懒。因为懒，衣也不想洗，发明了洗衣机；因为懒，就买半成品吃，稍一加工，就有吃的，或者干脆上饭馆，于是餐饮业才发展起来。富人也懒，不想走路了，雇一辆轿子，请两个汉子，自己坐在轿子上让人抬着走；因为懒，后来发明了汽车、轮船、飞机……事实上，人懒还成了发展的动力。

偷懒很容易，不必学；勤劳则不同，不坚持，不训练，勤就来不了。饭来张口，衣来伸手，在生产力水平十分低下的时候，这种人就只会被饿死，冻死。当生产力水平极大提高后，社会有分工了，有了专门的服装店、饮食店，进门就衣食都有了。

理论兴趣是从哪里来的呢？人有产生理论兴趣的天然条件，那就是我们的大脑，我们高度发达的神经系统。可是，人人都有这一系统，却并非人人都有理论兴趣。理论兴趣的高峰是哲学兴趣，这更不是人人都有的。古希腊有过，近代以来，一些欧美国家有过，我们的诸子百家时代、唐宋时代都有过。

当今，我们的理论兴趣如何呢？20世纪90年代，中国教育领域兴起了素质教育热潮，这是一个可喜的现象。但是，究竟什么是素质呢？这就有一些理论问题。此时，有人就说："我不一定要知道什么是素质和素质教育，你就告诉我该怎么做、做些什么就够了。"愿意去做，却并不热衷于知晓自己在做什么，为什么要这样做。他们有实践兴趣，没有理论兴趣。

那时，我写过一本书，即《素质：中国教育的沉思》。谁在沉思？中国教育界有理论兴趣的人在沉思，而那些只想知道如何做的人，只想做，不想思。这个"沉"字当然很重要，理论是要沉下去才思考得出来的，浮躁是难以思考出来的。

当一个环境、一个社会过于功利的时候，必然缺乏理论兴趣。理论兴趣既表现为沉思，又表现为仰望天空，需要对着地又对着天想想；当人们匆匆来去，来不及停下脚步的时候，真不一定有工夫去仰望天空，不一定有与天地对话的机会啊。

我们的教育也相当功利了吗？这是我们教师需要去回答的问题了。无论社会对教育产生了怎样的影响，我们还是要从教育自身去看，至少，我们教育本应有自己的独立人格，教育尤其不能随风飘荡，得把本属于自己的脑袋真长在自己肩上。

为什么教育特别不能功利呢？原因就在于，教育是神性的，不是物性的；教育不是朝向当下的，而是朝着未来的；教育不是为着外在的，而是为着学生自身的，为着他们心灵的健康成长。该忌讳把灰尘撒落在他们纯洁的灵魂上了。

我总觉得应试或善于对付考试，是一种能力，这并没有什么不好。我本人历来应试能力不强，小学毕业后考武昌中学，没考上；中学毕业后考大学，第一志愿填的是华南师范大学（那时叫华南师范学院），但没上线；大学毕业后，不知深浅的我，竟报考了北京大学数学系，自然也是名落孙山了。自己不会应试，有什么资格去批应试教育？但我并不赞成以应试为目的的教育，只是我不去批，何况，一方面，那些能考上北大、清华的同学让我羡慕，他们真有应试能力，并且，一般都还有超越应试的其他能力。

后来，我的两个儿子都相当会应试，都上了北大。好像这并没有给他们带来什么消极影响。因为他们都在较为自由的环境下成长，故而都与智慧靠近。

现在，孙子不太善应试，我对儿媳妇说，不必发愁，将来肯定有饭吃，还肯定可以找到老婆。她也开心地笑了，想开了，孩子也开心，结果反而可能好一些。

孙女很聪明，常常都可以考100分，但是若只考了九十几，她不在乎，她奶奶也不在乎，只要养成一些学习的好习惯就行了。宽松的环境，总是对小孩的成长更为有利。我还出过一本书，叫作《有效的家庭教育》，无非是把教育孩子中的一些感悟写成了文字。因为实在，据说不少父母对这本书有兴趣。可怜天下父母心啊。在孩子身上延续着自己的生命，或许父母并不都这样想过，但事实如此。

我本人是有理论兴趣的，还有哲学兴趣。觉得自己因此而深受其益，故而建议教师们都能拥有理论兴趣，努力去培养；已有一些的，还去进一步加深。

我的出身比较好，学数学的，必然会对抽象理论有兴趣。其实，抽象的东西总还可以做不同程度的具体化。文学、物理学、化学，哪一科不抽象？有理论，就会有抽象，物理学等科目就有众多理论。如果是理论物理，那就跟数学差不多了。

有了理性思考的习惯，理论兴趣就比较容易产生。这种习惯又从何而来呢？没有别的办法和途径，坚持去做一些，便可养成。比如说，碰到一些即使是习以为常的概念或名词，也要把它的含义弄明白，弄准确，也弄深刻些。多查查字典是很好的办法，身边有大百科全书更好。一辈子读书、教书，养成这些习惯实在也值得。

在这个过程中，无非是多问一些“这是什么”“这是为什么”“这不是什么”之类的问题。多拐几个弯，就可能跟理论见面；实际上，理论常常是质疑经验、解剖现象的结果。多挑剔，多找茬，那岔口之处，理论就可能在向自己招手了。

教师的习惯、爱好、甚至偏好，就是爱拐弯、爱挑剔、爱辩论。与这种偏好相伴一生，必有成就。教师者，知识分子也，无非是多往上看几眼，多揭开几层包裹在现象里面的东西。具有如此性格的人，不用问，就知他是知识分子。

理论兴趣，说成是教师的偏好，教师的习性，教师的品格，都可以；但同时也可以说，这是教师的优秀，教师的智慧，教师之作为教师们的自觉及其美好人生。

辨析认识的层次

通常，人们只把知识区分为感性和理性两个阶段。其实，细分起来，不只是如此。

我将认识分为五个层次，供教师们参考。这五个层次顺序是：感性，悟性，知性，理性，哲性。简单地说，就分别是：感到了，悟到了，知道了，理解了，还哲思了。稍详点说，就是：感受到了，领悟到了，知晓到了，还比较理解了，进而还有了更深的理解，到了哲性。

词典上对理性与悟性的解释差别不大，都强调的是分析、推理、判断的能力。

现在，我本人做出自己的解释。

感觉与感悟是有区别的，都还没有分析，但悟性的整体性把握更明显，悟较之感也深了一层。恍然大悟，是悟，这表示明白了许多，而不只是感觉到了。

悟到了，不等于就知道了。悟到了的东西有时距离用语言表达出来还差一步，似是如此，还说不清。如果说到了认知那一步，到了知性的阶段，是能用语言表达的时候了。“你知道了吗？”“知道了。”“那就请说说吧。”可真还说不出，这表明还不算真知道了。并且，没有语言加工的东西，是很难留在记忆中再进一步加工的。

所谓加工，就是进一步消化、理解。怎样去理解呢？有各种各样的方法和途径，或比较，或剖析，或深问，或反问，总之，就是多推敲，多打磨。知道了的，并不一定理解了；理解了的，一定知道了。所以说，理性较之知性更进了一层。

对理解了的东西再进一步琢磨，再沉思，再深思，对理论再论理，这就到了哲性的思考，获得了哲性的认识。到这一步，确实就是引导学生进入了哲学。

我们已谈到过理论兴趣的意义，当然，哲学兴趣就更重要了。可是，不少人不十分清楚，甚至有人对哲学怀有一种恐惧感。这实在是令人遗憾的，哲学确实没有那么神秘，没有那么难懂，更没有必要恐惧，它就在我们身边，你亲近它，它必亲近你。因为常有人问我：哲学究竟是什么？所以，我干脆写了一本书，书名就是“哲学是什么”。我还相信，我对哲学的兴趣，也是常人的、凡人的兴趣。

我们的古人一定对哲学有很好的理解，“哲”字的同义同音字是“喆”。“哲”，表示曲曲折折地说话，不是故弄玄虚，而是通过曲曲折折把问题说得更清楚，并且，事物的存在与发展方式本就是曲曲折折的，哲学不过就是如实地描述而已。

至于“喆”字，既是吉利加吉利或加吉祥，也可以解释为两位士大夫或知识分子吵架，而哲学正是“吵架”的学问，经过吵架亦即辩论的过程结出哲学的果实。

为什么我们对在高层的哲学特别多说了一些？当然，这与对哲学念念不忘直接相关，又与我强烈地盼望教师们靠近哲学、亲近哲学密切相关。所以，再三再四地说到哲学，拳拳此心，切切此盼，不断地唠叨哲学。

我还想通过自己的切身经验，告知教师，哲学确实在我们身边，并且，它就在我们身上。只要稍加注意便知，哲学就在我们身上，在我们心间，还不只是在近旁。世界是辩证地存在着的，我们人也是辩证地活着的，故而有充分的理由说，哲学本就是我们自己的。只是有些人不小心，以为它距我们很远很远而不属于我们。教师不仅需首先明白哲学是我们自己的，并且通过自己的教学，让学生也明白哲学属于他们自己。做到这一点说难也不难，有什么理由认为对属于自己的东西说不清道不明呢？对哲学的畏惧感是不是更无必要了呢？

哲学究竟是什么？哲学大师黑格尔从许多方面做了阐述。这里，略提两三点。

他认为，哲学就是怀疑主义的学问。有怀疑，就有疑问，就会去问，我们在“学问即学‘问’”的命题里也表达了对学问、对哲学的看法。黑格尔则说到了“主义”。黑格尔说：“哲学把怀疑主义作为一个环节包含在它自身内，这就是哲学的辩证阶段。”①

这句话提示我们，多多地怀疑，多多地询问和反问，必到达哲学，而凡是人，总愿意问和怀疑的。从这个意义上讲，哲性乃人性，人性的充分发展必至哲性。在黑格尔看来，怀疑主义就在哲学里面，充分地发问，就必定可以走到哲学里面去。

黑格尔又说，哲学“这门科学乃是思维的思维。”②简言之，思之又思，对思再思，就是哲学。我们把认识细分为五层，也体现了一思再思，一而

① ［德］黑格尔.小逻辑［M］.贺麟译.北京：商务印书馆，1980：181.

② ［德］黑格尔.小逻辑［M］.贺麟译.北京：商务印书馆，1980：64.

再、再而三地思，就到了哲性的认识，结出哲学之果。在我的这一建议中，包含了一种盼望，盼望教师们总是向着天地走，也经常在看着地上时仰望天空。

黑格尔还有一个有趣的说法：哲学“最初起源于后天的事实”。这“后天的事实”又是怎样来的呢？“思维所以成为思维，全靠有感官材料，而且全靠消化、否定感官材料。”①哲学上之否定，即消化，即升华，即理论上的提高，其结果是从否定中获得肯定。

显然，相对于“后天的事实”，就是事物、现象、经验，这就可以相对地称之为“先天的事实”，而源于“后天的事实”的哲学，便可以叫作“大后天的事实”。跟“形而中”一样，我为着说话的方便和连贯，又杜撰了一个“大后天的事实”。实际上，在我的术语里，先天的事实、后天的事实、大后天的事实，对应的是形而下、形而中、形而上。当我在本节把知识分为五层时，是为了更明细一点儿，感性、悟性的知识可能都在形而下之列；知性和理性知识算是形而中吧，而哲性则是形而上了。

我们都认为，中华民族是勤劳和智慧的，并以此自豪。我本人当然以自己为中华民族的后代而自豪。不过，勤劳是后天的，智慧是先天的。不勤劳就会饿死，就生存不下去。我记得父母告诉过我，在南洋有些地方的有些人，受上天恩惠，自然界自然长出来的东西就够吃了，天气温暖，也不必穿多少，其中就有不少懒人。华侨到了那里，都是谋生的，没有不勤劳的。当然，我想多数南洋当地人亦勤劳。

智慧是天生的，又需后天发展。天生，为教育提供充分条件；后天需要发展便为教育提供必要条件。教师们即在人天生的条件下帮助人进一步发展自己的智慧。

教育有着最古老的过去，又给人类未来的发展以决定性的条件。教师把人类的过去与未来连接起来了。引导学生由感性、悟性、知性走到理性乃至哲性，才是引导他们走向智慧了。全部人口的平均智慧水平，全面决定着这个民族的繁荣兴旺。一个民族只有靠哲学起家，这是全世界由古至今的历史所证明了的结论。哲学的“无用之大用”早已为一些有眼光的思想家、哲学家看清楚了。

一所大学的哲学水平也决定着这所大学的整体办学水平。美国大学里，哪家哲学水平最高？哈佛、耶鲁等。中国大学里，哪家哲学水平最高？北大、清华等。首先是对于一个人如此，才演绎出对一所大学、对一个民族和

---

① ［德］黑格尔. 小逻辑［M］. 贺麟译. 北京：商务印书馆，1980：53.

国家亦如此。

法国在中学里就讲授哲学课程，讲授辩证法。我曾自荐在长沙梅溪湖学校为初中生讲辩证法，校长亦欣然同意了。但已过去了两年，尚未兑现。不过，我真诚的愿望还在那里。在湖南师范大学，我正像希腊人那样，把数学充当哲学；后来，当我转入教育学的教学之后，几乎情不自禁地开设了教育哲学、高等教育哲学、课程哲学和纯粹的形而上学，且在这些领域都出版了著作，如今总共已有十部哲学著作。如果还能活几年，兴许还会出两本。哲学的流淌是连自己也挡不住的。

有人说，哲学是很智慧的人去做的学问；不过，还有更重要的一个方面：哲学也是使人更智慧的学问。

我对教师们叙述这些，无非是希望看到各位能由理论兴趣而至哲学兴趣。而要做到这一点，不外是多问一些为什么，一直问为什么，每天至少问十个，而且对“为什么”还问为什么，就不可能不到哲学，哲学就不可能不来到自己身上和自己的教学中。

顺便说一句，校长们除了多为学校、为教师讨些钱来之外，请努力发展自己的哲学吧。自己学校若暂时没有高水平哲学教师，就到外校请，并且要请就请一定是在哲学上有所建树的优秀教师。他们带来的是课程，也会带来智慧之神。

追寻教师的真善美

真善美，这三个字把天上人间的事都概括进去了。真，是天伦；善，是人伦；美，是一切。

与真善美相对应的学问，分别是科学、哲学；伦理学或道德学；美学。哲学和伦理学，以相应著作的出现为标志，古希腊就有了，古中国也有了。按同样的标准看，美学的出现最晚。世上第一部美学著作出自德国人鲍姆加登，德国也就成了美学的故乡。1750 年，他出版了第一部美学著作，书名即《美学》。我认为，这是具有划时代意义的事情。人类自觉于美与自身的关系，是人走向更为自觉的一大步。

在我本人出版的著作中，有一本就叫《人是美的存在》。可以从千百个不同角度去探问人本身，从美学的角度去看，是一个不可缺少的主要角度。我正是基于这一体悟而写这本书的，其基本点可归结为：人为美而生，为美而活，为美而逝。

在 20 世纪 50 年代中期直至 70 年代末，“德智体美”的美消失，直到 1999 年才再次在官方的文本中出现。这一消失是偶然的吗？这个再次恢复是偶然的吗？在那个“以阶级斗争为纲”的年代里，美被划归为资产阶级的东西；自由、平等、博爱也被划归为资产阶级意识形态。人类最美好的许多东西，都因为这些划分而与善良的老百姓相分离，于是，他们与许多的苦难相伴，从而不能不与灾难抗争。

有阶级斗争理论，必否认普遍人性的存在，相关的争论也就没完没了。在阶级斗争的理论下就有了“穷则思变，富则修”的派生理论。这样，为了不“修”，我们就只能同时与贫穷相伴相随了。到了邓小平，他就号召“让一部分人先富起来”，他不怕“修”了，最怕的是老百姓穷。又不可能一起富起来，就只好有先富的人了。结果是，中国这 30 多年来，真的在告别贫穷了；虽然还有很多穷人，但我们国家经济实力上来了，扶贫的能力也在增强。

举目四望，那些富起来的国家，还不知道“修”为何物；而且，他们富了也还在思变。理论的立足点错了，真的会一错再错。理论是有力量的，好的理论促进进步与繁荣；错误的理论也产生相反的力量，消极的、害人的力量。平民中平均理论水平的提高，也就使得民间更充满活力，更有生气。好的理论，价值连城。

人们富起来之后，不仅仍然可以思变，并且还寻求变得更好，还获得了进行深入变革的更好条件，创造出许多更有利于变革和发展的机会。为什么在一些最富裕的国家里仍然充满活力呢？除了机制方面的原因外，最重要的是，有更好的条件让人们可以追求自身的价值。用我们的话来说，就是追求和丰富自己的身内之物。富裕的物质条件作为身外之物，为发展自己的身内之物服务了。马克思、恩格斯都非常看重人的解放，人“解放成为人”①，一切都会兴旺起来，人的身内之物不断得到丰富且有更好的条件释放出来，因为解放而更充分地释放。一个个人活力的释放，就是社会活力之源。

蔡元培先生曾留学德国，也从德国带回了美学。他在任北京大学校长时，首开美学课程。以东西方来作为意识形态的划分标准，实在有些离谱，美学就来自西方。许多好的学问、真理传到了中国，大益于我们的大学，亦大益于我们国家。殊不知，西方也向东方学习，向中国学习，孔子在西方人眼里也是圣人。当“文革”爆发时，海外华人哗然，但还只是不可理解；当批林批孔，批到孔子头上去了，全世界的华人愤怒了。从而，那场“史无前例”的运动也在全世界华人心中被否定了。至十一届三中全会之后，也由官方完全否定了那场运动，并且正确地正式地定性为一场“浩劫”。一场巨大的灾难终于成为不可逆转的历史，那种痛苦的回忆，也永载历史。

孔子以仁为核心的观念即其道德之基础。这一基础在华人心中已如此牢固。不过，那十年“浩劫”所造成的道德破坏、文化和精神的破坏，可能需要相当长的时间来修复。精神的创伤，需要精神的东西去治疗，但这种用以治疗的“药物”尚不够十分有效。毕竟，中华文化是不可摧毁的，只不过要经历一段曲折。

人本善，还是人本恶？这是个哲学问题，在此问题上也壁垒分明。记得有德国人做过一个小小的试验，把一件他人物品置于一个两岁小孩身边，小孩拾起之后，就送还给了他人。此试验似在证明人本善。但也有人认为，搞恶作剧是小孩的天性，这似乎又是在说明人本恶。这两种哲学用于管理，以人本恶为理论的，就强调对管理者必须有独立的监督；以人本善为基础的理论，就认为依靠自觉便够了，自己监督自己吧。事实证明，后一种理论带来众多的问题。

教育持哪一种哲学较为合理呢？撇开“本善”“本恶”的争论，我们至

---

① ［德］马克思，恩格斯.马克思恩格斯选集（第一卷）［M］.北京：人民出版社，1995：16.

少可以相信学生能“向善”。

无真，恐怕难有善。首先是，真实、真诚、真情、真意、一颗真心。说真话，做真事，做真人。失去了真，如何从善？从善如流的人，是从一颗真心那里流淌出来的善。

求科学，是求真的另一大方面，保持本真是一方面，还要更多地求真，这就是学科学。教师在这两方面都引导学生，教导学生，学做真人，又求真学问。

人不就是人吗？还有真人、假人之分吗？这也是人之奇妙。没有真牛、假牛，真马、假马，却有真人和假人。人要像人，人要做人，这是唯有人才肩负的使命。

当人表现很差时，常被指责为“不像人”；表现很坏时，还遭骂，说他不是人，甚至连禽兽都不如。另一方面，则正是真人，好人，还有巨人，伟人，知爱他人之人。至于不以善为标准，而以地位、身份为标准而分上等人、下等人，则是不能被采纳的。

关于善，关于伦理，都与一定的职业相关联，然而，基础的东西是公共的。但具体到职业或其他活动时，还有其丰富的内容。教师职业最大的伦理问题，第一是善待学生；第二，善待学问，善待真理。真既是善的前提之一，又是善之所求。

此外，我们还普遍地存在环境伦理或生态伦理问题。这是一个折射出来的伦理，例如，我们的某种行为，自觉或不自觉地破坏了环境，其结果之一便是影响他人的生活，甚至影响他人的健康，所以就是不道德的。

小范围的，如在公共场所吸烟，就是不道德的；若在公共场所随地吐痰，也是不道德的；随地扔垃圾、扔烟头杂物，即使扔在河水里，也是不道德的。

大而言之，过分排碳，让工业污水流于河水，过分砍伐造成水土流失等，都是生态伦理问题。

于是，就有了环境教育。有专门的环境伦理学课程，但日常生活中的环境教育是每位教师都有责任的。曾有过一个口号：“我们只有一个地球。”它十分深刻，引起人们深思。其深刻之处在于人们需要相当的知识，才能理解它丰富的内容。

知道一点儿地球史就知道我们该如何感恩地球。地球大约生成于45亿年前，当初，它是一团滚烫的火球，后来逐渐冷却下来。大约过了几亿年，有了最初的生命，微生物，以后渐渐有了高级生命，高级生命的最后形态之一便是人。人的历史，从迄今的考古学成就得知，不过380多万年。一方面，这表明人类十分年轻，另一方面也表明，地球缔造出人类十分不易。鸟是恐龙的后代，它已有了一亿年历史，与人类相比也算老资格。人实在需要懂得尊重那些老资格。

人类对宇宙的起源已知很多，但对人自身的起源至今还一无所知。如此年轻的人类却不知其如何来到的。于是，我想，这是因为上天或大自然把所有的秘密放在了人身上，尽管渐渐解开了这一点点，但可肯定的是永远无法完全知晓的。

人如此神奇，其根源在于地球的神奇。但是，后一神奇是怎样产生出了前一神奇的？我们一点儿也不知道。

开普勒启动了近代以来的天文学，当今的天文学知识已无比丰富。迄今，天文学的研究告诉我们，还没有在浩瀚的宇宙间发现任何一颗星球，像地球这样能具备适宜人的生存的条件。一些特别有眼光的科学家在思考，总有一天，人类会因地球不堪重负而需要“移民”，移到哪里去？于是，他们就在寻找类地星，在这星空中，还有人可以安家的地方吗？哪里还有我们的家？那里必须是有氧、有水、有绿色的地方。

地球如此得天独厚，有一个厚厚的大气层保护它。故而，白天太阳照，经过了大气层，温度升不到很高；晚间，因有大气层，热量不会散发得很快，所以温度也不会下降很多。处在北温带的中国，冬天的哈尔滨最多零下30度，了不起零下40度；最热的南方和奇特的吐鲁番，最热也不过零上40度，了不起50度。美丽的月亮只存在于人们心间，它因为没有大气层，白天零上100多度，晚上零下100多度。

人类的某些行为正在破坏大气层，破坏那个珍贵的臭氧层，其后果不堪设想。所以，联合国组织介入此事，希望用法律的形式来约束各国各地人们的行为。

在我们国家，相应的环境意识，相应的环境教育，都还是比较落后的。环境知识的普及显然是教育义不容辞的事情。

教师的真善美是可以且需要全方位体现的。教育事业是壮丽的，教师人生是美丽的，都与这种全方位的使命相关。让美丽长存人间，还把更美的东西带到人间，带给学生和社会，有什么比这更美好的、更绚丽的？这一切，只有在教师的心灵是美丽的时候，才会更加五彩缤纷，更加灿烂绚丽。天也美，地也美，水也美，人更美；人美又为天美、地美、山美、水美提供最有力的保障条件，天地把美洒向人间，人也把美洒在天地间。这又是一种高档的天人合一。

真善美是与知情意密切相关的。

锤炼自己的知情意

我们提到过，对全面发展的全面不只是从德智体美方面去理解。存在着多角度、多层次的全面观。德智体是一种全面，真善美是一种全面，知情意也是一种全面，即在认知、情感和意志上的全面发展。而且，我们说过，全面发展不如说成是发展全面，不是全面去发展，而是经由片面，达到相对的全面。

附带指出一点，我常用“认知”一词，在广义上，认知与认识是一个意思；狭义的认知只是记忆过程中的一个环节，我在广义上使用这一词，实乃认识之意。

教师之不同于其他职业的，最基本的一条是，为了教好学生的各个方面，自己在各个方面都要做得尽可能好；不一定样样比他们好，但需引导他们做得更好。不是有“青出于蓝胜于蓝”之说吗？孙海平做刘翔的教练，肯定没有刘翔跑得好，但比刘翔的理论水平高；宁泽涛的教练是一位杰出的女性，肯定游得没宁泽涛快。教师在于会教，会引导，知道得更多，但也不一定全都知道；教师更重要的是教学生如何去学，因而自己在更会学上需做得更好；会学，会教，不等于在知识总量上能超过所有学生，他们懂的，自己不一定都懂。

所以，我这一条建议，也只是说多多锤炼自己的知情意，在知上，着重在提高认知能力。知识多了，能力可能增长，但也不一定，不是还有书呆子吗？不过，我并不觉得书呆子不好，书呆子总比不读书的好一点儿，何况，读死书也可能是多少要经历的过程，先死读，渐渐再读活，总还是要从把书打开做起。

在“知”的锤炼上做些什么呢？除了大量地阅读外，还要会读书，站在书上读书，也就是尽可能读出点心得来，读出能超过书内的东西来。边阅读，边做批注是重要的。顺带说，要做批注的书必须是自己购买的；买不到就复印，或复印篇章，或复印全书。这当然是对精读的书才如此，浏览的，一目十行的，就不必了。

教师在德育、智育、体育、美育中都会有自己的知情意，都会注入自己的知情意。这里，我们还说一下美育的问题。美被视为资产阶级意识形态的年代已过去30多年了。1976年至1980年初，我曾去过一些中小学，音乐课没有老师了，于是就请教语文的、教数学的老师中会唱歌的老师来教教。那番可怜的景象让人唏嘘不已，多年的音乐专业教育停办造成了这一局面。无论是古中国的“六艺”，还是古希腊的“七艺”中都有的音乐，在那史无前例的运动中遭灾。音乐的命运事实上是与人的命运、与教育的命运不可分割地联系在一起的。如今，无论在繁华的城市，还是偏僻的山村，都可随时听到人们哼着小调，民歌或山歌，自吟的，对唱的。有的还边唱边舞，现今已广为流行广场舞，也是边唱边舞的。还有各种红白喜事上的吹拉弹唱。音乐真是无处不在，无处不有。

有各种各样的美学观点，一般认为，美是显于形的，美是表于情的，美是无所不在的。可是，美也有无形的，美也有其理，曾经被忽视的美，是与人的生命最息息相关的。一位一丁不识的人离不开美，一位高文化的人也依赖于美。

尽管有主观美，这与情相连，情人眼里出西施，就是这种主观美；然而，也有客观美，张家界、九寨沟、大瀑布……谁看都美。我在自己的著作《人是美的存在》中展开了对主观美和客观美的广泛探讨。上天在把所有的秘密放在人的身上的同时，也把美高度集中于人身上。人意识到这一点，就会明白，在上天对自己的无限恩惠中，首先包含美。

我们对美的知，构成了美学。

我们对美的情，构成了对美的无限依恋。

我们对美的意，让我们愿意为美而生，为美而活，为美而逝，也为自己山河的美丽奋斗不息，为捍卫祖国山河之壮美而赴汤蹈火。美在，人在；美不在，人不再在。

我们在讨论知情意与德育的关系时，提到了道德认知、道德情感、道德意志、道德践行；在涉及知情意与美的关系时，也可讨论美学认知、美学情感、美学意志以及美的践行。音乐与绘画是从幼儿园就开启了的科目，延伸到小学、中学，达十余年之久。教育是如此自觉到美育的意义，在“史无前例”的年代里发生的，对美育的摧残是违反人类意志的。这在人类史上是难以想象的，后世的人们如果听说曾发生过对美的肆意摧残与破坏，会惊愕不已：那是真的吗？

历史不能忘记，更不能有意回避。回避者须知，历史本身既不可抹去，又很公正且顽强。有意地记载历史，研究历史，从中吸取经验教训，就会成为我们的财富。从这一点来看，历史也很慷慨，慷慨地对待那些直面自己的研究者和普通人。历史对普通人是有情的，而对那些蓄意掩盖甚至否认历史的人，是无情的。

德国人坦诚面对希特勒侵略史，受到世人尊重；日本右翼分子不断地否认其侵略历史，永远不会有好下场。这至少还在提醒包括惨遭日本侵略的中国在内的所有民族和国家，对其否认者保持更高的警惕，并让自己百倍地强大起来。

除了永远不忘日本侵略者在二战中的罪行外，对于“文革”的历史也决不能回避，总结“文革”的教训，也会成为我们的财富。跟在德国还有人为希特勒招魂一样，在中国，也有极少的人怀念“文革”，盼望再来一次“文革”。人间真的无奇不有。

人的知情意同样可在体育中表现出来。先说一点对体育的认知吧。古希腊人，直至康德，由于把人的肉体视为灵魂的安歇地，视身心一致，故而，把体育摆在第一位。

我本人，在学生时代就喜欢体育，酷爱体育，成为教师了，更重视体育。

体育不仅能使人精力旺盛地从事心智活动，而且它还可发展智慧，体育可使人更聪明。在担任校长期间，我把对体育的认识与情感，更深地投入了体育。我不仅修建了当时湖南最好的大学体育馆，而且举办过全省大学生的综合运动会，举行过全国大学生田径运动会。田径是运动之母，我们那一次举行的大运会，会歌、会旗都是我们自己创作设计的，我们在开幕式上表演的团体操，技惊四座。

我对体育的认知，好像天然地与古希腊人、与康德高度一致。人的身体，叫作体魄。中国人的这一词所表达的寓意，与希腊人、与康德相吻合。体魄，魄者，魂也。我自己作为一个中国人，从自己的文化中也领悟到体育的深刻含义。体育绝非只是蹦蹦跳跳，绝非只是伸伸胳膊踢踢腿，体育也是灵魂的跃动。

除了体育认知外，当然还有情感问题。直至现在，我每天还打大约一个小时的乒乓球。有熟人对我说：“你坚持得好。”这话说得也不错，但是，我觉得更重要的是兴趣，不喜欢的东西不是不可以坚持一下的，但只靠坚持，维持不了多久。由于喜欢，才坚持；又由于坚持而更喜欢了。也是知情意联合起作用的。

如同写作一样，不辛苦吗？每天伏案，颈椎病早已缠身了，虽难以修复，但无怨无悔；眼也更差了，有人说会瞎得更快，但我会为我的眼而骄傲，如果有一天瞎了，我会认为是自己的眼睛光荣退休了。这都是写作中给我的乐趣让我这样看待，是苦中之乐让我愿意付出，愿意坚持。这就是情意一起在作用。

不只是情意，也有理性的作用，知性的作用。父母和先祖给了我这个脑袋，我没有理由不让它充分运转。何以为孝？给了你最宝贵的东西，你居然不努力运用，孝在何方？在它化成灰之前，赶紧运用，到了西天，好在先逝的父母面前有一个汇报：儿没有枉对你们。这不是理性认识吗？却还有情感强有力的烘托。

至此，我们已说了德育中的知情意，美育和体育中的知情意，还有智育中的知情意。智育中有知，这是天经地义、人人皆晓的。但是，也还有情有意。对学习知识喜不喜欢、热不热爱，就是情。这种情并不是轻而易举可以在每个人、每个学生身上生长出来的。热爱知识，尤其是为知识而知识、为真理而真理，那是一种纯洁，一种境界，一种高尚。不为任何功利而求知，难道不是高尚吗？

作为教师，我的两条最高标准是：真理至上，民族至上。奉行真理至上，才可能使民族至上变得更实在；民族至上的信奉者，能不把追求真理视为第一要务吗？那些为民族做出永恒贡献的，首先是如老庄孔孟这样的大文人，他们是探求人间真理的代表；还有为探求数理和自然的真理的大文人，如祖冲之、吴文俊、钱三强、钱学森，还有竺可桢、李四光、曲钦岳等科学家。

我任校长时，则在我的学校高举这两面旗帜，让它们迎风飘扬，鲜艳无比。我和师生员工一起追求真理，一起为我们的民族奋斗，由此而及人类和世界。

提防另一面

首先当然是向着好的，充分地想着和为着好的一面。但作为教师可能是需要提防另一面了。对于学生，则可以只说一面。对于学生，我没有过批评，在我看来，他们首先不是知道什么叫不好，连好还不知，怎知不好？连善还不知，怎知恶是什么？所以，我常说的是：行，好，能。什么是不行？什么是不好？什么是不能？不必急着去说，尽可能让学生自己在知晓什么行、什么好、什么能之后，自己得出什么不行、什么不好、什么不能的结论来。教育并非把一切告诉学生，教育的艺术往往就在于，不告诉一切而学生可以由此而去推测一切、想象一切。

教师已是成熟之人，早已经历过行与不行、好与不好、能与不能的判断，经历了真善美与假恶丑的诸多比较。此时，恰需回到学生时代去设身处地地品味一下。

此刻，作为教师确实也需要更多的检点，自己会有误人子弟的可能吗？自己可能无意地伤害学生吗？自己的言行可能会对学生有消极影响吗？自己做到了真吗？做到真实、真挚、真诚、真情、真意了吗？自己对学生足够善了吗？从善如流了吗？

在美的方面，有更多需要修炼的地方，因而，也有更多需要提防的方面。不必回避，需要更明确更坦荡地问自己：自己有丑陋的地方吗？甚至有见不得人的吗？隐私是一种权利，但这种“私”只能严格限制在不关乎学生利益的范围内。有些事不一定说出来，可以自己去回首、去检讨、去忏悔，并不声不响地去改正那些对学生不利的事情和不当的行为。隐在心里，见于行动。

虽然，教师的所思所想、所言所行，也不是做给别人看的，所不同的是他必然要面对学生的。所以，教师对自己的言行负有特殊的责任。这也是教师之作为教师较之其他职业的人对自己需有更多约束的特殊之处。这是教师的责任，也是教师的享有和崇高。或许，这就是社会对教师有更多依赖和崇拜的原因。

为了学生，教师怎样修炼自己都不为过，怎样去丰富和充实自己的知识也不为过。在一般情况下，学生会比父母更信任教师，教师的权威在小孩子当着父母面说的一句话充分显露出来：这是老师说的。父母此时虽常无言以对，却是满心高兴的：孩子有了精神上的依托。这就是教育中的一种天然的信仰。

权威主义在许多地方并不是好东西，但在教育中是必要的。唯一要注意的是，不能过度使用。反之，正因为这种权威的天然存在，教师更有必要常常反思自己，或许这就叫作多提防自己。被信任也是一把双刃剑，诚如被怀疑一样，看你如何去舞剑。

在坚守真的时候，防假；在坚守善的时候，防恶。不一定是有意的恶，亦需去防。还有没有善意的假和善意的谎言？可能有，例如，当某种估计是学生难以承受的消息，在教师先行得知后，隐瞒于一时，然后，再逐步地让学生做好心理准备，减少突然，舒缓痛苦。

这里，我想说一个在我任校长兼党委书记的时候的一个故事。那是1989年，一名学生突然占领了学校广播站，估计他多少懂得舆论的重要。此时，党委宣传部长陈达道（2015年10月11日他到过我这里，我跟他共同回忆和核实了那个故事）打电话给我说："不得了，学生占领广播站了，张校长你快来。"陈达道深知我是十分愿意直面任何学生的。住在不远的地方的我，两分钟内赶到了现场。

到达后，我不问他叫什么名字，就"嗨"一声跟他打招呼，他回应了。我问："你是从这个气窗进去的吧？""是。""是用这个梯子爬上去的吧？""是。"我接着说："现在，我把梯子架好，你就从气窗到梯子上再下来，好吗？"他即回应说："好。"他下来后，我就挥手跟他说"拜拜"了，什么也不再说，什么也不再问，事情不已经完了吗？

事后，这位学生见过我，但我完全不认识他了。"没问题了，张校长已不认得我了。"我还需要去认得、记得吗？不过就那件事吗？我还想，他可能是未来比较有出息的学生之一。不过，我完全不主张学生在念书期间去介入政治。我本人就认为学校里没有政治，在学校其实很简单，教师好好教书，学生好好读书。

我向教师写这一条建议并讲述了一个我亲历的故事，还是为了教师们能尽量避免出现另一面，提防消极面的发生。对学生，几乎可以无限地宽容，无限地厚待他们，呵护他们。在某些方面，学生尊重教师胜过父母；教师亦可在某些方面爱护学生胜过爱护自己的孩子。这不是回报，而是天职，是上天给我们下的一条绝对命令。说实话，唯有教师的无限宽厚和学习环境的无限自由，才会有杰出人才的涌现。

了解·理解·谅解

这里，我把自己践行过的一个看法或做法，作为一条建议，献给教师们。教师跟教师相处，甚至跟学生相处时，或许也能借鉴。

那时候，在学校领导层有一个“通气”的说法，实际上就是彼此间多沟通，相互了解。这不是一种制度安排，比如说，并没有相应的规定，什么事“通气”，什么时限内“通气”，因而，也是比较笼统的说法。不“通气”又怎么样呢？来不及“通气”又如何呢？

后来，我做了一个补充。一是因为事情若太多，都通气没有必要，二是，有些很急，马上要办，来不及通气，否则会误事，所以我觉得还是以“不误事”为重，先做了再说，其他人虽然事先不知，就予以理解；做得不太好怎么办？其他人就予以谅解。尤其是对主要责任者的谅解，十分重要。决不可轻易说“这件事怎么我不知道啊？”如果这样，敢于负责的人很难有了，或者事事请示一把手，让你“知道”吧；或者事情很急也干等着，效率必然下降，责任心下降，彼此的信任感亦必下降。

我常说自己非常愿意了解别人，非常不愿意学习别人。其实，了解也是一种学习，但毕竟只是初步的学习。我所说的“不学习别人”，只是说决不模仿别人，即使你做得很好，我也只是了解。一方面，我必定会求有所不同，在不同的前提下，求更好；另一方面，我会尽可能“挑剔”，不挑剔，学术就难以发展。

当然，仅了解是不够的，还需要读懂别人，理解别人。每个人的学术背景、经历、思维方式都可能有不同的地方。当我去了解时，确实包含了学习，我还会去揣摩。因而，我不会故步自封，只是说，当我迈步的时候，总是力求走一条新的道路。同时，我也不会纠结于他人的不足。他人不足，他自己去“足”吧。

批判是学术发展繁荣的生命，是哲学的性格。

黎利云曾称我为批判家。大约他看到我的许多论文都具有批判的性质。批判，也可以说是一种切磋。学人之间，应当是诤友，越争论，理解和友谊越深。

在争论中，万一出现误解，这不要紧，我们还有一道保险：谅解。能做到谅解吗？ 我本人是有把握做到的。 从我父母那里，从我的老师那里，我学会了厚道。 虽然在学术上我可能称得上“好强”，但我内心里的厚道从不在“好强”中消失。 由此，我不是只求自己“好强”，我还希望别人也好强，同时与他人友好相处。

人生有许多看似冲突的东西需要妥善处理，这也正是人生的丰富。 把批判与友好统一起来，把争论与善意统一起来，把求异与求同统一起来，把严肃的主题与活泼的形式统一起来，把了解、理解、谅解统一起来，设身处地、将心比心就好了。

想去统一，正因为它们常常不统一。 统一，实际上是统二、统三，统多。 没有“多”，那个“一”就是贫乏的；相对的统一是统多为一，“多”在“一”中并不消失。

生物多样性是生物世界存在的必要条件。 所以，联合国有关组织努力不让任何一个物种消失。 人类已知，物种的消失与减少，正是对人类本身的威胁。

同时，学术多样性是学术生存的必要条件。 所以需要百花齐放。 并且，多样不仅限于多，还需有学术与学术的碰撞；学术不能孤立地生长，彼此在碰撞中才能获得更强的生命力。 艺术更需多样性，一花独放不是春，万紫千红春来到。

平时，我就喜欢争辩。 但在争辩得朋友感到有点儿不舒服了的时候，我一定停下来。 多样的学术在一起，如果老死不相往来，那个“多”就实际上变成了一个个孤立的“一”了。 喜欢争辩，不是一定要赢，在很大程度上，是通过辩而更好地思考，检验检验。 不服输，只是不服，已经输了，还是要服，再来吧。 何况，不能总是你胜吧，无往而不胜，那不就是打日本鬼子了吗？ 学术争论毕竟不是舞刀弄枪，不是伤害，而是发展和繁荣。 有许多相关的东西，但我觉得，无论怎样，学术争论中的厚道是不可缺少的。 还是那个“了解、理解和谅解”的三环套。

我把在行政管理中感悟到的这一套搬到教育活动中来，适合吗？ 至少，这在教师与教师之间相处时可以参考。 客观上，在现代的学校里，一个人不可能包打天下。 过去的私塾可以，现在就难了。 即使是小学，一位教师把所有课程都拿下的可能性很小。 到了中学、大学，就更困难了。

在数学系做教师时，大学本科直至研究生的课程，我都拿得下，从微积分、高等代数，直到实变函数、泛函分析，我都讲授过。 但学生不是一条线学习的，他们同时要学好几门，你一个人总不可能同时开吧。 于是，总会有与其他教师融合的问题。 规模大一点儿的学校，同一个年级可能还有好几个班呢，教同一门课的教师也就不止一个人了。于是，相互了解、理解和谅解的问题就必然存在了。

每个教师都有自己的风格，各种不同的独特风格的大量存在，对学生最有益。这就好比他们吸收的营养将多样化，能比较充分地满足他们“发育”的需要。如果能配之以相当自由的选修制，学生或许会得到更好的发展。毕竟，每个学生的发展，都是他们个人的发展，如果尽可能随个人意愿发展当然更好。

如何形成自己的风格，这是自觉的思考；在不自觉的情形下，也大多会有自己的风格。不过，自觉地去琢磨、尝试，在更知学生，也更知本学科知识的情况下，充分融入自己的性格、见解，寻求独特的表达方式和语言的灵巧运用，就可能较快地形成自己的风格。越是民族的，越是世界的；同样的道理，越是个人的，越可能是大众的，越是个性的，越是容易被普遍认可的，越具共性的。

在行政管理中，了解、理解和谅解的这个“三环套”，或许还需有相应的制度保障。运用于教师时，可能主要靠自己的感悟了。不只是在教师之间，在教师与学生的关系上，这个“三环套”更主要应由教师的活动与工作来保障了。

意识到教与学的非对称性

在一般情况下，许多范畴具有对称性，例如，左与右，上与下，东与西，我与他，人与物……对称的性质可能有一定区别，有的是点对称、线对称，还有面对称……人体有许多对称性，双眼、双手、手臂、双腿等都具有对称性。这也是人体特别美的表现之一。维纳斯女神像是非对称美，人们用“残缺美”来形容。

古希腊人发现了正交比（即一个单位长的线段被分割为大小两段之后，大段与小段之比跟全段和大段之比相等），其比值的近似值为0.618。后来，达·芬奇把0与1之间的0.618称为“黄金分割点”。很巧，若以0至0.618为一个新的单位长，其黄金分割点恰是0.618乘以0.618，如此可以一直循环分割下去。

古希腊人的正交比是一个纯粹的数学问题，后来，人们竟发现其具有美学意义。一方面，这种分割较之简单的对称更美；另一方面，在许多事物中存在着0.618，尤其在人体身上。人是世间最美的生命体吗？人身上不只存在着简单对称，还有许多存在黄金分割式的对称。我在《人是美的存在》一书中对此有较详细的叙述。

圆既是点对称，又是线对称的，所以，平面图形中圆被认为最美；立体图形中，球最美，它点对称、线对称，还面对称。同样体积大小的图形中，球形最自然，小水珠即为球形；所有篮排足球都是球形，除橄榄球、羽毛球之外。冰球的球是偏圆形的。

现在来讨论教与学的关系，它似乎是对称的，但就其目的、内容等方面来看，都具有非对称性。例如，教是为了学，但学不一定是为了教；教师是为了学生，学生不一定是为了教师；教是为了不教，但学并非为了不学，而是为了更好地学。用哲学的语言来说，教师之教是为了否定自己的，如果能实现学生再无须自己教的目的，是教师可以无限欣慰的事；引上了路，看着学生自己跑了，这是何等的快乐与幸福啊。

换个角度看，教仍然存在于“不教”的学生身上，更深切地存在于他们身上，他们的心灵上。教师当初的教成了学生永远不能忘怀的东西，成了一种永恒。

教师为了“否定”自己还必须十分用心。最初或许只知道灌输，很可能就从这里开始；然后，就知道如何让学生思考起来更重要；再后，还会在引导学生如何思考上下功夫。能够点拨一下，学生就通了，这就到了接近驾轻就熟的地步了。最终，当能够十分有效地否定自己，当到了炉火纯青之时，就是教学艺术之巅了。

有效的教学，最终都会到达山巅的，并且会与两个东西见面：一个是艺术，一个是哲学。前者似乎是形式，后者是内容，其实，形式与内容总是同在的。这两个东西分别属于教育美学和教育哲学。当教师千锤百炼于自己的教学时，就会不期然而然地与这两个事物见面，或许说，它们会自然地不声不响地来到你身边，也许你此刻还不一定意识到了。功夫不负有心人啊。

教师在“否定”自己的时候，肯定了自己。自己的生命在学生身上延续下去了。

对于教师工作，有一个比喻，比喻教师为蜡烛，燃烧了自己，照亮了别人。这正是那种非对称性的另一写照。

春蚕吐丝，叫作作茧自缚。春蚕也在否定自己之后，为人间带来了绫罗绸缎。

父母养育子女也有类似的性质。父母总盼着子女快快长大，殊不知，这也就是在盼望自己快快变老。父母与子女之间亦非对称。父母亦在否定自己的过程中肯定了自己，乃至于他们成了伟大的父母。天底下，最无私的，可能就是自己的父母。教师与父母在有一点上是相同的，他们都通过弟子而延续了自己的生命。

“一日为师，终身为父”，实际上，在中国传统的排位中，即“天地君亲师”中，父母和教师就是并列的。

天与地也并列，天与地之间紧密相连，但它们也是非对称的。太阳与地球之间不是对称关系。太阳出现的历史更早，地球的能源来自太阳。人们在歌颂地球的时候，总忘不了太阳。至于月亮，人们完全不顾它的自然条件之恶劣，而将它视为美好和善良的象征。有一首歌，叫作《月亮代表我的心》。在所有的天体中，没有谁能比得上月亮被如此这般地人格化了。月亮本不亮，但被称为月亮，月亮还被称为太阴，一阴一阳，构成世界。花前月下，花好月圆，花与月、月与花又总连在一起。

把课程建设作为基本建设

教学理论首先产生在德国。捷克人夸美纽斯的《大教学论》是大教育学，并非专门的教学论。在德国人中，赫尔巴特是一位杰出代表，他创建了系统的教学理论。赫尔巴特学派在世界上（如瑞士、意大利、英国、美国）有广泛的影响。

美国人主要做课程理论。留德的李秉德先生在西北师范大学建立了教学理论基地，培养了一批优秀的学生。留美的张敷荣先生在西南师范大学建立了课程理论的研究据点，同样培养出了一批优秀的学生。这样，教学论和课程论两花齐放，大大推动了中国相关领域的教学和科学研究，培养了大批人才，影响遍及全国。

后来，刘佛年、顾明远等先后调和两者，建立了名为课程与教学论的学科，成为教育学科类下的一个重要分支。北京师范大学、华东师范大学等院校，都建立了学术力量相当雄厚的相关学科队伍，但最早活跃起来的，还是西北、西南的院校。

我本人所在的湖南师范大学也在努力着。由我领衔，于2001年，我们即建立了课程与教学论的博士点。2002年就招收了首批博士生。当年，我为他们开设了“课程与教学哲学”；次年，人民教育出版社即为我出版了以此命名的著作。这本著作可能沾了原创的边，中国未曾有过课程哲学著作，似乎国外也未曾有过。

换言之，虽然我转入教育学后不久就指导了硕士生，但正式培养博士则始于2003年，且是在课程与教学论方向。两年之后，我又领衔为自己的学校开辟了高等教育学的博士点。这样，我们的道路就走得越来越宽了，以至迅速扩展到了一级学科。

这里，穿插说一个故事。

如果是现在，我就想把“课程与教学哲学”改名为“课程哲学”。这不是我在课程论与教学论之间选边站，而是觉得“课程”这个概念更便于描述教育领域里的其他现象。其所以如此，是因为课程乃相当于一个基本粒子，由它构成一切。

我所说的故事是，我们首先申报的是课程与教学论的博士点，而不是高等教育学。这里，实际上是用了一点儿小心计。人们普遍认为，若我申报高等教育学博士点，所有评委都会投赞成票。而如果我一旦获得了高等教育学博士点，再去申报课程与教学论的博士点，恐怕就不会再有人投票了，你不是已经拿过一个了吗？

如果我先拿课程与教学论博士点，人们也不会因为我已拿了这个点就不赞成我再拿高等教育学博士点了，因为我在高等教育学领域里的成果已到了丰硕的地步，中国的第一部高等教育哲学著作就出自我手，第二部也出来了，这样，谁也不会认为我已在别的方向有博士点而认为我不必再拥有高等教育学博士点了。

有些事，可先易后难，有些事则宜于先难后易。就是这么一点儿策略上的考虑。稳拿的先不拿，先拿那个相对困难的方向。实际上，我在教育基本原理方向也有一系列论著，但是，只要有了两个博士点，其他各二级学科就都没有问题了。

回头来再说课程。它好比是提供给学生的基本营养品，又好比是提供给顾客的基本商品，商店的老板是校长，教师是商品销售者，顾客就是学生。基本商品价廉物美了，商店就兴旺，顾客就满意。商店里，琳琅满目，应有尽有，顾客都愿意来。

学校里，如果开设的课程多，就相当于琳琅满目。一所大学，何以为琳琅满目了呢？

有一次，在湘潭召开各高校的教务处长会，我应邀做了一场报告。报告间，我问湘潭大学教务处长："湘大共开设了多少门课程？"他即答：600门。我即回应："你真不错，心中有数。"真有一些处长，他连学校开了多少门课程也不清楚。

然而，我又不能不指出，一所大学600门课，实在是少了。随即，我说道，（当年）复旦所开的课约3000门，北京大学6000门。那时，我所在的大学约有1500门，也在很少之列。不过，我早已意识到，这件事的重要性，并一直在努力改变、改善。

我还知道，加州大学伯克利分校共开出了10000门课程，真是应有尽有了。如果学生想学的课程在这10000门之外，它能立即组织力量，开出第10001门。

我还知晓，MIT（麻省理工学院）仅音乐课就开出了80门。就在音乐这个领域，亦可谓琳琅满目了。我曾问自己学校的音乐学院：能开出多少门？他们一时未答，我就接着问：能开出80门吗？他们答：不能。究竟能开出多少门？30多门吧。

说到音乐，我觉得，它对学校太重要了。无论中国古代的“六艺”，还是古希腊的“七艺”，都有音乐。我作为校长，似乎天然地意识到音乐教育的重大意义。

在我任湖南师范大学校长时，音乐学院每年的演出，我都会参加，那是他们的教学内容和方式之一。此外，我还请他们每年为全校非音乐专业的学生演出一场交响乐。一所学校拿出一台交响乐有困难，我们就请附近学校一起协作。

在我任湖南涉外经济学院校长时，每天广播里播放的都是流行歌曲。管广播的是叶云霞，有一次，我找她，并且告诉她，你播放的不是音乐。她愕然，于是，我进一步解释道：美声，民歌，这才是真正的音乐；流行歌曲不过是由说话到音乐的一个原始过渡。在她明白之后，我建议美声、民歌、流行，三类各占一份，流行也要一点儿，算大众口味吧。但我们是学校，责任在于让学生懂得什么是真正的音乐。至于交响乐，在湖南师大已属不易，在这种民办高校中，就更难了。

音乐伴我一生。从小，我父亲就告诉我唱《松花江上》《义勇军进行曲》（后来成为不朽，成为我们永远的、庄严的国歌）。在汉阳念中学时，我是汉阳区合唱团的男中音领唱；读大学时，1956 年，有一个湖南省大学生合唱团，我也是男中音领唱。我能唱整版的《黄河大合唱》，最为喜欢的是《黄河颂》独唱曲。我深深明白音乐及音乐教育的意义，任校长时自然百般重视。

念大学时，我们小班还有一个小合唱队，巫干文是我们的组织者，十分活跃。

世界上，有两种语言是通用的，无须翻译的。一是数学，二是音乐。数学可以是纯符号而不必加任何其他文字的，故而世界通用。至于音乐，郎朗的钢琴独奏，弹遍全世界，美国白宫还请他去作客。维也纳音乐会汇集世界名曲、名家。

《二泉映月》《病中吟》，全世界都可以听懂这二胡名曲。意大利有帕瓦罗蒂等三大男高音，唱遍世界；中国也有戴玉强等组成的三大男高音，享誉全球。

课程的门数，是数量问题，却也是质量问题，一所大学的办学水平问题。成千上万的课程，如同成万上亿的基因，构成了生命，也决定了生命的品质。

一个人，一名教师也是如此。芝加哥大学的施特劳斯教授开出了 80 门课程。我也开出了 23 门。美国人一般开“小课”，两三个学分构成一门课，按此计算，我开出的也有四五十门课，不是说能开出，要说已开出；只说能，那不随你说吗？ 对于一个人，开课的门数，也是其教学质量问题，是其学术水平问题，亦反映了其学术生命。

课程的意义还可以换个角度看。

所谓专业，就是一个课程群。 专业就像一台机器，由许多不同的零部件构成，这些零部件就是课程。 亦如一个商店，一个超市由琳琅满目的商品群组成；有万门课程的学校亦可曰课程“超市”。

专业与学科，与职业均相关。 学科是科学里的名词，某一种科学分类，其下便叫作学科。 职业是社会学下的名词，有了社会分工，就有了不同的职业。 专业则是教育学名词。 专业既受学科的影响，又受职业的影响。 学术水平更高的大学受学科的影响更大，学术水平较低的受职业影响较大。 然而，学科和职业对专业的影响都是通过课程来实现的。 课程成了必需的杠杆，课程构成桥梁。 无论是更重视学科的综合性大学，还是更关注职业的技术院校，它们都要立足于课程建设。

校长无论如何要特别关注自己学校的课程建设与管理。 我曾将教务处更名为课程处。 为了便于对外交流，对外叫教务处，对内就是课程处，抓的就是课程管理与建设。

一位副教授，一般应教两三门课；一名教授，应开设七八门课，其中特别应含低年级的基础课。 中国科学技术大学一年级的“微积分”，是由吴文俊、华罗庚、关肇直三位大师级的人开讲的。 加州理工学院（CIT）的基础课由院士级的人讲授。

什么是一门好课？ 我看应有三个条件，第一，教这门课的诸教师中，至少有一位杰出者，有一位可领头的；第二，有优秀的教材，全国水平的，或世界水平的，不妨是翻译他国的；第三，是有配套的参考资料以及相应的实验条件。

我念数学专业时，是“一边倒”的时期，用的都是当时苏联的教材。 就这一桩来讲，倒并非坏事。 我们用的微积分教材是辛钦著的，我们的复变函数，是普里瓦洛夫著的，实变函数是那汤松所著，微分方程是彼得罗夫斯基所著（有不少是自学）。 这些人，都是赫赫有名的数学家。 那时的苏联，有俄罗斯科学的严谨传统，这种科学态度亦反映在教材建设上。 我的数学学习亦受益于此。

1979 年，那个荒芜的年代刚过去，书店里竟买不到一本微积分的书。于是，湖南教育出版社立即组织和物色作者。 不知是谁提出，说张某能写，于是找到了我。 正由于有过 20 世纪 50 年代微积分的严格训练，使我多少有把握写出来。 仅就微积分而言，我至少做过 5000 道习题，有一本吉米多维奇的《数学分析习题集》，4000 多道题我全做过了。 故而，我并未遇到多大困难就写出了《微积分基础》一书。 这是我最早的著作之一。

记得当年还是铅字排版，靠工人一个一个铅字去检排的。 由于许多数学符号他们不熟悉，我常到铅字房里协助排版。 后来有了电脑排版，运用五笔字法输入，或运用拼音汉字输入，输入速度不亚于拉丁文、英文之类的输入。 周有光、王选等人都是有过巨大贡献的人，他们在汉字印刷技术上实现了革命性的变化。

这本 1979 年出版的《微积分基础》发行了 5 万册。 从荒芜年代里过来的人，如饥似渴地吸收着知识。

在大学开展素质教育期间，有一个相应的素质教育丛书出版计划。 有人提出应把数学文化作为一个项目列入计划。 并且，杨叔子院士立即说道：这本书张校长可以写。 他常称我为“张校长”，至于他根据什么认为我可以写，我也不知道。 在接受了此写作任务后，我 1999 年便完成了，2000 年此书即由高等教育出版社出版。 2000 年至 2006 年，每年重印；2006 年后重印了没有，高教社也没告诉我。 据我所知，不少的大学使用了该书，有的则作为参考书目列出，供学生选择。

《数学文化》这本 32 万字的书，算是我向培育了我的数学的一个回馈，报答数学的恩惠。 遗憾的是，我并未能在数学上有更多的创见。 截至 2000 年，学数学，教数学，思考数学，感受数学，应当有半个世纪之久了，怎么不感恩，怎能不眷恋。

我受益于各类课程，又参与课程的建设，在行政岗位上则探索了课程管理。 我曾将课程分为一类、二类；三类也有，但不划了。 这不是划分阶级之类，只是为了给积极的建设提供较为明确的信息，不张扬，更不会企图以此去控制别人。

我教书，原则上使用自己写的书。 无论是课程论、教育原理，还是课程哲学、教育哲学，抑或是高等教育学和高等教育哲学，概莫能外。 多数是先有书，再上课，教自己写的书；也有边教边形成书的，出版在教完之后。 并且，我在教时，总有不重复书上的内容，总想再讲出点新名堂，不断有新的感悟，新的内容。

教学相长几乎是必然的，但如果教师更加努力，就可以通过教学获得更大的长进。 教过，较之学过是大不一样的；认认真真教过，较之一般性地教过，也是大不一样的；教自己写的书，跟教别人写的书也很不一样；教自己现在写的书，跟教自己过去写过的书，也会不一样，只要你不断地在思考着，创造着。不说别人已说过的话，还要不说自己已说过的话，想自己从未想过的问题，这才是根本。

我写过 1300 篇论文、110 部著作（其中 80 本独著），为什么写了这么多？原因之一就在于，我总是在寻求不同的论题，跟他人不同，跟自己的过去也不同。众多的论文，是写成著作的基础，也是能在课程建设上有所作为的基础。

在鉴定他人著作是编撰还是专著时，分界线在哪里呢？我曾提出，该著作中，至少应含有来自自己四五篇学术论文的观点。没有本人独立见解的书，应属编撰之列。我以此标准看，布鲁贝克的《高等教育哲学》也难以称为学术专著。

课程如基本的营养品，如物质结构中的分子、原子，亦如商品中的品种。故而，课程的种类繁多。有通识课程、专业课程；有人文课程、科学课程；有基础课程、延续课程；有理论课程、实验课程；有核心课程、骨干课程、主干课程、辅助课程；有必修课程、限选课程、任选课程；有学位与非学位课程；有只学不考的课程，等等。

课程似是静态的，curriculum；又可作动态理解，课程乃一进程，racecourse。

一所大学的建设，从微观来看，最重要的莫过于课程建设。一个教师的学术建设，最重要的是不断提供新的课程。将科学研究置于大学内的是美国，置于专门性科研院所的是苏联，中国亦曾效仿苏联。历史证明，放在大学里，效果最好。有效的教学为科研不断提供课题，运用科研成果于教学，从而，又不断提高教学水平。科学研究者能从教学中获得新的启示和灵感。

在美国，有科研Ⅰ型的大学、科研Ⅱ型的大学、教学科研并行的大学，具有博士培养资格的大学、具有培养硕士水平的大学、一般本科院校，还有社区学校，另有短期培训教育。美国的这一体系不是计划出来的，而是自然形成的。在另一些地方，则不是这样。所有这些不同的大学，其课程建设与发展状况也有很大不同。

教师的全部工作基础在课程上。在我看来，教学论与课程论虽有各自的术语，但它们是可以互译的。课程即教学内容，不只是教学内容；教学是课程的实施，不只是实施。故而，名称上的使用，可以有个人的偏好，但实质问题还是那样的。

我们的这一条建议包括四个方面：第一，建议教师们充分理解课程的丰富内容；第二，自己的工作的全部基础在课程；第三，一辈子力求在课程上有所建树，多开几门课程，尽可能开出一些新课程、别人没开过的课程；第四，尽可能做一些科学研究，让自己在课程的建设与开发上，拥有更雄厚的支撑力量。

以上所讨论的，是学科课程、专业课程，是狭义的课程概念。下一节我们将叙述广义的课程，可能是教师更有兴趣，亦更有必要去了解的课程概念和理念。

勿忘广义课程

我很喜欢广义的课程概念。这一概念属于美国学者，问题不在于它来自谁，而在于它是否真正抓住了问题的实质，是否充分揭示了课程的丰富内涵。西南师范大学（现西南大学）的张敷荣先生从事课程研究，他的学生中有一批优秀者，继承了他的工作。其中一位杰出者是靳玉乐，他在隐性课程或潜在课程上，有很好的研究。此外，还有黄甫全等也有十分不错的表现，他们组成了一个表现显眼的课程论团队。

广义的课程概念说的是，学校里可供学生习得的一切文化的总和。文化是课程的上位概念。

文化是精神性的，但物性的东西亦可含有神性，从物质形态上的东西上亦可折射出精神来，如服饰、建筑、器具、装帧，乃至山山水水、天地日月之类。特别是人能将它们人格化，实际上也就是把自己的神性安嵌在它们身上，又从它们身上看到自己。当然，文化中有精华，有糟粕，但人们常从积极意义上使用这一词汇，视其为精华，当然也就包括了去其糟粕。这里，我们自然也在正面意义下使用之。

文化的本意是指植物栽培，可能与源于农耕时代有关。文化（Culture）正是农业（Agriculture）的词根。如今，文化已是一个含义极广的词，神性的、物性的都在其内。从父母送小孩上学学文化，到成年人努力提高文化，再到所有人求之的文化修养，皆与文化相关；从无文化到有文化，已成为人之为人的基本标志。

我何以特别欣赏广义的课程概念呢？概括起来说，原因有三：

第一，它把学校的一切纳入了课程的视野，从而，大大扩展了课程的内容，从而，大大丰富了教育资源，这一资源不只是书本；或者说，整个学校都变成了一个大书本，随处都可有供学生感受、供他们“阅读”的书本，走进学校，就是走进了“书海”，走进了文化库。这里，书香飘送，和风劲吹，送入师生员工的心田。

第二，客观上，当这概念被普遍接受时，全校教职员工就都在课程中，都对课程建设负有义务，都可以且应当把眼光放在这个最基本、最重要的建设上来。

第三，这样一来，事实上已不只是有显性课程、学科课程，而且有了隐性文化构成的隐性课程。

这里，我们提醒教师特别关注隐性课程，进而自觉到在隐性课程建设上自己的责任。

很容易理解，除了传授知识外，教师的一言一行，一举手一投足，都对学生构成影响，都进入教育的范围。通过这一举手一投足所体现出来的教师的态度、追求、责任心、事业心以及对学生和教育的爱，都将为学生所注视，为学生所感受。

通常说教书育人，其实，教书是必然要育人的，只是看你怎样在育人，你是否意识到了自己在育人上的责任，是否意识到了其存在的必然性。意识到这一点，不仅对学生是重要的，对教师自身也是重要的，教师在充分意识到自己的言行举止的必然影响时，就会特别重视自身的修养，从而亦必提高了自己。

用一句更形象的话来说，教师浑身都是教育资源；因而，他们要使出浑身解数。

学校里的行政工作人员，包括那些坐大机关的干部，他们也不在课程之外。原因就在于，他们那里形成的一道风景线，也在学校文化之列，从而也在课程之列。如果你们作风懒散，官味十足，对人不屑一顾，缺乏修养，那你们就提供了一门极为糟糕的课程；反之，你们就可能提供一门对学生极为有益的课程，那么，你们可谓功德无量，无愧为学校的、教育机构的管理人员。当学生回望母校时，那优秀的机关作风，也成为他们留恋的往事风景。这岂不是机关文化构成的课程在学生心中也留下了永恒印象吗？这岂不是学校管理显出的一大特点吗？

显然，那些工人们，在同样的意义下进入了课程。对他们不可苛求。但是，校长作为总课程的主笔，他的影响遍及师生员工，自然对学生隐性（而不是显性）课程负有特殊责任。校长更充分地意识到自己在课程中的重大作用是必须的。

学生在课程中明显地扮演着双重角色。一方面，他们是受众者、受益者；另一方面，他们也参与课程之中，也给予课程以活力。他们彼此之间的关系和他们与教师、与学校的关系，也构成学校文化的一部分，从而亦为课程建设者。

为什么隐性课程具有特殊地位呢？为什么可以说学校与学校之间的差别主要表现在隐性文化上呢？为什么我特别建议教师们勿忘还有一门格外重要的课程呢？当然，这是因为它具有特别重要的作用，于人才成长的作用，我们细说如下。

第一，它已是一种自然存在，凡自然存在的，必成其为学校的内在之物，故必有其生命力。

第二，学生在这一自然存在的课程中，具有明显的主人地位，换言之，他们是去感受这种自然存在的主人，无须他人提醒或额外的“教导”。他们不一定明白地意识到了：“那是我的”，但事实上会是如此；他体验，他感悟，它就存在。

第三，学生会是以愉悦的心境与这种课程打交道，并从中受益永久。显性的，或许成为过往；隐性的，深嵌在心灵，终生难忘，在那里获得的是可以历久弥新的神性之物。

不妨践行“五 I”课程观

这与我本人的一项研究直接相关，我曾提出过一个“五 I”课程观。据我所知，已有一些教师按照这一观念在做，并用于自己的教学。这里，我将其作为一条正式的建议奉献给各位教师，并在此稍做介绍，亦必涉及其相关背景。

前已指出，美国学者偏于做课程理论，且颇有成就，泰勒、布鲁纳、多尔等人都有他们的研究。

布鲁纳提出了结构主义课程观，从一个重要的哲学视角看待了课程。但其课程学说称不上哲学。结构主义在大的哲学流派上，仍属于理性主义、本质主义，未能充分体现人的意义与价值，没有体现人在课程中的地位，并无意地在相当程度上排除了人的中心地位。

有所谓学生中心论与教师中心论的纷争，但都离不开课程，而无论是教师中心，还是学生中心，也都是以人为中心。总不能只把课程抽象为一个结构那么单一，那么贫乏的对象吧。当然，论我个人的主张，还是应以学生为中心。我们还是围绕学生转吧，学生就是我们心中的太阳，他们的成长是我们的全部期盼。

泰勒的课程理论可以归结为四句话：确立目标，选择经验，组织经验，反馈评价。为了叙述的方便起见，我把他的这四句话简称为“四环套”。

后来，多尔把泰勒的理论称为现代课程观，他自己则提出了一个“四 R”，并称他的理论是后现代主义课程观。而我始终觉得“现代”“后现代”只是一个时间概念，“后现代观”之后如果再有发展，那叫作什么呢？叫作“后后现代观”吗？正如新与旧，也主要是时间概念，我们关注的是问题的实质，是存在于时间里面的东西。

多尔只是给泰勒扣了一个“现代主义”的帽子，当然这只是学术帽子，问题没那么严重。但这仍然没有涉及问题实质，未免流于简单化。多尔并未对泰勒的“四环套”进行过具体分析，就另外提出了一套，他简称自己的理论为“四 R”。

我们先分析一下泰勒的理论，回头来再叙说“四 R”，并与“四环套”做一比较。

泰勒首先提出的就是“确立目标”，这似乎很合理，课程本应在有目标的情形下展开，不然，岂不盲目吗？问题在于：目标从哪里来？目标确立之后会一劳永逸吗？中间无须调整修正了吗？再者，谁的目标？仅是教师的吗？校方的目标呢？学生可否有自己的目标呢？父母希望子女达到什么目标？能否忽略目标主体的多样性？对如此丰富的目标，能够简化为一锤子买卖吗？许多情形下，还有无判断介入，无目的介入，不去问为什么，做起来了再说。

此外，泰勒的“四环套”是线性的，笔直发展的，这是一种理想状态，实际的情形常常是曲折的，非线性发展的。不仅目标可能在中间会调整，而且经验选择上在反馈之后仍可能有变化，有增有减，至于组织方式也可能多种多样，有变更。

还有一个很严重的问题，“四环套”仅是就知识传授而言的，对学生方面几乎未直接考虑。为什么确立某种目标？为什么选择这样的经验？为什么这样进行组织？反馈评价依据的是什么？所有这些问题，均需考虑到学生来进行讨论。人未被充分注意到，教师的课程理念与学生与课程的关联未被充分注意到，这不能不是遗憾。

现在介绍多尔的“四R”，且予以评论。

这“四R”是：丰富性（Richness）、关联性（Relation）、回归性（Recursion)和严密性（Rigor）。

由于多尔并没有对泰勒的课程观进行仔细的分析，因而，他很可能并没有从泰勒那里吸取什么，改进什么，只是“各说各话”了，因此，他的理论也没有走多远。

多尔甚至完全没提及目标了。无论是确立什么样的目标，如何确立目标，以一个怎样的过程去形成目标，总还是要有目标吧？为何多尔全然不予提及呢？

丰富性是指知识的丰富，关联与回归指的都是经验或知识的组织、选择，至于严谨性，指的也只是选择和组织知识的一项要求。整个地，他也就是说着知识，就知识论知识，且仍然具有线性的特点。依然是“目中无人”的一种课程观。跟泰勒一比较，泰勒是现代主义的，多尔的就可以算后现代主义吗？两者有多少实质性差别呢？多尔的课程理论有多少新意呢？究竟前进了多少呢？

下面，我简要地介绍一下我自己提出的“五I”课程观，并且不可能不与“四R”“四环套”做一些比较。

我的“五I”是：信息（Information），兴趣（Interest），直觉（Intuition），

质疑（Inquiry），智慧（Intelligence）。内容与形式常常是同时出现的，这五个方面，我用汉语表达时正是这样的，它不来源于形式上的凑合，是有了内容而给予其命名的。至于对应的英语表达，则多少有点儿偶然，有点儿巧合。对于质疑，既可用 Query，又可用 Inquiry，但为了形式上的一致，我选用了 Inquiry。这种选用在形式上的好处也有，便于更简要地描述。这种表达方式也还有易于记忆，易于交流的优点，但一切的基础在于："五 I"是否在克服"四 R""四环套"的不足方面有了进展？是否包含了哲学思想？

"四环套"是四句话；而"四 R"还只是四个词，仅仅是概念，虽然在内容上有相应展开的叙述，但"四 R"在表达形式上，是过于简单了。我的"五 I"不也只是五个词吗？然而，它相应地是五句话：信息宽于知识，兴趣先于意志，直觉重于逻辑，质疑贵于聆听，智慧高于聪明。这五句话才是"五 I"的实质性内容。

对于聪明与智慧这两个词，词典上的解释差别不大。但我本人做了不同的理解。我认为，每个人都是聪明的，但并非每个人都智慧。哲学乃智慧之学，故我将智慧理解为具有一定的哲学思维和修养，从而，也高于一般所言之聪明。不过，这也只是我个人的一种理解，一种约定，并不认为他人也应这样理解。

现在，我冒昧地将"五 I"与"四 R""四环套"做一些比较。

"五 I"不只是就知识而言的，这是一个重大的差异，它涉及了人的兴趣、直觉能力以及人的智慧发展。"五 I"的核心是关注课程对人的发展的意义。

如"四 R"那样，是一种单面叙述，从而遗憾地没有范畴，没有哲学的意蕴。"五 I"的五句话，说的都是范畴（即一个对立统一的双方），虽性质有所不同。哲学的纵向要达到形而上，横向则由范畴组成。"四 R"从纵横两方面看，都未到哲学。

"四环套"虽然是四句话，但是，这四句话也不含多少哲意。应当说，"四环套"对于初任教师的人可能还是有些好处的，从线性的方式上开始做起吧。

单面的东西容易流于肤浅，尤其它的实践意义不大。它没能告诉人怎么想，也没有告诉人怎么做。"五 I"不只在于它的理论意义，而且它还具有实践意义。据我所知，如陈书国教授、黎利云博士，不只研究过"五 I"，而且他们还运用于教学。

确实，"五 I"实际上包含了对教师的多方面建议。至少，"五 I"提示了需加以思考和践行的一系列问题。甚至，教育界以外也有人关注它，思考和借鉴它。

教师在向学生传递知识的时候，还传递了哪些信息呢？ 还可能传递了哪些积极的信号呢？ 在传授知识的过程中，可否自觉地传递给学生更多有益的信息呢？ 教师能知道自己在一节课、一个单元、一门课、一组课的教学中传递了多少书本的信息吗？ 又有多少超过了书本范围的信息呢？ 这些信息的量和质都足够了吗？

这个“五 I”是怎样来的？ 它们各自的含义如何？ 在这里，我做简要的解释，供教师们参考。 当然，我还是想力图通过这个简短的介绍向各位推荐这一套东西。

大家知道，德国学者偏向于教学理论，美国学者多偏于课程理论，两者有别， 但关系十分密切。 这里，我们多使用课程方面的术语来进行讨论，但完全可以与教学理论一道展开。 从我的体会看，课程理论的论述还是有很多特别之处的。

先说一下我的“五 I”是从哪里来的吧。 在 2002 年给博士生讲课时，我就开设了“课程与教学哲学”一课。 2003 年，人民教育出版社就为我出版了与此同名的书。 就在讲授中和这一著作中，我正式提出了“五 I”课程思想。 如果今天再给当年的课和当年的著作命名，我很愿意把它精简为四个字：课程哲学。

美国学者泰勒在 20 世纪 60 年代前后提出了自己的课程思想。 后来，另一位美国学者多尔称泰勒的课程论是现代主义的，他则提出了一个“四 R”的理论，并自称他的理论是后现代主义的。 然而，在我看来，他们两人的差别并不大，仅仅用“前”与“后”来区分，说明不了问题的实质。 他们有明显的共同之处：都只是就知识论知识，都没有直接与人联系起来，实在说，还都缺乏哲学的思考。

做学问，尤其是做哲学，常常是需要反思，需要批判的，或许也叫作破吧。 批判或破之中都含有立，不过，尚需进一步的立，说他人的不够好，自己要拿出更好的来，并且确实是克服了他人之不足的。 我的“五 I”课程观就是在这种背景下提出的。 为了做稍微详细的说明，就必然要阐明我的这一课程观。

我想也分成几点来阐释。

1. 他们都没有从教学的动态过程或课程实施的过程去看待。 苏联的理论还注意到了这一点，那时，苏联的理论是，教学乃是一个认识过程。 这种说法具有明显的片面性，把复杂的教学过程大大简单化了，实在是把人也简化了。 人是知情意的综合体，不是单一的认识体，情意的参与是随时存在的，而且起重要作用，情感过程、意志过程必然存在，并且，在参与的过程中，知情意都应得到发展。苏联相关理论有明显的片面性，而多尔和泰勒连这一个“片面”也忽视了，完全没有与人的知情意联系起来，只限于静态的描述。

2.多尔和泰勒都只是在就知识而谈论知识，即令是对知识本身，也没有论及知识应具有怎样的结构，没有论及何种知识、何种合理的结构对人的发展更为有利。换句话说，他们的课程理论是“目中无人”的，这一点，确实令人惊讶。

3.他们的论述是单面的，没有形而上，没有范畴，亦即没有关于对立面的统一这种“双面”的论述，因而没有与哲学沾边。

在我的“五I”中，关于兴趣、直觉、质疑等都是动态的，都是人的活动。其实，关于信息也有活生生的内容，它包括了人，尤其是教师的态度、风度、责任心，对学生和教育事业的热爱，这就不只是纯知识问题了。至于智慧，更是直接指人的智慧。这里，需要略加说明的是聪明与智慧的关系，有关词典对这两个词的解释差别不大，而我则明显区分它们。在我看来，百分之九十九的人都是聪明的，而其中可能只有百分之十五至二十五的人是走向智慧的，如果教育状况很好，这一比例会有所提高。智慧与聪明的区别，正在于是否有了一定的哲思。在古希腊人那里，智慧就是与哲学同在的，哲学乃智慧之学。

我的“五I”实际上是五句话，五个命题，它们全都是有关范畴的论述，哲意浓浓。

还应补充说明的是，对于直觉和质疑的看重，这正是使人走向智慧所最需要的活动。直觉是捕捉各种各样难以预料信息的一种思维形态，通过它而获得许多的半成品，再经过逻辑梳理或加工，去伪存真，去粗取精，由表及里，获得真知。

处理好直觉与逻辑的关系

从这一节起，我们陆续讨论一些关系，亦即范畴，从横的方面进一步了解教学。

我学数学出身，人们常根据这一点来评价我的学术工作特点，说我逻辑性很强。其实，人们真有所不知，数学的发展主要不靠逻辑，逻辑只是收尾工作，开拓者、开创者是直觉。数学家的突出特点在于有不同于一般的直觉能力。

相比于直觉能力，逻辑只是一个“小买卖”，人们称赞我逻辑能力强时，殊不知就是称赞我能做点“小买卖”。我把直觉比喻为长头发，逻辑是梳头发。如果不能长头发，是一个光头，哪有头发可梳？当然，我自认我并非光头，我的头发长得还茂盛。

一般而言，女性的直觉能力强于男性，女性有众多优于男性的方面，只是在后天，女性的发展条件多不如男性。这种现象，在比较发达的国家已有明显改善，女性有了更宽阔的展现领域。男性则在自知不足的方面更努力地发展自己。

教师培养学生的逻辑能力也是很重要的。数学教师、语言文学教师可能负有更多责任。恰巧，正是这些相关的课程容易忽略直觉能力的培养。说实话，培养学生的逻辑能力，是相对比较容易的，而培养直觉能力要困难得多。重要得多，又困难得多，使得有的教师可能无意地避重就轻或避难就易了。没充分地给学生以营养，如何让他们能长出乌黑的头发来？至于梳头发的事，没有梳子也能用手理一理。

都知道，我们眼下的教育很难培养出杰出的人才。一些基础相对较好的，到了西方某些国家之后，就如鱼得水，智慧充分发展和显现出来。这是什么原因呢？在多个原因中，最根本的原因之一，就是我们的教学过于注重严谨，只顾及梳头发，而头发长得并不茂盛。只重视了较易做到的那一面。

培养直觉能力确实不易，但为了能培养出杰出人才，我们需迎难而上，义无反顾啊。

什么叫直觉？即直接的察觉。但这只是字面上的解释，似乎心理学大词典也只是相对于逻辑来解释的。不过，我觉得，有个字面的解释总好一些，直接地、不拐弯地到达觉察对象，不经过逻辑。 这样解释多少还是前进了一步的。

直觉跟直观不同，可能包含了直观，但“观”似乎主要只是用了眼，而直觉是把人的五官整体地投入进去了，它对于对象也就是整体把握，且可能由外及里的。

直觉显然在充分自由的环境下较易展开。 直觉是乘着想象的翅膀飞翔的。 附带说，人们还认定我有较好的记忆力，其实，记忆力在各思维力之中也是“小买卖”。 我自认自己较强的不是记忆力，而是理解力，还有想象力。 认可我记忆力强的一个相关事实是，我任校长期间，教职工两千多人，我大都喊得出名字来。 其实，也不只是记忆力起作用，还有责任心，做校长的，有责任记住和自己一道建设和发展学校的员工。 不敢不记住啊！ 良知催促我用心记忆。

回顾一下，似乎中学时期，我就习得了基本的逻辑能力。 到了大学，微积分、解析几何、实变函数、泛函分析等课程的学习，则大大提升了我的想象力、直觉力。

此外，我自幼喜爱的音乐也帮了我很大忙。 可惜，我绘画能力很差，不然，更可受益。

由此，我建议教师们看重音乐、美术、体育，即使不是相关课程的教师，有一些相关的知识和修养也是很有必要的。 这种修养会有利于自己专业的发展。

我在从事数学专业学习及后来的教学中，不仅受益于它的逻辑，而且受益于数学中许多奇思妙想，而这些奇妙是远非逻辑所能为之的。 后来，我无论在从事教育学和哲学的教学、科研中，还是在行政管理中，都能运用已获得的直觉能力、想象力、预见力。 我从未只是看一步走一步，至少要看两三步。 唯有很强的想象力，才能把思绪送至遥远的未来，至少让未来有一个轮廓出现在脑海里。 或许，我在学问上的进展，在管理上能比较富于远见，都受益于直觉力和想象力。

我在湖南师范大学的 18 年，以及在湖南涉外经济学院的 10 年，都不是走一步看一步的。 显然，数学、哲学、心理学、教育学、音乐学等都帮了我大忙。

我还要再一次提到我的父亲。 我父亲喜欢下象棋，而我是从不缺席的观众，并给父亲做小小的参谋。 在学下象棋的过程中，也培养了我的想象力。下象棋的水平差异就在于，别人只看一步，你能看两步；别人看两步，你能看三步，看全盘。

从幼时起，我爱好众多，音乐、体育（包括下棋）、数学……我想，这对于我今天已在八个较大学术领域做出了一定的工作（以有否专门著作为标志），是有直接影响的。广义的逻辑于每个领域都存在，而每个领域的创造性工作都需要想象力，需要逻辑力。说得完整一点儿，就是善于在逻辑与直觉或想象之间自由穿行，侧重于让想象自由飞翔，同时又在适当的时候让其回到大地，住进逻辑的房间。

如何发展学生的直觉能力，确实是比较困难的事，这里，我也提几点建议吧。

第一，让自己的课堂充分地活跃起来，避免单口相声、单哼独唱，避免过早地下结论。

第二，让学生自由思考，自由询问。自由之下才有想象，才有直觉出现的可能。尽可能有课堂讨论，无论如何留下十分钟让学生议论，要舍得花这十几分钟，带来的价值有时胜过半小时以上的课程。讨论中切忌急着纠正学生的错误，耐心地等待学生提问，不宜在等了一两分钟之后就停止提问了；耐心地等待学生自我纠错，可以引导，不宜替代。学生自我纠错的效果，五倍于教师去纠错。习惯了，等待的时间就会缩短。普遍沉闷的课堂也是我们难以培养出杰出人才的原因之一，虽然还有带根本性的一些原因。实在说，首先还是教师要活跃，教师尽可能是杰出的。在我们能有所作为的地方，尽可能作为，尽可能自我发挥吧。

第三，尽量运用比喻、隐喻、联想的方式，或者说，尽量拐个弯，只要有可能，让学生在弯道上可以行驶得既自如，又稳健，既跳跃，又脚踏实地，能走能跑还能飞。

第四，在问与答之间，更看重问。一切始于问题，经过了答之后，终于新的问。

诺贝尔科学奖在同一项成就上，若问与答的是不同的人，该奖当给谁？有人说，关键在于分析问题和解决问题；但是，你所分析与所要解决的问题是从哪里来的呢？显然，发现问题更重要，诺贝尔奖一般是奖给提出问题的人，提出猜想的人；对于解决问题，那种方法论意义特别重大者，特别具有普适性者，也予以奖励。

更重于问，与更重于直觉高度一致。直觉在捕捉问题的过程中作用更大。沿着逻辑走，也能提出一些问题，但局限性较大，且问题的价值相对较低。逻辑演绎所依据的前提，常常要靠直觉、归纳、联想或隐喻来形成，而其结论往往也就藏在大前提之中了。

我们在中学几何课中，大量进行演绎论证。凡圆内接四边形对角互补；

这是一个圆内接四边形，所以，该四边形对角互补。

凡牛都有两只角，A是一头牛，所以，A有两只角。“A有两只角”的结论，已藏在“凡牛都有两只角”的大前提之中，再经过小前提“A是一只牛”，就获得了结论。

《几何原本》是演绎科学的范本，它就是从公理出发进行演绎的。然而，公理是从哪里来的呢？是阿基米德、欧几里得等人归纳出来的。最伟大的贡献在于公理本身的提出。这是寻根究底的精神的体现，亦乃哲学精神在数学上的体现。

《几何原本》的出现是希腊神话之一，它传播到全世界，也训练了人的逻辑思维。同时，希腊人又贡献了辩证法，有了辩证法和形式逻辑，人们应当怎样既智慧又健康地进行思维，这个问题就基本上全部解决了。以后的发展中，比较显眼的，一是黑格尔的贡献，二是数理逻辑的贡献。源于希腊，发展于希腊。

今天的希腊，在欧洲不算很发达的，而且还债务缠身。但古希腊的辉煌已在。诚如，古老的中华文化的灿烂辉煌，并未因鸦片战争以来的百年落后而黯然失色。相反，中华文化的历史始终会是我们引以为傲的，可以鼓舞我们努力实现现代复兴的力量。沉睡百年之后的东方雄狮，必然会醒来，会奋起，会更加强大。

明确共性与个性的关系

这是教师常常要碰到的关系。教师很可能有一些场合希望学生有团队精神，相互合作，有集体意识，能行动一致。这样，就比较容易倾向于看重共性。甚至倡导集体主义，反对个人主义。其实，个人主义与损人利己、自私自利不是一回事。反对损人利己、反对不尊重他人，是否意味着必反对个人主义而实行集体主义呢？人民公社就曾是史上集体主义最严苛的组织，可是它意味着什么呢？苏联在20世纪30年代有过集体农庄，它又意味着什么呢？历史已有答案。

相反，英、美等国家的主流意识形态是个人主义。它们的历史又说明了什么呢？NBA的球员，一个个都是个性张扬的，但他们的团队精神一点儿也不亚于我们，许多巧妙的相互配合是他们创造的，包括拆挡、掩护、空中接力等。

事实上，农民是天生的个人主义者，这群鸡鸭是我的，这块地是我的，这栋房是我的。当他们有了富余时，大多会去帮助其他相对较穷的邻居、邻村的人，这是很常见的。而他们的这种精神是基于个人努力、个人奋斗才发展起来的。一无所有，拿什么去帮助较穷的人？同情可能会有，但只有同情能饱肚子吗？

如今，我们教育界的有识之士大都主张个性教育。50名学生50种成长个性和方式，50个不同的样子，较之50个学生成为一个样子，更加有益于社会的发展。

于是，就有了一个把学生培养成他自己的教育理念。这实际上是与个性教育完全一致的。在“把自己培养成自己”之中的后一个“自己”，实际上，是一个变得更智慧、更高尚、更高大了的自己。还是自己，不可能是别人，却是一个更完美的自己了。这才是教育的成功。

共性与个性，一般与个别，普遍性与特殊性，这些关系始终存在于哲学史上。

“白马非马”，还是“白马是马”？一般小于个别，还是一般大于个别？1991年，我曾在北京某校见到一位哲学教员在黑板上写下一个公式（即一般小于个别）：

一般＜个别。

下面听课的人一片哗然，他们的眼睛都在问“为什么”，怎么一般会小于个别呢？ 令我惊讶的是，这位哲学教员竟回答因为这是某某大人物说的。人们自然不会因此消除疑问：一句话说得对不对，与是什么人说的有什么关系？ 甲说得不对，从乙口里说出来就对了吗？ 这件事，在相当程度上让我看到了我们时下哲学的落后。 这种落后可是极为严重的，是事关重大的，有着全面且决定性影响的。 这一经历对于我早已有的哲学兴趣，从一个特定的角度获得了一种激发。 人人都可在哲学上有所作为，我也就应当有所作为。而且，为了学生，更应当在哲学上下功夫。 所以，1991 年那一次在北京的学习，从一个意想不到的经验中，使我获得了从事哲学教学与研究的动力。

当然，我希望更多的教师比我有更好更深的体悟，所以不妨在这里做一个历史的回顾。

“白马非马”与“白马是马”这两句话，在一定条件下都对；条件变了，视角变了，又都不对。 实际上，就内涵而言，白马非马；就外延而言，白马是马，白马属于马。

实际上，就内涵而言，的确是：

一般＜个别；

就外延而言：

一般＞个别。

这样的学校，这样学校的这种哲学教员，竟不明白辩证逻辑的这一基本问题。 让人感叹，感叹我们的哲学问题实在是多。 有一本名为《马克思哲学纲要》的书，是用来培养中高级干部的，如果马克思、恩格斯看了必然会觉得好笑。

我写过多篇论文去分析它的问题。 如果时间允许，在未来的某个时段，我会写一本相应的著作。 在一个民族的落后中，最忌讳的首先是哲学的落后，而努力改变这一类落后状况，也就具有决定性意义。 有良知的知识分子需投入此种改变之中，为了我们民族，为了我们自己的教育，也为了我们每个个人。

我曾说过，不遵循形式逻辑，那就是瞎说；不遵循辩证逻辑，那就是死说。 要想说得既正确，又活泼，又深刻，确实要学习辩证法。 个性与共性、一般与个别、普遍与特殊，它们的关系是哲学中的一个基本问题，不可不弄得特别明白。

生活是多彩的，理论是单色的；艺术是个性的，科学是共性的。 但艺术引领了科学。 真正的科学家无不意识到艺术与人文科学对自己科学事业的决定性意义。

科学、哲学和艺术，在山脚下，各自一家；在山顶上，三者一家，三位一体。然而，个体的灵魂是哲学，花朵是艺术，果实是科学。这个家的当家人确系哲学。

音乐、美术、体育的早期教育，绝非只是说说唱唱、写写画画、蹦蹦跳跳。人在蹦蹦跳跳、写写画画、说说唱唱中还要获得智慧，是在其中成长起来的。

把知识本身当目的

这一条建议与上一条有关。教师就在于培养文化人，让学生有文化，尽可能更有文化。培养什么人？就培养高文化的人。为什么要培养高文化的人？不必再回答了，这就是目的。试问：除此之外，还要什么目的？还有什么目的？

不是还要有高道德吗？高道德就在高文化之中，没有道德就还是没有文化。

没有别的目的了吗？没有了，也不应当有了，这还不够吗？把人培养成更高大的人，此外，并无别的目的了。

教育有目的，它就是它自己的目的。除了目的，还要有手段吗？

从政的人要有手段，从商的也要有手段，为了获得高额利润，甚至有的还不择手段。从教的性质十分不同，从教的要有教学方法，它不宜被叫手段。这种教学方法是教学之中的，是服务于让人成为人的教学目的的。教师还力图使这种方法成为艺术，因为当教学成为艺术时，学生不仅是学习，而且是欣赏了，是享受了。故而，教育方法、教学方法是教育中的有机组成部分，因此，它本身具有目的性。在教师那里，崇高的教学目的与优秀的教学方法高度一致，它们彼此并非内在与外在之别。在学校里，教育与教学是没有区别的，关于这一点，我们在讨论广义的课程概念时，已有明确的论述。

在学校里，可不可以为知识而知识、为真理而真理、为学术而学术？为什么不可以呢？难道应是为了发财、为了升官吗？发财不是坏事，只要取财有道，当个清官也是社会所需要的。问题是这是在学校，读书时需要考虑这些、为了这些吗？

我觉得，在学校里，教师就是好好教书，学生就是好好读书，没有比这一点更平常的了，也没有比这一点更神圣的了。学校就是读书、教书、写书的地方，正像商店就是营业、工厂就是生产、军营就是训练并准备保卫国家一样。哪有那么复杂？

既然如此，为什么不可以为读书而读书、为真理而真理、为学术而学术呢？还有什么比这更纯净的目的吗？潜心于为知识而知识再无他念，这有什么不好?

不是还应当为了大众、为了自己的民族、还为了人类的进步和繁荣吗?可是，你拿什么去实现这些目标? 在学校里，不好好读书、教书，在工厂里不好好生产，在军队不好好操练，其他的目的从何说起? 再说，一件事做起来，究竟是为了什么目的，开初并不一定很清楚，以后才逐渐有了一些想法；这些可以称为目的的想法，初步形成后还可能有变更，为什么有这些想法而后又为什么有了变更，自己当初就不一定是很清楚的，它常常是被“酝酿”出来的，何时开始“发酵”的，也不一定很明白。 目的这种东西，不是外加的，是自我形成的；外界可以有影响，但这种影响的实际发生，最终还是取决于受影响者自己。

我心中有两面旗帜，真理至上的旗帜，民族至上的旗帜。 然而，不拥有真理，不拥有知识，不拥有求得知识、发现新知并传授知识或真理，我拿什么去孝敬父母? 又如何谈得上奉献于自己的民族? 恐怕也对不起自己，对不起上天给自己的一切。 所以，我觉得，作为学者，我坚称自己为知识而知识、为真理而真理的正当性、合理性，并建议其他教师也坚信这一条，践行这一条。

我国著名的哲学家冯友兰先生，在 20 世纪就已成为世界级的哲学家，中国智慧的杰出代表之一。 进入 20 世纪下半叶之初，他所坚持的“为学术而学术”的思想受到批判。 为什么会如此呢? 那颗纯净的心被迫放弃了，舍此，还会有什么呢?

我还知道，华罗庚的主要学术成就产生在 20 世纪的 30 年代和 40 年代。20 世纪 50 年代以后，他亦被要求为建设服务。 恐怕不是巧合，此后他在数学上虽也还有贡献，但已大大不如从前。 大而言之，在我们的环境里，确实是太缺乏为知识而知识、为真理而真理的宽松条件了。 这种宽松是智慧、学问和天才产生的必要条件。

在不十分宽松的环境下，应当也可以克服困难和束缚做出成绩来。 然而，毕竟存在的困难会更大，个人要做出的努力要更多，大批杰出人才的涌现就难以期盼了，单个人的冒出不是完全没有可能。 可是，我们国家需要的是成千上万的杰出人才。

在我看来，我国很难不期待有更多优秀学术人员产生；可是，这种期待要变成现实，他们所需要的，实在也并不很多，那就是尊重那些学术人员的志向和兴趣，尊重他们那颗纯净的心。 实际上，他们的要求真的不多，能够随自己的意愿在学术上取得进展，有所成就奉献于大众和社会，就足够了。

有一点是人人当可明白又必须明白的，没有谁比学术人员更愿意做出成就来；他们对自己的要求不是从别人对他们的要求那里产生的，是从他们内心深处产生的，是从诸多体验中产生的。他人的影响和忠告，只起辅助作用。他人的介入，尤其是干预，不仅是多余的，而且必定是有害的。外界如果对他们有良好的愿望，最好就把这种愿望化为不介入，只期待，只在一旁鼓掌，顺带帮他们擦擦汗，有可能就送一点儿茶水吧。他们所需要的，实在也不多。

在学校里，除了教书、读书外，再没有别的什么了吗？不是还要学会做人吗？不是还要学会讲道德吗？学校不是还要引导学生孝敬父母吗？不是还要让他们明白自己是中华民族的后代并为这个民族的复兴与繁荣而努力学习吗？大而言之，还需要告诉学生，我们是地球之子，告诉他们如何去善待自己的星球。

可是，这一切并不在读书、教书之外，在学校里，离开了好好读书和教书，谈什么做人？任何人都是在具体的活动中去做人的。人有时需要扪着心去问问自己，还需要学会忏悔，然而，这一切都在做人之中，不在其外。

在学校里，这种具体的活动就是好好教书和读书。教师则是边教书边读书，还要不断地在读书中充实自己，以便更好地教学生读书，也更会教学生读书。自己读书不多是不行的，自己不善读书也是不行的，没有充分领悟到为读书而读书的味道也是不够的。除了一颗纯净的心，还需要同时奋斗的心，和学生一起跳动，和真理一起跳动，和自己的民族一起跳动的那颗心。这就是读书、教书中的做人。

究竟应该读多少书，究竟读些什么书，这样的书怎么读，那样的书怎么读，大中小学教师对这些问题的回答可能不尽相同。我们简要地讨论一些共同的问题。

首先是一个读书习惯的问题。读书以外的事情不可能都不做，但需有所选择。最好不选择打麻将，打麻将上了瘾，问题就更大了。我们国家的人均读书量是极低的，这种状况不可能仅靠教师来改变，可是，连教师也不怎么读书，这影响也就特别大。读书人中多数都不大读书了，其他人怎么好说？谁能说？

八亿农民的人均年读书量多少，没见过统计；知识分子的人均年读书量是多少，亦未见过统计。读书是不讲功利的，有的人可能有功利目的，但这种情形多半不在学校。如果功利主义盛行，在学校里读书的人可能也会越来越少。

30 年前曾有过“读书无用论”，还有“知识越多越反动”的说法。那是一个可怕的知识荒芜的年代，中外历史上极为罕见的一个年代，未来的年轻人很难理解的年代。

从古希腊人的“知识即德行”，到培根的“知识就是力量”，人类对知识的认识已达到了一个空前的高度。这种认识在某些地方的滑坡，将成为永远的过去。人类是伴随知识的增长而前行的，用浩瀚的海洋来形容知识之深广已经不够了。

我在此郑重地向教师们建议，一天到晚，无论多么忙，睡觉前，最好是在洗脸洗脚之前，读一个小时的书，至少40分钟，把这一点作为自己的铁律。一般情况下，一天能阅读一万字左右。一年365天，就能阅读365万字了，打一个八折，也能有近300万字。以平均25万字一本书，那就能阅读12本书了。一辈子以60年阅读时间计，那么，就可读720本了。教书、写书的人，阅读量应更大。实际上，不仅学界需如此，商界、政界的人们也需有经常阅读的习惯。学校教育，对于社会能否形成这样的习惯负有特殊的责任。

不妨只说好、对、能

做教师58年了，其间，做校长30年了，我基本上没有批评过人。这令人相信吗？

我确曾谴责过一些极不道德的行为，但是，第一，很少很少；第二，肯定是对事不对人的，善意的，期待的。

我总是说着你能，你行，你棒，你不错，你做得对，为什么我说着这一类话语呢？

当我这样说的时候，必定是由衷的，否则，就失去了真诚，也说不上实际上的善意了，假情假意是我做不出来的。要么，不开口；要么，开口说真话，表真意。

“你能，你行”一类的话大半不会错的。很多人的潜能比他自知的大，而自信是最有利于潜能挖掘的。我并不是出自鼓励他人的目的而这样说的，而是基于一种合乎事实的判断。我可能属于比较自信的一类人，也可以说，是在顺境中，更在逆境中未丧失过自信的人；由此，将心比心，所以我能出自内心地对人说“你能，你行”。

还有一点十分重要。人们往往不是从认识“什么是不对的”开始的，不是从“什么是不好的”开始的，尤其是青少年。甚至，有时还误把“不对”当作“对”了，把“不好”当作“好”了，把“非”当“是”了，把“误”当“正”了。所以，只说“好”“对”“能”，是合乎心理发展过程的。

故而，从说“好”开始是必要的，从只说“好”开始是必要的。耐心一点儿吧，知道了“好”，体验了“好”，人们自己会去感受什么是“不好”的、“不对”的。再说，一个人如果什么是好、什么是不好全由别人告知，自己还有什么判断力和辨别力呢？

我觉得，教师不仅需要一颗包容之心，而且需要一颗慈祥之心；教师不仅需要一颗仁爱之心，还需要一颗慈悲之心；不仅需要一颗慈悲之心，而且需要一颗体贴入微之心。为此，还需警觉自己的误判、误伤。

教师最忌讳的是伤害了学生，一句不慎之语，一个不当的眼神，都可能伤及学生。

故而，为了做到由衷地包容、仁爱、体贴入微，还得严格要求自己，检讨自己，修炼自己。实际上，教师这种宽大的胸怀，崇高的情怀，是修炼出来的。从这个意义上讲，教育者必然同时是受教育的，特别是自己教育自己。为了学生，更需教育自己。

教育是美好的，神圣的。这是一种盼望，是一种应有。但现实好像也在说明：教育并不总是那样美好的。

只有教育者的美好心灵，才可能让教育本身事实上是美好的。

“教育是美好的”，其根基在于：人是向好的，弟子上学就是求好的；父母的那颗心更是殷切的。同时，一般来说，教师就是为着弟子、父母和人皆有之的美好愿望的。

人可能走弯路，学生不会走弯路吗？教师决不愿走弯路，但能完全保证自己不走弯路吗？

向着美好，才需要警觉不好，警觉走弯路。如何让走了弯路的学生回到正路上来，这并非易事。学生摔了跤，还是自己爬起来为好，但教师可以给他以爬起来的勇气和力量。教师自己也可能走弯路，甚至跌到，此时，只能自己扶自己。

总归而言，还是只说“好”，只说“对”，只说“美”，由此出发，把学生向好、向美的天性唤发出来，发展起来。这是教育的良知之所在，良知之所示。

从理论上说，既需要弄清“教育是什么”，又需弄明“教育不是什么”；从践行上，我们又必是按“教育是什么”去做的，并避免那“不是”的一面。

还是让学生酸甜苦辣都尝尝

教育是最早伴随人类的活动，今人亦必如此，并且人由此而成为人。至今，跟人最密切的活动还是教育，自然，研究教育的人也是最多的，最没能研究明白的，可能还是教育。为什么会这样呢？因为人的神奇赋予了教育以神奇。因为奇，必去研究它；因为神，故而总难以研究得透彻，并且，人与教育将永远如此纠结。

人们通过自己的思考和践行，提出了种种教育观念和教育方式。如情境教育、案例教育、快乐教育、挫折教育、隐形教育、探究式教育、启发式教育等，不一而足。恐怕这种思考和探索永远也不会终止，可能想终止也终止不了。

对于快乐教育有过一些争论，有的人认为，教学中、学习中应当让学生快乐；也有人认为，学习本就是一个苦差事，怎么快乐？挫折教育与快乐教育的立足点就有较大的不同了。可是，如果学生总受挫折，能坚持下去，能扛得住吗？

我本人建议，还是五味杂陈比较好，还是酸甜苦辣咸都尝尝好。未来的人生道路不太可能一马平川，大多可能是坎坎坷坷的，只是起伏大小的差别；不走任何弯路也不容易，只是尽量少走弯路，不走大的弯路，避免误入歧途。

也正因为未来的生活较之学生时代会复杂得多，还是需要为他们的未来尽可能多考虑一下。教育不可能解决一切，但教育需关照一切、思考一切，为未来做准备。教育不是要面向未来吗？可是，首先应当是面向学生的未来；学生有未来，社会才有未来。人本是生活在历史之中的，因而人亦必生活在未来。教育性应是从人性那里获得的，故而，教育生活在历史中，亦生活在未来，人引领教育面向未来，走向未来。面向世界也好，面向未来也好，面向现代化也好，都需立足面向人；为此，经济、政治、科学等，还必须面向教育。不面向教育，怎么面向人？我们总是需要前思后想，立足中国，继承优良传统，都是不可少的。

人们常说，“失败是成功之母”，此言不错，但还不够。学生乃至一般人，不能总是失败吧。失败必有苦，不必怕苦，但不能总是只有苦味吧，那样受得了吗？

人不能总只有“成功之母”而无“成功之父”吧，什么是成功之父呢？失败是成功之母，成功是成功之父，父母均在，才养育出健全的后代。一般人，尤其是学生，是必须让他们尝试成功的。很可能，十件事中，最好九次成功，一次失败，甜品中放一点儿苦涩的东西可能更好。不是人为的，可以是自然的。

“吃得苦中苦，方为人上人”，如果不是指待人不平等的人上人，而是指更有知识、更有文化、更有道德，更能善待他人，这样的“人上人”也还是可以的。

还常有言：苦尽甘来。不知苦，还真不一定明白甜从何而来。种田苦不苦？可是，苦后有秋收，有香喷喷的大米饭吃。有西瓜、南瓜、哈密瓜，人们还种苦瓜。伏案写作不苦吗？但这种苦之后也有“秋收”，有著作出来，有论文发表，味道非常甜美。

较多的成功叫人自信，加之以失败，就可学会不气馁。人是如此多样，在物质生活上，需要很多不同的供给，衣食住行都少不了；食的方面，酸甜苦辣少不了。精神生活上的需要更是多种多样。需要的多种多样反映的是人的奇特。马斯洛被誉为人文主义心理学家，他的需要层次论很有名。但是，这种层次划分，五层也好，七层也好，还只是个粗线条，还不足以描述人的全部需要。

学校教育实质上就是面对学生需要的，并且是在满足人较为高级的需要，即认知的需要，被接纳被认可的需要，同时向着高端需要的发展，即自我实现的需要。从这些需要的实际内容看，马斯洛被称之为人文主义心理学家，是当之无愧的。

若就人的认知需要、接纳和被接纳需要以及自我实现的需要进一步展开来看，其内容就更为丰富了。我们对已列出的这三个方面，分别简要地做一些讨论。

先说认知需要。从理论上讲，每个人几乎都想知晓一切。走进物质世界，就可令人眼花缭乱、目不暇接；走进精神世界，那更是色彩斑斓，人们大都想看看，只要有可能，就想看个明明白白，清清楚楚，真真切切。因而，高水平的大学总是设法开出尽可能多的课程来，最多的达万门，如加州伯克利大学。我还记得，麻省理工学院仅音乐课程就开出了80门，以满足学生多种多样的需要。他们如同建成一个课程超市，充分满足着学生的需要。

一位高水平的教师亦是开了多门课程的。芝加哥大学的施特劳斯开过

80门课程。我本人开了23门课程，若按小课程计（即两三个学分计一门课），那么，我所开的课亦应有四五十门。这是为了学生的需要，在努力满足学生需要的同时，也实现了自身多方面的进步，满足了自己的需要。可谓之相辅相成。

再说被接纳的需要。实际上，人因有意识而成为群居的生命体中最自觉群居的生命。这种群居性从小孩子身上就能明显看到。小孩在一起时，如果不满意对方了，很严重的一句话是："我再不跟你玩了。"这跟断绝外交关系的性质差不多。你和我在一起，反之，我和你在一起，这就是彼此的接纳或被接纳。

各种彼此的接纳就构成了各种社会关系。最初的社会关系即家庭关系。接着而来的是邻里关系，老乡关系，同胞关系，再有便是各种组织关系，民间的或官方的。有些组织会扩大，新成员被接纳。人们根据自己的愿望想加入某组织，也就是希望被接纳，被认可有资格加入。反之，亦可自己退出，对希望让自己加入的组织说"不"，拒绝被接纳。然而，他又会另有所图，不是有结社自由吗？

最后说一下"自我实现"。人本主义的马斯洛必然会将这一点视为最高需要。认知需要，审美需要，这都是走向自我实现所必须经历的。这种自我实现似乎很个人主义，可是，当人们都在提高认识、增强审美意识的时候，那种自我或个人，实际上是十分有利于群体，也有利于社会的发展进步。社会不是也要不断美化自己吗？社会不是也要提高自己整体的认知水平吗？这一切，还是要基于每个个体的。当社会中的人都有自己的追求，有实现自己理想和愿望的时候，这个社会才可能是富有活力的，朝气蓬勃的，不断向前发展的。

社会的一切动力，源于每个个体的需要。个人本位的立足点就在这里。社会本位则相反，但社会本位所具有的虚伪性早已为一些包括马克思、恩格斯在内的学问家所揭示过。

而且，历史表明，以社会本位观去治理社会时，必是失败的，甚至是灾难性的。

我想，马斯洛的需要层次理论对教师的工作，可以有多方面的启示。明白每个学生的需要，每个学生的不同需要，每个学生发展变化着的需要，指导和帮助他们实现自己的需要，让他们的美好人生在自我实现中逐步达到，实乃教师之使命。从他们的需要出发，这很可能是教师自身最重要最珍贵的一种需要。

思考、体验和确立自己的信仰

人们常说教育理念，我觉得，这可能包含两个方面：理想和信念。

这两方面是有所不同的，又因不同而有联系。信念是一个基点或基础，由此而确定自己去追求什么；那个追求的东西，就叫作理想，它在未来得以实现。信念支撑着理想，使得人们在追求理想的过程中获得强大支撑力和推动力。

无信念的理想容易夭折，无理想的信念只能悬在半空中；联合起来就可以在大地上坚定地行走。

教师的工作，教师的事业，使得教师较之其他行业的人更容易有自己的信念，有自己的理想。毫无疑问，教师亦是诸人群中最能拥有自己信念和理想的人。

我们先讨论一下信念问题。

信念，信奉，信仰，再具体一点儿便是信条。我相信，伸手就可摸到天；我相信，我能日行八万里；我相信人生当有五百年……这都是信念，或信念中的诸信条。

每个人都能够有自己的信条，而这些信条往往是从自己的人生体验中产生的。各种不同的体验产生不同的信念，积极的，消极的；收敛的，张狂的；稳定的，易变的；模糊的，清晰的；虚幻的，实在的；借用来的，自己创立的……

有些信念成了主义。美国学者的主义多，结构主义，后结构主义；现代主义，后现代主义；人文主义，人本主义，民主主义，实用主义……连美国政界也喜欢主义，罗斯福主义，杜鲁门主义，里根主义……还有单边主义，更不用说资本主义了。

我们这里，很少人说主义，很少人有自己的主义。在我对研究生们说到种种主义的时候，他们问我："你是什么主义？"我似乎从未想过这个问题。但当研究生们问到时，我几乎未加停顿地答道："人主义。"就像酝酿已久的酒坛突然打开盖子，那喷喷的香味就叫作人主义；亦像一个珍贵的又十分熟悉的物体从天而降，我只需要给它一个命名："人主义"。

我觉得，中国学者本是有自己的主义的。我作为中国学者，相信有不低于美国学者的智慧，他们有那么多的主义，我们肯定也应当有；并且，未必不能有更好的主义。我认为，人文主义是相对于神的，神还在，但人与神齐肩了；人本主义是相对于物本；而我的人主义，则具有绝对性：上天之下的人主义。只有上天在上，没有其他了；又正是上天赋予了人这种地位，并告诉人要善待其他生命，善待他人和自己，乃至善待一切有机物和无机物，乃至太空、宇宙。

宗教是给人以某种信仰的。但在我们国家，曾经很多人信教，现在，信教的人又开始增多了。在正常情况下，这无非是人们在选择一种信仰。如今，我们国家已有了宗教信仰自由的法律保障。

你信上帝吗？有一说法，叫作“信之则有，不信则无”。这话有一定的道理，你信，它就在你心中存在了；你不信或没想过信，它就不在你心中。神亦如此，信之则有，不信则无，但心中实际上有神的人，可能较多。为什么呢？神是怎样出现的呢？其实，若无人，便无神；并且，若有人，就有神。人神比肩啊。

人们希望人间有一位完美无缺的人，但人无完人，金无足赤。于是，人们想象出了一位完美无缺的人，那就是神。

人们还希望人间有一位万能的人，什么事都能做成，什么困难都能排除，什么灾难都能化解。这个人在哪里呢？好像也没有，于是，人心中又有了一位神，一位万能的神，保佑我们的神。心中有了神，不仅有了莫大的安慰，还觉得自己虽没有万能，却也可以有九千九百九十九能，靠近神了。神奇、神圣、神秘这一类的词，都是人与神一起创造出来的。神实乃人自己的化身。人创了神，又请神保佑自己，祝福自己，人与神常互换位置。

人还在自己许多不理解的方面想到了神，于是，还有太阳神、海洋神、土地神……各地，各民族，都有自己的神，神广泛存在于人间。这也是天地日月与人的合一。能与神对话的人，可能就成了神仙；但想成为神的人，若不虔诚，是成不了的。

教师常常把学生视为上帝，这是一种崇高的信仰。然而，真把学生当上帝颇不容易；如果教师自己做到了这一点，他本人应当也是上帝了，师生同是。

教师的信仰，具体一点儿就是思考、体验、选择和确立自己的信仰，经历这一过程，自己的信仰就生成了。

若有人建议你去信仰某种主义时，想必你不会贸然接受。我们需要做的是，思索、鉴别，看这种主义包含些什么，有哪些主要的内容，有哪些观点、主张，它们又是否值得我去信奉，是否真如我所期待过的那样。不要着急，真的要仔细体验一番。当然，若进去后发现实在不是自己所想象的那样，也可转向，可以放弃之后再选择。但是，毕竟还是少走弯路的好，少折腾一些为好，也对自己负责啊。

在我心目中，有人主义，实际上，人就是我的上帝。其实，真理和我的民族也是我的上帝。那些发现了真理的人，在我看来，他们是跟上帝很熟悉的人。我的父母、我的民族是我的上帝，我不时地在他们面前祈祷。这样，上帝岂不是太多了吗？由于历史的原因，我没能选择某种宗教来加以信仰。如果曾经有机会选择的话，我可能选择佛教。但这只是假设，不过，我心中有佛，这就是我的民族，我所熟知的那些真理。由于民族这尊佛，所以，学生在我心中也至高无上。只要有可能，我就把真理介绍给他们，让他们有信仰，有信奉，有敬畏，失足时有忏悔，在佛面前，自己有信仰的教师，才能引导学生有信仰。

好像有一种看法，认为时下的人们缺乏信仰，对此，教育可能也有一份责任，宗教自身也有责任，还可能与物欲横流、功利主义盛行有关。如何才能普遍有信仰呢？这不完全是教育问题，亦非完全是宗教本身的责任。

学校里本是不应当容许有组织的宗教活动的，但学校应是让人有信仰的地方。这就特别要求教师有信仰，至于教师是否是宗教徒，这是与之没有直接关系的问题。

生成自己的理想，引导自己前行

究竟应确立怎样的信仰呢？ 无人能替代自己回答，它只能是经由自己体悟而获得的，可以借鉴，可以参照，但无法搬用，得从自己的心灵深处生长出来。 不过，有一些信条可能是教师共有的。 例如，确信为了学生的成长是最重要的，每个学生都是奇特的，自己的信仰是自己确立的，自己的事业是壮丽的，我们是奉天命、奉民族之命而工作的，我们和学生一起拥有希望，拥有未来。 确信这些，这些就成了自己的信条；如果有了新的感悟，再在这个清单上添加一笔，这就是我们的人生，我们自己挥笔书写的人生，几分辛苦，几分灿烂。

有了信念，有了信条，我们的理想就在希望的田野上了。 那些信念在土地里发芽，就会长出理想来。

曾有过一个培养“有文化、有道德、有纪律”的目标。 有文化、有道德，这很自然。 至于纪律，想必也是很重要，但较之纪律更重要的是自由，让学生明白自由、享有自由、发展自由、创造自由，这更重要，纪律是为这一神圣目标服务的。 纪律的内容简单多了，在学校里，就是不迟到、不早退并尊重他人的自由。

在很大程度上，教育的目的就是为了学生未来有更多的自由。 有了更高的文化，就有了更多自由选择的机会；有了更好的道德修养，就有了更多被自由选择的机会；还有了在变革的社会中自由变更自己职业的能力；等等。

希腊人早就知晓人本自由。 自由唯有属于人，人即自由，自由即人。诗人们把自由视为人的生命，与哲人的看法完全一样，自由不在，生命亦不在了。 把那些侵犯了他人自由的人关在牢里，就是让他们也以付出丧失一些自由的代价的方式来偿还。

自由与必然的关系几乎是哲学家们都不曾绕开过的问题，从斯宾诺莎到黑格尔，都认为自由是对必然的认识。 当我们教师教给学生许多必然性时，不就是在让他们获得自由、扩大自由吗？ 珍惜并发展学生的自由，必成为教师的基本使命。 或许确需一点点约束即纪律，但那确实还是为了他们的自由。

其实，自由不仅存在于认识必然之后，亦应存在于认识之中、之前，这样人们就能更好地达到必然，从而获得更多自由；并且，自由不仅存在于认识之中，亦应存在于情感之中，意志之中。自由地爱，自由地恨，自由地坚持和坚守，此处，唯一需要的，仍然是以不妨碍他人的自由为前提。这是保障一个群体享有最大自由所需要的条件。因而可以说，懂得尊重他人自由的人，自己才是自由的。

还是回到教师的理想上来。自己有理想，才可能培养有理想的学生；自己有明确信念，才可能更好地帮助学生树立自己的信念，获得自己的信仰。

我们的工作都有目的吧，那目的与理想是什么关系？长远一点儿的目标，是不是理想了？理想好像不是今天上午有，下午就达到了的吧？一年后，两年后？十年后，二十年后？如果永远也达不到，这理想的力量能有吗？它与现实当然是有距离的，可是，如果太遥远了，似是遥不可及了，怎么去为之而奋斗呢？

理想在远方召唤我们，但至少能依稀可见吧，能看见它召唤的那只手吧。理想能照亮学生前进的道路，但是光太弱了不行，太遥远了也不行啊。除非能让他们自己心中升起一个太阳，就可永远照亮自己了；还有旁边那个月亮，热烈时清冷一下，浮躁时，清静一下。如此，让学生与日月同行，与日月同在。

让理想能像太阳一样在学生心中升起，这无论如何是教师莫大的成功和幸运。

不过，也常常需要提醒他们，不会总是风和日丽的。太阳也有发脾气的时候，月亮也有打盹儿的时候，大海也有翻腾的时候。不过，电闪雷鸣也是大自然的交响曲。为了成功，不怕失败；为了理想，不惧坎坷。这就是人生，跌宕起伏的人生，这也是人生的交响曲。

这样，教师就能从学生的背影里，看到他们坚强的身影向远方走去，迈开坚实的步伐，满怀着信心和希望走向未来。如此，教师才写就了自己的教育史诗。

未来，他们所怀揣的理想，还会在现实的碰碰撞撞中被磨砺，由于那当初坚定的理想，他们没有叹息，没有折回。那时，他们在学校获得的理想，会更加明亮。

教师的无私与崇高，正在于他总把自己的理想寄托在学生身上。教师目光的远大，正在于他总是把期待寄放在未来。教师胸怀的宽阔，亦在于把现实与理想、今日和明天，都放在了心间。又正因为总是看着学生，看着未来，看着理想和明天，就总是可以有许多能够回望的风景，写在脸上，更写在心上。

教师在用理想照亮了学生前行的道路时，也照亮了自己，照亮了自己前行的方向。

说教师在做着天底下最绚丽的事业，这一点儿也不为过。原因就在于，教师最直接面向人，既面向人的今天，又面向人的明天。所有的功成者，都有教师在他们后面助推着；所有的杰出者，都明白自己的那些杰出是因为有老师的帮助，都记得他们还没有远去的身影。

有机会，还做点管理

我 1959 年开始做教师，至今已 57 年了，其间，除了 3 年多的时间外，一直教书，现在还站在课堂上讲课，是名副其实的教师吧。如今，我所写给教师的建议，正基于我有相当长时间的教学经历。热爱教学，研究教学，故而有了一些体会，有了提出一些建议的可能。苏霍姆林斯基在教学工作岗位上的实际时间大约为 35 年，这已足够让一位潜心于教育的人有所领悟了，因而，他能提出 100 条建议。由于我的经历与他有很大不同，所以也有把握提出与他有许多不同之处的诸多建议来。在本书的最后，我还会就此谈及一些看法，或许还会做一些比较。

作为一名教师，在 1976 年之后，还有了参与一些行政管理的机会。我做过系主任（相当于现在大学里二级学院的院长），还做过一年的大学副校长，14 年校长，10 的党委书记，除去兼职的时间，前后在公办大学行政岗位上 18 年；后在民办学校任校长、名誉校长 12 年，前后共 30 年。

前已指出，这 30 年中，我有 27 年都在教书，卸任后当然继续教书了。因此我有很长一段时间是在一边教书，一边参与管理的，这种兼做的时间也有 25 年以上了。可以说，我在教书时基本上都兼做了管理；又可以说，我在行管理时基本上未脱离过教学。我有这样的经历，因此有可能提出相应的建议。

1986 年曾要我去做副省长，我拒绝了。否则，我走的道路就大不相同了。要学会选择，必学会拒绝。人各有志，我的选择与拒绝并不适合于所有人。社会还是需要有人治理的，副省长、省长还是要有人当的，都去教书，种田的、做衣服的都没有了，社会还撑得下去吗？我后来还做哲学，社会也需要，但是，一万人中有一个做做就够了。如今，我们社会专做哲学的人有 13 万个吗？无须那么多，但是，没有那么一些人仰望天空也是不行的，能都只望着脚下吗？

不过，教书的人是既要望着脚下，又要不时仰望天空的。适当做一做学校行政管理工作，对做好教师，是有很多好处的。从我的体会看，至少有以下三点。

1. 可以站在教学之外看看教学，站在教师岗位之外看看教师的工作，或许会有新的体验。

2.可以扩大自己的视野，看到更辽阔的一个舞台，从而与更多的人和事打交道。

3.在管理中还可提供许多教学可借鉴的东西，给教学以新的启示，甚至获得可直接用于教学的素材。把学校管理中发生的故事引入教学也是很自然的事。

有一类管理是与教学、研究关系较为密切的，如教务、科研之类机构的工作；另一类是纯行政性的，如总务、财务、秘书或办公室工作等。做校长更好了，可以横跨这两类工作，体会或许就更多了。当然，做校长要做出点名堂来，也更为艰难。更艰难的事常常也是更值得的事。大中小学校长都值得去做。

西欧和北美都是经济和教育极为发达的地区，但他们的管理机制很不一样。杰出的校长多出自北美而不是欧洲。为什么呢？是因为欧洲人不会当校长吗？

不是欧洲人不会当校长，而是教授们不需要校长，教授大都是自己与外界直接打交道，校长几乎可有可无，有学问的人还有谁会愿意去做这种可有可无的事呢？于是，校长像是走马灯似的，一两年或两三年就换一茬，能留下多深的痕迹？欧洲不乏世界著名的教育家，但罕见校长出身的教育家，他们多见长于学术而疏于管理。实在说，在那种机制下，也没有多少可供他们展示管理才能和施展拳脚的机会。

美国不同于欧洲。校长是代表教授们与外界打交道的，为他们筹钱，维护学术自由，管理好学校内部事务，因而，他们的作用巨大。世界上的名校长，在美国数不胜数，艾略奥特、博克、赫钦斯、克拉克……他们都卓有成就。任期20年以上的有很多很多，艾略奥特任哈佛大学校长长达40年，从35岁做到75岁，还做了10年名誉校长。他们的任期，从理论上讲，是没有限制的。博克从41岁起任校长，61岁他不想做了，如果他愿意继续做，还有的是时间。

为什么欧美如此不同，其教育却都同样十分发达呢？其实，他们有共同点，最大的共同之处就在于充分的学术自由。艾略奥特曾留学欧洲，而他从德国所学到的，最宝贵的东西正是大学的自由。他学到了，且做得更好，在哈佛，在美国做得更好。

美国具有自由主义的传统，德国具有国家主义的传统，如此不同的国度，大学与教育却拥有同样高度的自由。美国政府与大学之间没有任何隶属关系，德国大学都属于代表国家的政府，可是，德国政府只管给大学钱，别的一律不管，而且大学也明白：你应该给我钱，但你同时决不应该管我，政府与大学之间如此默契，以至德国与美国的大学同样拥有充分的自由。办好大学，没有别的秘诀，就是保障大学的完全自由。实在说，也没有大学之外的任何人比大学内的人更懂得大学是什么；也没有谁能比大学之内的人更会管理大学。好心的人，财政上支持点就足够了；没有钱支持，完全不干预也算是积德了。

中国大学的管理体制是与美国的相近的，因而，中国也出名校长，例如蔡元培、梅贻琦。可是，1950 年之后，大学被误认为是政府机构了，校长也被赋予官级，这样，近 60 多年来，本与美国大学体制相近的中国，却走上了另一条路。杰出校长凤毛麟角。

话说回来，只要不把校长当官做，做做校长总是值得的。我任校长的时间在中国可算很长了，但在这么长的时间里，虽然给了我官级，但我从未把这个岗位视为官位，还曾为去官化（即去行政化）做过多方面努力，并且在我任期内，还真的做到了。做得相当彻底，把行政权力与学术权力完全切开了。许多人知道我办学还比较成功，却很少人知道我的成功中包含了相当彻底的去官化，这件事确实具有全局性影响，使得学校的学术自由得到充分保障，从而走向全面繁荣。

作为一名教师，我本着教师的良知，写下了一段行政管理上的历史。历史是人写的，各个人写各个人的历史。当初，我并没意识到自己是在写历史，却自自然然地写下了，将我的一系列思想与活动写下了。这个历史又叫作时势，那是人创造出来的。教师们都在书写自己的历史，因而早早具有一种历史感，是十分必要的。

维护学校的自组织性

学生是被学校组织起来的，分年级或班级。社会组织的成员是被有关团体组织起来的。商店里的老板邀集一些伙计来开店，也把那些伙计组织起来了，有的站前台，有的做会计，有的做出纳，有些去搞推销、调查市场行情等等。

但也存在并非被组织，而是自组织的。比如说，人体是一个很复杂的组织，它就具有很强的自组织性。比如心脏的跳动就是不需要去管的，醒着时不要管，睡着了更不管，它照样跳动，只是舒缓一些。还有血液的流动，它也是自己流动的。从心脏出发，又回到心脏，周而复始，没有什么指挥或管理之类的。

殊不知，人类很早以前并不知道自己的血液是流动着的呢，划破了皮，血才流出来了。后来不仅知道了有大的血液循环系统，还有十分细小的微循环系统。

学校是一个自组织性很强的系统。村里有了一群孩子，村长去请了一位老师，腾出一间房子，挂上黑板，摆上桌椅，学校就办起来了。那位老师也成了这个自组织系统中的一员。

大学也如此，初早的博洛尼亚大学，就是12名学生办起来的，他们去找教师，给教师发工资，与市政当局毫无关系。像人的血液一样自己流动起来了。

哈佛大学也有类似的情形。哈佛的建立较之美国作为一个国家的出现还早了140年。一般来说，政府对于大学的感悟，是大大落后于民间的。美国政府做得不错，它有自知之明，干脆就不管大学。曾有一位总统想办国立大学，结果被议会否决了，原因是担心总统和政府通过国立大学控制高等教育。议会很起作用，且有能力防止政府的不当的、过度的行为。这保证了美国高等教育始终在世界最高水平上运转。为什么诺贝尔科学奖、经济学奖高度集中在美国，在多方面的原因中，就有那么一条：大学按其自组织性一直自由自在地运转着。

大学，说复杂就很复杂，说简单也特别简单。我的老师，北大的高才生李盛华教授，曾说过，大学就是打钟上课、上课打钟。现在，都有手表或手机了，打钟也用不着了。课表排好了，到时候，教师和学生就往自己各自的教室那里走去。需要校长呼唤吗？排课表的，做课程计划的人，都在这个组织系统内而不是外在的。

美国一直只有私立大学，从无国立大学，后来有了州立大学，有了公立的了。但是，州立大学实行董事会领导下的校长负责制，董事会只做三件事，第一，制订章程；第二，给学校筹款、投钱；第三，聘请校长。在聘请了校长之后，一切都交给校长了，董事会决不插手校长事务。董事会若不满意校长，可以换人，但不能干预其事务。可是，在美国董事会的遴选机制下，出好校长很容易，出差校长很困难。什么原因呢？有些校长是在全州招聘的，有些是在全美招聘的，有的是在全世界招聘的。考察了又考察，比较了又比较，会错到哪里去？

说实在的，有时大学去选别人担任校长，那些被选的人还不一定答应啊，你选我，我为什么不可以选你？在那里，没听说过有什么“服从组织安排”的事。在那里，没有被组织，而是自组织。这也就是活力，大学的生命力之所在。

学校里的先生是后于学生“生”出来的；先生们的头——校长，又是在学生和先生之后才“生”出来的。但这也只是一个自组织系统经历的自我完成的过程而已。

外界对学校的干预越来越多，大学的自组织力必然越来越丧失。当血液中的血脂增多，动脉硬化，血管的管壁增厚时，血液的流通就不顺了，血液的自组织力、自我流动能力削弱，疾病就来了。学校里的“血管硬化”不也产生类似的状况吗？

我的这一条建议，是提醒教师们注意并理解学校教学活动的自组织性，从而维护和发展教学的自组织力。校长和其他教学管理人员可以来检查，可以来听课，并提出意见，但这些意见还需经过教师们自己去鉴别。对的吸收，不对的拒绝或听听而已，犯不着去争论。说实在的，真正会教书的人，不是管理人员，而是我们教师自己。不会教书的人还是多多学习一下吧，以便和教师们有更多共同语言。

不视“玩”在学习之外

两个儿子念小学、中学时，在学校读书，回家后，我就陪他们玩，或打弹子，或打乒乓球之类。我觉得这是和学校之间的一种自然分工。其实，我还进一步认为，学校也需去教学生玩，家长也需要带孩子读书，不必那样严格分工。

似乎只有读书、写字、算算术才属于学习，其实，人是从多方面去学习的，从各方面去接触世界、知晓世界的。唱歌、跳舞、蹦蹦跳跳，甚至打打闹闹，也是学习。

我曾琢磨那个“玩”字，我不知道造出这个字的先人最初是怎样想的，就自己来阐释了。有学生说，玩就是有钱的公子、王子们的事，那个元字被理解为人民币了。这也是他们的一种阐释。不过，我有另一解释。在我看来，玩字是玉字旁，如瑰宝，很珍贵；而元字则代表出发点，表示元初。一年的第一天谓元旦，第一月为元月，公元第一年为元年，最高领导人谓元首，乡里资格最老的人谓元老，最坏的人也有个名，叫元凶。这样理解，一个玩字的含义就极为丰富了。

我喜欢阐释学，这是一个哲学流派，它确认阐释者个人主体，任何一个文本，在阐释者看来是怎样的，它就是怎样的。我好像是天然地生成了自己的阐释学，并且，在许多概念、字词和语句面前，我根据自己的理解自由地阐释；或许，正是我的这些多少与众不同的阐释赋予了文本以不同的更丰富的含义；这样，它们在我心中也就是鲜活的，融入我心间的，从而是真正属于我的。

再仔细分析一下，为什么玩也是一种学习呢？是怎样学的呢？学习了些什么呢？当然，玩本身还是很有讲究的，聪明的人会玩，会玩又使人变得更聪明。

很严肃、很辛苦的事，你若觉得好玩了，那严肃就变成了活泼，那辛苦甚至成了享受。苦中作乐，如果真正辛苦且做出成绩来了，苦就变成甜，就有乐了。

我们教育的严重问题之一，是过早地偏重于书本知识了。这不完全是教育的问题，很多外在因素迫使学生小学升初中、初中升高中就拼起考试来了，看谁记得多，记得牢；思维的发展，性格的陶冶，几乎都被忽略了，更重要的方面被忽略了。中学升大学时情况更严重，那简直就是一场战斗，教师、学生、校长，连同学生的父母，几乎都卷进这场战斗了，很可能，这是世界罕见的局面。

就从我所经历的中小学教育来看，也远没有今天这种状况。小学升初中，没考上武昌中学；父亲就带我回家乡，没考试就上了一年初中；又没经过考试，就转入武汉市三中，三中念书时，历史考不及格。三中毕业后，考师范，填的第一志愿是华南师范大学（当年还叫作华南师范学院），没上线，就被湖南师范大学数学系录取了。大学毕业后考北京大学的研究生，又名落孙山。这一路走来，论学习知识确实是不行，却从未感受到经过什么战斗。

可是，另一方面，我深感学校教育给予了自己许多别样的学习机会。在武汉三中，我担任校学生会副主席，虽然是个“副”的。那时，武汉的同学按武汉用语把我叫作“欢喜坨”，原因之一就是我喜欢玩，跟同学们欢欢喜喜在一块，不跟人吵架，吵嘴，更不打架，一辈子我从未动过拳头。二儿子比较调皮，有时想打他手板，打之前还跟他商量，该打几板，他掂量了一下，说“打十板”，于是，我觉得不必打了，他已知道该付出十板的代价了，这不就够了吗？我做了教师，做了校长，更反对对学生的任何形式的体罚。

我的小孙女，上课时讲“小话”，老师就让她站着，回家后，我和她奶奶不无担忧地问：“感觉怎么样？”她笑着回答：“没什么。”这样，就不会有心理伤害。其实，教育中的心理伤害远比生理伤害严重。故而，除了杜绝任何形式的变相的体罚外，还必须杜绝任何形式的语言伤害、心理伤害。学生成长，需要百般爱护啊。

念大学本科时，四年，八个学期，我做了八个学期的班长，同学们都选我做班长。这跟中学做学生会副主席的原因可能是一样的，第一，我不跟同学吵架；第二，我还会劝架；第三，我的学习成绩还可以，不是最好，却在50位同学中排名大约第四至第六名；第四，我还喜欢玩，跟同学嘻嘻哈哈，开玩笑，说笑话，自娱自乐，没有愁眉苦脸的时候。同学们也推选我做团支书，我不愿意，故而读书时从未做过团支书。1978年之后，我做党委书记、做校长。我读书时的那种选择再现了，做校长还可以，但我不愿做党委书记。不过，做校长好像必须是教授，所以，升教授之前，就只能做党委书记。省政府不知为什么对我特别信任，党委书记和校长之职在很长时间都让我担任。但到了党政分开时，我依然选择做校长；上面说，校长是二把手，我说我愿意做二把手；后来，省里又在我们学校实行校长负责制，于是还是一把手。在最后5年的任期里，这两个职务都是由我担任的。可以说，我是在快快乐乐中，也在紧紧张张中，履行了我的职责。

校外的人有所不知，甚至有认为我是铁腕人物的，说一不二的。这是外表的，距事实很远的看法。跟我长期共事的人，如刘志辉、戴海、陈钧、罗维治、龚维忠等都知道，我毫无揽权的兴趣。责权当一致，我绝对承担责任，却决不揽权。在湖南师范大学任职的18年里，我从未管过钱、管过人；对此，需稍加说明。每年之初，我跟管钱的刘志辉商量一些当年用钱的主要走向，从此，我不管钱了，只向政府和富豪讨钱，我不惧做武训，为办学讨钱。

18年之中，我从未在他人的借款单和报账单上签过字，一分钱也没有。连财务处的门我都没进过，那些财务人员好想让校长也来他们这里，来求求他们。我确实求他们，求他们把学校的钱管好，不花到不该花的地方去了，但我从未进过他们的门。

说来，还有个相关的故事。

2000年，我卸任湖南师范大学校长一职时，教育厅审计部门按惯例对我进行审计，这很正常。但我问来者："也审计党委书记吗？"他答道："不审计。"由此，我明白了，党委书记跟董事会的董事长是有很大区别的。在来者找我谈话时，我看到他那种神气的样子就反感，你不神气，我尊重你；你若神气，我有一百个理由看不起你。你以为，天底下凡官必贪吗？我打心里不想当官，而校长不是官，所以我当了；我任上约7000天，没有一天我曾误以为自己是官，即使当局赋予了我官级，我全然未理睬过这种级。我可以做一个假设，如果当年我接受了副省长职务，或许还能升迁，但我一定是一个清官。我的父母教我这样做，我的老师教我这样做，上天让我成为人，上天也告诉我该怎么做，我的民族更在教导我。我心中装着这么多，唯独装不进不义之财。人赤条条地来，最好也赤条条地去，只带着纯净的良心走进坟墓，在坟里安然睡觉，不会做噩梦的。生前未做过亏心事，身后必坦然。

最了解我的行为，也最了解我的心的同事，莫过于刘志辉。他对审计人员说："你别审计了吧，他一分钱都没管过，都是我管的。"而我又可以对所有的人说："刘志辉是一把铁算盘，他在财务上保证了学校稳健的发展。"我们，我任职的湖南师范大学，校处两级一个违规的也没有。当然，这是起码的，实在也不算什么，十个农民十个做得到。

我任职的时间比刘志辉长，在他退下去的时候，我出面请求省委组织部将他升为正厅级，如果他是正教授，我不会出此策，但他一直专心行政。省里说，现在任何副厅的干部卸任时都不升正厅。我说：“你去比较，省内如果有任何一人能像他这样德才兼备，我都可以撤回我的请求，否则，你们就要答应我。”他们听进去了，我也安心了，刘志辉作为正厅干部而退休，十多年的休戚与共，人生之一大幸也。

刘志辉退休后，接替他的是龚维忠。我很幸运，他也是一把铁算盘。是我物色了他，还是他站了出来，这都不要紧。要紧的是学校发展。我们省的财政状况，在当时全国排第 24、25 位，算穷省。但我们不太穷，原因很多，这里就不一一叙述了。

回到“玩”上来吧。玩并非儿戏，一件事认真地去做。做到感觉好玩的地步了，那叫作出神入化。因为好（hǎo）而好（hào）玩，这是一个进步，只要不贪玩就够了。所谓贪玩，在我看来，就是痴迷于某一项业余爱好，毕竟一切休闲，都还是为了正业，为了更好地工作。考试一两次不及格问题不大，总不及格，留级了，六年的中学念了八年，那还问题不大？父母也负担不起了吧。父母不会怨孩子，但自己要对得起父母。总之，又玩了，同时又学了，是最好的，双重的学习。

我大儿子跳过级，二儿子跟他一样聪明，但我们觉得，不必去跳级。一跳级，“玩”就少了，另一类的学习就少了。我大儿子在大学被认为是既会学，又会玩的。这可能是与小时候我带着他们玩有关。

用另一种观点看，大儿子就是善于在两种不同形式中学习，构成一个相当完整的学习过程。

当然，我也把对待儿子的教育思想转移到校长工作岗位上来。我为自己感到欣慰的是，我充分地施展开来，为学生的“玩”创造了十分有利的条件。下面就简单列举几件事吧，以表明我是把家庭教育中的感悟与学校教育联系起来了的。

德智体美，其中体育可能是特别与玩靠近的。从古希腊人到康德，都是把体育放在第一位的。他们把身体视为灵魂的安歇地，体魄与魂魄是不可分离的。我没有能达到他们的认识高度，但我天然地看重体育，也在一个不低的水平上认为体育对人的成长有巨大的作用。基于此认识，我做了许多相应的工作。

在体育运动中，学会敏捷，学会坚强，学会合作，也学会让竞争与友好并存。正因体育如此重要，我在任校长后不久，就修建了一座在当时大学中面积最大、功能最齐、实用性最强的、最好的室内体育馆，上下两层面积总共 10000 平方米，拥有 3000 个观众座位。当时，省厅只给我 234 万，问我修不修，我毫不迟疑地回应：“修！”结果花了 432 万。超出的，是我预计到了的，同时，亦必仍然由省厅替我买单。凭什么要他们买单？凭教育的地位，凭学生的健康发展。我底气十足。

说来也简单，这底气就来自我的认识，体育是玩，却一定是不可缺少的玩，亦不可缺少的学习。我还举办过全国大学生田径运动会，湖南省大学生体育（综合）运动会，举办过国家级乒乓球表演赛（这也是世界级的）。表演赛是由当时最好的削球手丁松和年轻的王励勤比赛，一攻一守，最好看。这是我从北京请到我校来的。湖南一些大学的校长问我：是怎么把他们请到长沙来的？我告诉他们，是他们自认为无法请来。我还把艺术家秦怡，把北京的相声演员请来过。很好玩。在丁松与王励勤打过之后，由我和丁松打7个球，七打四胜。一开始我就3：0领先，他以为校长不会打球；3：0之后，他认真了。打成3：3之后，我发了一个近台不旋球，他站在老远，连球皮也没摸到。4：3，我胜了。那时，丁松世界排名第四，有人说我也世界排名第四了，我立即“更正”：打败了世界第四，我起码世界第三了。说说笑话，这就好玩。

我任职时，学校教师乒乓球队，女团打全国第二，男团第五。这都是我校朝气蓬勃的一部分。在湖南所有的大学中，我们无论是田径，还是球类，都是冠军。这都是很好的，但是，谁能看不出，这都是极为宝贵的教育资源。《体育，学校宝贵的教育资源》，这是我发表在《高等教育研究》杂志上的一篇论文。

关于音乐，我已有专节的论述。这当然也是很好玩、很有价值的教育内容。没有音乐教育的学校（大中小学）是不可想象的学校。音乐学院每年有演出，他们的演出本身就是学习的一部分。音乐教育是实践性很强的，要唱出来，奏出来。当然也有理论，我们有过理论水平极高的教授，如王安国、王青等人。

我每年请音乐学院的师生为全校非音乐专业的学生献上一台交响乐，让学生们知晓：什么是真正的音乐？什么是优美？什么是天籁之音？去听听吧，看看吧。

毫无疑问，我重视文史哲，重视数理化，工管商法，但音乐、体育、绘画等，也是绝不可少的。其实，文史哲数理化的学习也有很好玩的地方。大学之大，在于大学之多，更在于大学的深邃与厚重。

让学生大声说出“我”

这是一个让我感受良多的问题。我曾说自己的主义叫“人主义”，也可以说它就是“我主义”。在集体主义和个人主义之间，我会毫不犹豫地选择个人主义。并且，我还不认为只是自己的一个选择，从外来的东西中做个选择，我认为自己的个人主义是由自己的内心生成的。做学生、做教师、做校长中生成的，也是我在学习中、教学中、管理中一贯奉行的主义，未曾偏离过。

我自称自己是自由主义者、平等主义者、个人主义者。当学生听到后，发出的疑问是“个人主义者”，你这样无私地为学生、为学校，竟会是个人主义者吗？

为此，我不得不做一番阐述。什么是集体主义？它从哪里来？我们庄严的哲学大辞典有说法。集体主义一词源于斯大林，时间在 1934 年（请见冯契主编的《哲学大辞典》，上海辞书出版社，1992 年版，第 1573 页）。他的“杰作”之一是建立集体农庄，给苏联人民带来了巨大灾难。也正是他提出集体主义的时候，伴随着大清洗、大镇压。这绝非偶然。关于中国的人民公社，我们就不去说了，人民公社给中国人带来了什么，历史已有定论。

我还专门就个人主义写过一篇论文，去年发表在《大学教育科学》杂志上。我把自己的个人主义视为人主义的必然。其包含多个要点，现列出其中的三个重点：一，每个人是每个人自己，独立的自己，因独立而与社会相关；二，每个人都可以发展自己、充实自己、夯实自己；三，让日益丰富和强大的自己帮助他人，奉献社会，并在此中又进一步扩展自己，成为更高大的自己。

我是言行一致的。当校长时不会是另样的。我也是直言的，不会当面如此，背后非如此。如果我要向学生讲述的话，一定是说道理的，并全心为着他们。

在做学生、当班长、做教师时，我一直奉行着个人主义，并在班长和校长岗位上，为其他同学服务，做校长时为全校师生员工服务，我不只是说，而且是这样做的。

还需要团队精神吗？恰好是在奉行个人主义的地方，团队精神更重要。我本人就觉得自己的团队精神很好，我能善待他人，厚待他人，能跟任何有个性甚至有些怪癖的人相处。为什么？因为他们跟我一样是活生生的个人，有个性的个人。

相反，在奉行集体主义的地方，如苏联，人们不知道“集体”是谁，是那个“领头人”吗？“领头人”不也只是个人吗？“集体”可能有个组织名义，但那个名义是从哪里来的？谁能以它的名义说话？谁又不能？集体可以跟着不同的“领头人”而变化吗？

早期的马克思、恩格斯十分精妙地论述了个人与集体的关系。曾经，翻译为“集体”的一词，在 1995 年再译时改为了“共同体”，他们说道，有“冒充的共同体”“虚假的共同体”“虚幻的共同体”，这种共同体甚至是“新的桎梏”。而他们称自己的则是“真正的共同体”。“在真正的共同体的条件下，各个人在自己的联合中并通过这种联合获得自己的自由。”① 这段话中，个人、自己、自由是关键词。不必由此断定他们是个人主义的，但由此可以看到，他们没有把共同体置于个人之上，否则，就不是“真正的共同体”，而是“桎梏”。后来的世界历史，都证明了恩格斯、马克思早期论断的正确性。

为什么我说是早期的马克思、恩格斯呢？他们以上之所言，出现在《德意志意识形态》中，此书写出时，恩格斯和马克思都还只是 20 几岁的年轻学者。

我引用马克思与恩格斯的话不是为了说明自己的个人主义的合理性，也说明不了。我认为，人同此心，正常情况下，都是如此的。我持有个人主义的观念，至少始自大学念书之时了，而我读到马克思、恩格斯的上述那段文字，是在我大学毕业后 40 多年的时候了。实在说，我从不以引用他人的方式来证明自己的见解。我只是说，首先自己是这样看，同时也指出，另外还有人这样看；我还可能指出，仍有人不这样看。在我看来，这才是做学问，做学问就是自己做出自己的学问来，否则，有何资格称自己是在做学问、做学术研究？跟着别人在后面喊喊，这与做学问是两码事。

有一个简单的逻辑问题。如果个人只算小我，凭什么说它是小的呢？如果集体是大我，又凭什么说它是大的呢？百个小我加起来是大我吗？三五个加起来算不算大？一百个算大的话，相比于一万，它也还只是百分之一，何以为大？究竟要有多少个小我凑起来才算大？似乎也没有什么权威人士规定过，能规定得了吗？这个事实，不正说明集体主义、大我之类也还是糊里糊涂的。

---

① ［德］马克思，恩格斯. 马克思恩格斯选集（第一卷）［M］. 北京：人民出版社，1995：119.

我已说过，自己是个人主义的，因此，在我眼里，任何个人都不小。人间不是有“小人”吗？确有，但他们是自己把自己做小了的，我还盼望他们能大起来。我在做教师、做校长时，在很大程度上，就是为了每个学生、每位教职员工高大起来。我很看重自己这个个人，因而，我特别能看重、尊重其他个人，我明白，无论我们在文化、志趣上有多大差别，但我们都是一般高、一样大写的人，没有任何差别。这其实就是平等主义。它与个人主义、自由主义必然相依相伴。

2004年，当刘翔在雅典奥运会上的110米栏项目中获得冠军后，我高兴极了；但更令我兴奋不已的是，他在挥动手臂庆祝时高喊道：“中国有我，亚洲有我！”听到此时，我已热泪盈眶了，这种喊声实在太震撼人了，实在是人的真正解放的号角，那个高喊出来的“我”，如电闪雷鸣，划过了我的心坎，划过了我古老中国的天空。在直道上拿世界冠军，中国人没有过，亚洲也没有过。

再回到教育上来。人之所以成为人，就因为他能知道一个“我”字。心理学教授告诉我们，小孩最初说出的字是“妈”“爸”，到两岁左右才说出“我”，由此，自我意识日益增长，同时就越来越长大成人，越来越自觉其人，成为一个越来越大的人。

其实，教育的使命，在很大程度上是发展学生的自我意识。他们每个人都是在长知识的我，是修养着的修炼着的我，是日益成熟和高大的我。这种自我意识越强，他们就会发展得越好，就越能自己勉励自己，自己鼓舞自己，自己鞭策自己，自己约束自己，自己检点自己，学会思考，学会关心，也学会忏悔。

不是还要提倡忘我吗？可是，如果没有我，拿什么去忘？在我看来，是有我忘我，忘我有我，忘我之后才能是更高大的我。人是在忘我与有我之间运动着的伟大的生命体。

还有忘物的问题，同样，是有物而忘物。一贫如洗，有什么物可忘？忘物者可能更富有，物质上和精神上都富有。人又不能依附于物，否则便不是人物了。

苏格拉底说“认识你自己”，如果也对他自己说，那就是“认识我自己”了。在这位伟大的思想家的心中，“我”是神奇的，神秘的，“我”是高高大大的，神圣的。

在我们当下的环境里，确实太缺乏自我意识了；相反，还有极不利于这种意识发展的观念存在。这种观念之多，影响之深，常常令我不安。在心有不安之时，唯一能安慰自己的是，努力发声，在抒发自己的时候发声，以尽绵薄之力。

当然，我作为一个教育工作者也当竭尽全力，以我的教学，我的论著，去鼓励、呼吁和呐喊。实在说，我已经说过很多，写过很多，并且，还会继续写下去，说下去。

问题真的多啊，集体与个人，本来都是中性词，为什么集体主义成了好东西，而个人主义就不好了呢？

客观与主观也都是中性词，为什么客观主义就好，而主观主义就不好了呢？

自由难道不好吗？为什么自由主义被认为不好而常常被排斥呢？人不是生而自由的吗？加上一个主义本也应当是天经地义的事，为什么就不好了呢？

还有“自以为是”一说，它被视为是贬义的。然而，人不自以为是，这日子怎么过？如果只自以为非，恐怕一步也迈不出，一件事也没办法做。当然，我很赞赏那些自以为是，并且不仅用行动，还用理论的论说来证明自己是对的，是这样的，没有错。

至于还有一个把自己培养成为自己的教育目标，那更是受到相当普遍的怀疑了。可是，反过来问问也应当很有力量：不是把自己培养成自己，难道是培养成别人吗？受到培养之后的自己，不还是自己而可能成为别人吗？

其实，教育的目的，就是把一个原来的自己，培养成为更富有知识、更富有智慧，同时也更高尚的自己。教育就是要将原本的那个自己变一变，变为一个更美好的自己。正因为教育有实现这种变的魔法，教育才成为教育，人才成为人。

人最大的特点是，他乃一个生命，而这个生命是可以再获得新的生命的。教育则是帮助人更好地获得。与人类相伴相行的教育，就是这样产生的。这个历史足以告诉我们：教育必须是立足于一个一个的人，立足于一个一个的“我”。我们的教育需要像刘翔那样振臂高呼：这个事业中有我。还补上一句：舍我其谁。

保存好对学生、对教育的神秘感

当然，这一节的建议也是基于我作为教师而获得的根本性感悟。做教师时，我常思考学生是什么、人是什么的问题；在做校长时，似乎有个什么无名的仙人在背后呼唤着我：你可更要明白学生是什么、人是什么啊。作为教师时的思考为我作为校长时的思考奠定了基础，在这一基础上，我更自觉地行走着。

此后，我作为学者，还在继续思考人是什么，并且这已成为我学术研究的基本课题，至今，我已写出了关于人的一系列著作。可以说，我的每一部著作都没离开人，现在则有了好几本专门论述人的论著了，例如，《人论》《人是美的存在》《关于人的问题》，以及《思想的流淌》《哲学是什么》，无不以人为主题。

我觉得，如果我没有把人是什么的问题弄得尽可能清楚，我就不可能对学生是什么、教育是什么的问题弄得很清楚；如果我对这些基本问题不清楚，我就不可能是一个清醒的、自觉的教育工作者。这中间，似乎已呈现了一种逻辑关系，这个逻辑关系好像就说明了，作为教师是必须思考一些原初性问题的。而这些原初问题叫不叫作哲学或教育哲学，则只是一个命名的问题了。

对于研究者而言，以人为主要对象的探研是最富挑战性的。为什么呢？因为这是十有八九研究不清楚的问题，能够挨上一点儿边就蛮不错了。由于明白这一点，我虽然豪情满怀地研究着，但目标也就是尽量挨上一点儿边吧，仅此而已。

为什么说这是一个十有八九弄不清楚的问题呢？这就只有问上天了，是上天让人难以被弄明白的。那么，上天又做了些什么呢？我猜想，那就是上天把所有的秘密都放在了人身上。上天为什么都放在人身上了呢？对于这一问，我连猜想也没有了，因为，这一问就只有由上天来回答了。耐心点吧，待我有一天去与上天见面时，我一定会去问问的，问问上天，问问上苍，问问大地。

说得很玄乎了，很神秘了。不过，人本是很神秘的，很玄乎的。宇宙是怎样起源的？经过康德，经过希格斯和欧洲科学实验室的工作，大体上弄明白了。人是怎样起源的？至今还一无所知，连猜想都还没有，完全不明白。人不明白自己是怎么来到这个世界的。只是懂得感谢我们这个星球，这个星球，太阳系中的行星之一，把我们人孕育出来了，经历了千辛万苦，把人如魔法般变出来了。

为什么用“魔法”这个字眼呢？就因为说不清楚，很神秘，不知是怎样孕育出来的，不知为什么别的星球没有孕育出来。至少，目前的天文学知识告诉我们，有类地星，却还没有发现其他什么星球上有人这样神秘的生命存在。还可听到“外星人”一说，例如，对有些足球明星的天赋不可理解，于是就称他们为“外星人”。

人也很奇怪，在自己的国家有自己的同胞；在其他国家里，有自己的同类；却还要在其他的星球上再去找找，看还有没有自己的同类。这也是人神奇的一点。

有一个比较更可让我们知晓人的神秘的证据。宇宙诞生137亿年（或者更长），太阳出现50亿年了，地球也有40多亿年了，可是，人的历史多久了呢？据现有的考古学研究所知，人的出现不到一亿年，也不到一千万年，甚至也不足五百万年，仅为382万年。人出现得如此之晚是肯定的，例如，6000万年前还是恐龙时代，那时候绝无可能有人。恐龙是如何出现的，又是为何而灭绝的，似乎还没能完全说清楚。恐龙灭绝后很久，人也还没出现。人出现得如此之晚，这本身也多少能说明人的神秘。那么容易，那么必然地出现，还叫什么神秘？

人很神秘，地球孕育了人，故地球更神秘。我们应当恭恭敬敬对待地球，感恩它，爱护它，这也就是爱护我们自己。很可能，人只是在近一两百年内才明白了要感恩和保护地球。在我们这里，这种认识可能更晚一点儿，就在五六十年前，我们这里就有个“战天斗地”的愚昧口号，还有“只要吼一吼，地球也要抖三抖”这样鲁莽的呼喊。相应地，地球给我们的惩罚，可能还没有完结。

我们在说地球更神秘时，也是在说人自己更神秘。如果没有人，地球怎么谈得上神秘？又由谁来说神秘？又有谁知晓其神秘？今日，谁还能大谈而特谈神秘？

当教师知道人很神秘的时候，如果是真正知晓了，就起码须在三个方面有神秘感：对学生的神秘感，对教育的神秘感，对自己的神秘感。这些神秘感可能是逐渐生成的，在不断体验中形成；如果消失了，“看破红尘”了，一切将泯灭。

这些神秘感若是实实在在的，就必然具体到每个学生身上来，具体到教育的一桩桩活动中来，如此这般，才能具体到自己，至此，我们才真正进入教师这个角色了。一种深深的情，一种浓浓的意，让我们终于能扮演这样的角色了。

上天把所有的秘密都放在了人身上，这个“人”之中，有你，有他，有我；有学生，有我们共同展开的教学活动。这秘密被放在人之无所不在的生活中。

2015 年 10 月底，杨德广先生称我为“奇”人。在我听来，并不奇，因为我早认为自己跟其他人一样是神秘的，神秘还不“奇”吗？同时，我觉得德广兄也是一位奇人。并且，我们都奇，但都不怪。我们的奇，都来自上天的赋予和恩赐。如果我们不奇，不很神秘，还真有些对不起上天，对不起父母、先祖和我们的民族。

当有些看起来似乎是不可理解的学生、“调皮”的学生站在我们教师面前时，千万不能误以为他们怪，他们是奇，他们身上的某种神秘我们可能还没看清楚啊！上天赋予他们是哪一种、哪一类奇，或许我们真的还“不识庐山真面目”啊。不能忘记上天的恩赐，上天的仁慈，上天的公道，上天不疏漏每一个人。

由此，我们教师真应当保存对每个学生的神秘感。不仅保留、保存、保持，而且发展，深入地去体验人之神秘，每个人、每个学生之神秘，从而我们也才真正领悟到了教育的神奇、神秘，领悟到由这些而延伸出来的教育的神圣壮美。

再议寻求教育的根和底

人都有寻根刨底的意识，只是自觉与否，发展与否，坚持与否。教师应是这种自觉意识的代表。中国人有“打破砂锅问到底”的精神，教师乃此精神之守护者。

为什么哲学一定会产生呢？就因为人有这种寻根究底的精神。我们何时到达了哲学？当一直问下去，问得大家都瞠目结舌了，哲学就来到了我们身边，而我们可能尚有所不知，它却像一个幽灵一样来到且安歇在了我们心灵深处。

古中国人，古希腊人，都十分出色，因而都有极发达的哲学。只不过，希腊人的文本形式更易于传递。柏拉图、亚里士多德留下了可千古传递的范本，这些范本永远香喷喷的，并且，如果今天的学生想获得智慧的话，还必读他们的书。

希腊人把数学充当哲学。于是，许多哲学家兼数学家于一身。这种兼于一身的情况，其根源在于数学与哲学的高度相似。于是，直到近代，哲学家与数学家兼于一身的情况还延伸着。牛顿、莱布尼茨、笛卡儿，直到罗素、怀海特，都是这样兼于一身的大师。到了当代，仅成一“家”就很了不起，成两“家”实在太困难了。穷其一生能成一“家”，能如此这般的人，必天才也，实乃是寥寥无几了。

不过，在今天大学的哲学系里，必开设有数学课程，不是为了他们成为数学家，可能也成不了，而是为了他们更好地研习哲学，有可能就成为哲学家。

教育哲学的产生过程，并非教育学与哲学相加的结果，它不是“加”出来而是长出来的。语言哲学、文化哲学、政治哲学、科学哲学……如果是“加”出来的，岂不是易如反掌吗？它们都是“长”出来的，是从那些在各自领域不断追问着的人的头脑中“长”出来的，人的大脑之伟大，就在于它具有这种强大的生长力。同时，这也是人真正伟大的地方，神秘的地方，人之所以成为人的地方。

古希腊人穷根究底的精神，结出的一个重要果实是创建了几何公理，记载于《几何原本》之中。这一著作带给人类的巨大恩惠，是无与伦比的，是希腊神话的有机组成部分。

我曾思考，教育理论的根底应当也是存在的，可否也用公理形式表达呢？ 基于我自己的这一思考，便提出了教育公理。 碰巧也是五条公理，绝不是凑出来的，而是自然形成的。 我提出的五条公理，简称为潜在公理、能动公理、反身公理、美学公理、中介公理。 我已有专门著作对这一公理体系展开论述，此处便不再赘述了。

这里，我想专议一下反身公理，或许会较之我已有的论述有所发展。 不然，就是简单重复了。 我问过心理学教授，心理学中有没有反身心理这一概念？ 我所见到的心理学教授都说“没有”。 很可能，心理学家们也有挂一漏万的情况，谁能那么周全？

不过，类似反身的观点早已有之，但这个命名属于我，并且我发展了相关的观点，还将其纳入了关于哲学、关于人的公理体系，亦相当于纳入哲学视野了。

反身是人的基本特点之一，通俗地说，反身就是人可以反过来思考自己、审视自己，还包括约束自己、鼓舞自己、鞭策自己。 这是积极的反身心理，还有消极的，如麻木自己、放纵自己，乃至毁灭自己，让自己不是自己，失去自己。 于是，我们立即可以明白，教育正在于发展学生的积极的反身心理，抑制消极的反身心理。 人该如何做好自己？ 发展积极的反身心理，正是一个根本性的使命。

这里，我想特别指出的是，反身既是相对于自己，还是相对于他人的，不过，这是经过了一个折射的。 在对待他人时，许多方面折射了自己对自己的度。

例如，你尊重他人，就是尊重自己；反之，你不尊重他人，就是不尊重自己。 还是你与你自己的关系，只不过，中间有个“他人”，其必返回到自己身上来。 如果你侮辱了他人，那么，首先是侮辱了自己，伤害他人的人必伤害自己。

一位智者说，不要拿别人的错误来惩罚自己。 这同样也折射了自己与自己的关系，他人的好与坏、对与错、优与劣，都不必回避，但都不必对自己有消极影响。 目中无人者，自己的为人就出了大问题；目中有人者，还包括那些你看不惯的人；理由很简单，他也是人。 他若不自爱、不自重，还自欺欺人，那是他的事；做得更好一点儿，还在可能的情况下规劝一下：自重吧，自尊吧。

牛顿发现了自然界的三大力学定律，其中一条是作用与反作用力相等。 简单地将自然规律引入人间规律是不可取的，两者太不一样了。 这是物质世界与精神世界的区别，它们分别是自然科学家和心理学家或灵魂学家研究的对象。它们的交界处可能是哲学，在哲学那里会面，但不是合一；可相互启迪，却不可能相互替代。能否借鉴？可能这是一个仁者见仁、智者见智的问题。

我不是借鉴来的，而是觉得人间确实是存在作用与反作用的关系，这种关系不宜于量化，可能也量化不了，故而不宜用等于或大于、小于之类的数学语言来描述。

作用与反作用的关系在人间普遍存在。反身作用就是自己作用于自己，同时，被作用的自己又反作用于自己了。你去读某本书，这个“读”就是一种作用的特殊形式，你去“作用”于它了，它就给你启示，甚至给你智慧，这个“给”你，就是反作用于你。你越仔细、越深入地研读它，就是拿较大的“力”去“作用”于它了，那么，一般而言，它反过来给你的启示也多、也大，于是，就相当于“反作用力”也相应增大，但很可能不是严格的比例关系。能否用模糊数学来研究？我回答不了此问。

你去读了古人的书，就在一定程度上与古人对话，你读外国人的书，自然也相当于跟外国人交流了。古人、外国人听不到，自己可以听到，你作用于他们的书，他们的书也作用于你。在这个基本性质上，也具有某种作用力与反作用力的关联。

这依然是人的奇妙。对于教师，意识到这种奇妙是十分必要、十分重要的。我们经常“作用”于学生，但这决非一种单向作用，你作用的对象（人、事、物等）会给你反作用的。我们多方面作用于自己的教育事业，教育事业也反馈给我们无数的美好。

人的反身性是人的根本特性之一，故而，反身性是教育的根本特性之一。自然，这必是我们认识教育、认识人所要弄明白的，因明白，才能真正入门。

不必觉得规律不可逾越

流行的观念之一是：规律是不以人的意志为转移的。又说，规律就是关系。这些说法，这类观念，对吗？不对的话，不对在何处呢？怎样的说法才是对的呢？

首先问：关系就是规律吗？“上与下”“亮与暗”“左与右”……都是关系，然而，这就是在说规律吗？

什么是规律？在此我冒昧地给出一个说法。所谓规律，即事物（物质的、精神的）在一定条件下（时间、地点及其他）相对保持着的变化，规律也就是变化中的不变。使用相对一词，即表明了“一定条件”的必要性；条件变了，“不变”也可能变了。

从形式上看，表达规律的，至少是一句话和一段话，而不只是一两个词。所以，光说规律就是关系显然不十分恰当。关系、关联，是一个意思，规律是需要说明事物是如何关联着、如何关系着的。没有这进一步的说明，何以为规律？

水在零度时结冰吗？这是规律吗？一个标准大气压下如此。大气压变了，低于一个标准大气压下更易结冰，否则，便不易于结冰。因而，说规律时，条件是重要的。

写文章，须遵循一定的语法；没有共同遵循的语法，别人就看不懂。这种语法，就是规律。但写诗不一样，写诗自由得多，飘逸得多。“土里长、地里长，一样很强壮”，这个诗句你懂吗？可是，恰因为没有严格的规律，可任你去想象；谁在土里长，谁在地里长，谁又很强壮，跟谁一样强、一样壮，生长出来为何强壮，都没说，你去填空吧。不过，这亦似逻辑，颠三倒四正是另一种逻辑。

自然规律能以人的意志为转移吗？谁能让地球不绕着太阳转、月亮不绕着地球转？

然而，你修那么大的水坝，对气候产生了影响，对地震的产生有影响，你把生态破坏了，即把生态的自然规律破坏了。人类过分地排碳，将影响到臭氧层；无线电波的过分使用，威胁到蜜蜂的生存，亦必威胁农业生产。人的意志太过头了，改变了某些对人的生存十分必要的一些自然规律，自然界便实行报复了。“自然界将实行报复”，这似乎仍然是规律，却是改变了原有规律之后的规律，以人的（负面）意志为转移的规律。于是，在有的地方就把已修好的大坝炸掉了，不然，人们还会付出更高的代价。这似乎包括了自然规律不以人的意志为转移的一面，可是，此乃对另一种规律的认识之后的行为。

上天的规律以上天为转移，人间的规律也只能以上天为转移而不以人的意志为转移吗？人没有任何事情可以做主的吗？上天安排了白天和黑夜，你能不睡觉吧？你可以白天睡觉、晚上工作，但你总不能不睡吧？24 小时不睡，能 72 小时也不睡吗？能两三天不吃东西，能三四天不喝一点水吗？这可能是人的自然性的一面，是自己也无法去“转移”的一面，人的衣食住行少不了。

但是，在纯精神领域里，在由人可以主宰的领域，规律也不以人的意志为转移吗？比如说，“人若远离黄赌毒，就可以过上比较健康的生活”，这条规律也不以人的意志为转移吗？人的意志难道不可把握自己而让自己远离深渊吗？

人创造了教育，就让自己可以脱离野蛮、走向文明；人创造了真善美的尺度，就让自己越来越完善。所有这些，并不需要上天来指挥而只由人做主，只以人的意志为转移了。

教师在教学中，是与学生在进行合作。在这个合作中，教师可以创造出许多规律，创造出不同凡响的课堂，创造出属于自己的新型师生关系。有许多的教育思想、教育方式，不是教师创造出来的而是天上掉下来的吗？天上能够掉下个林妹妹，能够掉下一个美好的课堂吗？能掉下一个自由对话的生动局面吗？

教师亲近学生，学生势必亲近教师，这似是一个规律，可是，那个“亲近”是谁创造的？“亲近”不被创造出来，哪来的这个规律。教师有一桶水，给学生一瓢水就不困难，这也是规律，但那“一桶水”还是教师创造的。教师可以超越很多东西，来创造新的局面。

中国教育碰到的严重问题源于体制。也可以事在人为，去打破那种体制，改变那个体制。我本人就曾为那种改变做过尝试，而且，事实证明我在改变那个客观存在的体制上，做了相当成功的尝试。

人把封建社会变成资本主义社会，就是规律的大改变。资本主义的运行也还在改变中。

在我们国家的近 30 多年的发展中，人们也提出了一个“主观能动性”的概念，打破了对客观规律的盲从。客观规律确实是需要去明白了，但首先是否真的弄明白了；弄明白了，为什么不可以设法去驾驭呢？ 为什么只能听任其支配呢？ 我们办成事，既不能全靠主观，又不可能全认客观，还是需要主观与客观合作。 在这种合作中，人就是、也应当是唱主角的了。 能只做配角吗？

我们有许多好的观念，也有许多不好的观念。 实在需要清理一下。 认为人间的规律也不以人的意志为转移的观念，就属于那种不好的观念，就需要改一改，谁来改？ 人！

注意“回归生活”之说的毛病

听到过“让课程回归生活、教学回归生活”的说法。我的直觉告诉我，这些说法有毛病。于是，我也就建议教师们要注意这类“回归生活”的说法所包含的毛病。

不是说流行的观念中，有些好，有些不太好吗？对那些不太好的，确实需要鉴别一下，并予以改正。

既是回归生活，那么，就有必要问一问：生活是什么？生活是个什么样子？它住在哪里？我们为什么要回到那里去？我们现在安歇在哪里？为何要搬家？是回家吗？

何谓生活？字面上解释，即生着，活着。怎么活着呢？可以活得很精彩吗？可以活得丰富绚丽吗？可以活出个什么新名堂来吗？不是还有人说过“有的人活着，但他已经死了；有的人死了，但他还活着”这样的话吗？怎么活着和死了还有联系吗？

这里，潜藏着一种看法，似乎不管怎样，生活总是美好的，于是我们就要回归生活。然而，生活为什么一定是美好的呢？我们有如此幸运吗？不管你怎样无所事事，甚至好吃懒做，生活也那样美好吗？不然，怎么常说着要回归生活？如果生活那么糟糕，也该回归吗？为什么人间还常可看到苦难和悲伤呢？

学生没上学之前，过的是家庭生活，在父母身边生活，为何上学了、上课了，才算是回归生活呢？农民赶牛、犁田、播种、收割，那算不算生活？工人做工、做服装、做鞋靴、造汽车、造飞机，那算不算生活？军人练武、射击、急行军，不算生活吗？是回归到这些方面吗？家庭主妇一天到晚忙着生活，生活中的柴米油盐酱醋茶，我们回到哪一个方面去呢？还有商人的、店主老板的生活，课程也要回到他们那里去吗？

我作为教师，在听到“课程回归生活”或“教学回归生活”的说法之后，感到奇怪。因为很奇怪，就立即产生了许多相关的问题，并且还远不只是这些问题。

首先，难道教学或课程是在生活之外的吗？不在其外，又何以要回归呢？生活在“南方”，课程在“北方”，我们要从“北方”回到“南方”去吗？“南方”都很好吗？大雁快到冬天时，往南飞，难道在北方时不是它们的生活而只有飞向南方时才是生活吗？

针对“课程回归生活”的说法，我提出了几个这样基本看法：

1.课程本身就是一种生活，并且是学校生活的基本方面，其他生活由此而展开。

2.课程还在于提升生活，让人明白生活的更深层的意义，它站在生活的高处。

3.课程在提升生活、改善生活品质的同时，去丰富生活，优化生活，美化生活。

4.由此，课程还创造生活，让人在所创造的新生活中，走向未来，走向灿烂。

课程如此丰富，如此意义重大，何以只是“回归”？比较一下，课程向着未来的意义，“回归”之说奇不奇怪？极为丰富的课程理论乃至哲学，岂是“回归”出来的吗？

课程在静态意义下理解，几近于教本，近于学科课程、专业课程。在动态意义下理解，课程即一进程。动静结合来看，课程就是鲜活的、生动的、绚丽多彩的。课程理论和课程哲学不仅不是回归生活而出现的，恰巧，它们是远离生活才可能产生的。尤其是课程哲学，它离实际生活最远。但它也望得最远，登高望远说的正是这个道理，哲学站在山顶上去了，于是就能一览众山小。

为什么会把生活看得那样重呢？虽然对于生活的理解实际上是极其多样的。而“回归生活”之生活的理解是哪个模样的呢？有一个“实践出真知”的说法。这种“实践”大约是一种生活，它能出真知啊，怎么不回归“实践”这种生活呢？

可是，爱因斯坦的相对论是从哪一种、哪一类实践里出来的“真知”？1905年他的理论出来后，连他自己都不知道有什么“实践”背景，可是，相对论还是出来了，只不过，它不是从哪个“实践”那里出来的，而是从他智慧的头脑里出来的。

“实践”被哲学辞典解释为感性的、物质的活动。“实践”果真是如此，爱因斯坦的理论，当然就不可能是从“实践”中来的了。他的理论是理性的、精神性的、想象的。爱因斯坦不是“回归生活”“回归实践”，而是一个天才的预测。天才是从感性和物质活动中来不了的。49岁就去世的天才音乐家施光南的出现，是用任何物质的、感性的活动无法解释的。无数的天才都不能用“实践”的说法来说明。除非我们修改关于实践的定义，否则，它真的无法解释真知的来源。

康德想到了宇宙来源于大爆炸，他是关在房子里想出来的。这种天才的想法，与任何物质的、感性的活动无关。实际上，不必说天才，科学家们、哲学家们、数学家们，他们发现原理时，都没有什么物质的感性活动做背景。杨振宁、李政道猜想宇宙是不守恒的，后来才为一位女性物理学家吴健雄所证明。而且，诺贝尔是奖给善于猜想的杨、李，而没有奖给实验物理学家吴。

智慧的古希腊人早就知道了最初的4个完美数，然而，他们的智慧也还没有超出这4个数的发现。直到16世纪的中叶，才发现第5个。此后陆续有所发现，但至今也不过30个左右。这种数的发现，与任何物质活动的"实践"无关，只与智慧有关。

有人对中国学生做过一个贬义的评价：眼高手低。意思也就是眼睛看得高远，而动手就不行。不论这种评价是否合乎事实，但学生"眼高"无论如何是好事。有多少人是眼高的？杨振宁、李政道眼高，这样的人实在太少了。又有"手也高"的吴健雄配合，这不就很够了吗？

中国科学当下的严重问题，正是缺少"眼高"的人。乃至于近代以来的原理性发现基本上不出在我们这里。这些原理，在17、18世纪多出在英国、法国。在19世纪，多出在德国，在20世纪还有不少。但20世纪原理发现最多的轮到了美国。能不能在21世纪轮到我们中国来？没有人做出这种猜测，也难以这样预测。

为什么呢？我们的哲学是太落后了，哲学家、思想家，那些仰望天空的人实在太少了。为什么哲学和哲学家那么重要呢？从事实上讲，19世纪的德国，20世纪的美国，都是哲学起家的。从逻辑上讲，哲学是智慧之学。平均哲学水平不高，就是平均智慧水平不高，因而科学原理的发现极少。事实和逻辑都能说明。

我的这一条建议，对于教师有何实际意义呢？

尽管我们也需要发展学生的感官能力，会观察、会倾听、会尝试，但最重要的是，发展学生的思维力，尤其是想象力。引导他们异想天开，别出心裁，突发奇想。不必急着纠正他们可能的错误，更不宜以为他们幼稚。伟大的真理，常常就在一些看似简单的现象中发现的。真要小心，他们不一定真的错了。不妨多多赞赏他们，觉得他们错也错得可爱，脑筋动起来就好，动起来了一定就会想不是吗？不动，对的和错的都没有。

实在是需要一个宽松的课堂，自由的课堂，能让思想无拘无束飞翔的课堂。

辨析“理论联系实际”

“理论联系实际”与“回归生活”可能有一些联系。生活比较实际嘛，回归也算是一种联系的形式。但还有差别，“理论联系实际”似乎流行更广。许多人能脱口而出说“理论联系实际”，很少有听说教学理论或课程理论联系实际的。

理论联系实际对于从商、从政的人比较重要。从商的人，懂得一点儿商业理论、经济理论未尝不好，但要赚钱这个实际问题比什么理论都重要。总做赔本生意，谁能撑得住？没有理论，能赚钱就不错；有了理论若能赚大钱，就更好了。做生意的人，最好做点市场调查、行情分析，弄清需求走向，这大约就可算是一点儿理论了。理论是干什么的呢？就是帮助你减少盲目性的。必要时，老板还要有智囊团。大买卖、大家，这种智囊团尤为重要。还有经济分析师呢，他们就是有点儿理论的人。

从政也有类似的情况，政治中便有政治理论，叫作政治学。有一条政治学原理就是：绝对的权力，绝对的腐败。所以，有领导人说，要把权力关在笼子里。政治领域里，实际问题多如牛毛。因此，也需要有一些理论。但政治家们更善于解决一个一个的实际问题。政治领域，在总结了 20 世纪 50 至 70 年代的经验教训后，提出了一个“空谈误国，实干兴邦”的口号，这一口号确实起了很大的作用。

不过，问题不在谈，而在空谈。在批判空谈的时候，还举行过务虚的会议。不仅谈，还要谈虚的东西。虚不是空虚，从实的背后还看出点什么东西来，那或许是更深刻的认识。这很可能是超越了现象和事实的内容，它就叫作理论。

学人，知识分子，从教、从学的人，与从商从政的人有所不同。最大的不同点，就在于，学人是必须务虚，必须要有理论的。他研究理论，传授理论，理论爱好、理论兴趣是他们的必然。如果要说清高，他们也就清高在这一点上，这与高傲不是一回事。

我自己作为教师，作为学人，对“理论联系实际”这个口号就有颇多的质疑。

首先，我们究竟有多少理论？我们在理论上有多少建树？本没有多少理论，拿什么去联系实际？ 事实上，我们曾提到，近代以来的科学理论基本上未出在我们这里。 那就需要很好地去学习；如果没学到什么理论，又谈何联系实际？ 又如何联系呢？

有一个公式：“实践，认识，再实践，再认识。”我不太相信这个公式，跟我不相信“实践出真知”是一样的。 何况，认识了，不一定理解了；理解了，不一定有理论了。 那些做事的人若喜欢动脑，常常更可能琢磨出一点儿什么东西来，认识上升了，是否有理论出来了，还不一定。 如果真有理论出来了，那恰好是超越了实际，脱离了表面的、现象的东西，理论也就是脱离了实际的结果。 至少，这不是一般意义下的“联系”。

还可以问，为什么是理论联系实际而不是实际联系理论呢？ 实际一定很高贵吗？ 什么实际都是好的吗？ 那种很糟糕的实际大量存在着。 对这些实际，与其说是联系，不如说是改变、改造。 如何改变、改造？ 这又正需要有理论。 理论是千里眼，它可以把实际看得更清楚；又在一定的理论之下去设计改变的方式和途径。

人都在实际中，但不一定都在理论中。 为什么要上学读书？ 就是要脱离一种实际，进入另一种实际，在这种实际中容易学到理论。 念完了小学念中学，念完了中学念大学，就是为了学习更多的理论。 念完了本科，还念研究生，就是为着学更深的理论，而且是进入到自觉研究理论的阶段，还要研究哲学啊，那是对理论的再论理，对理论还要去打磨。 由此，就更加远离实际了。

人之成为人，就在于他有思想，又由思想而及理论，而想到我们看不到、摸不着的许多东西，从而，人因理论而“看”到一个更美丽、更神奇的斑斓世界。

有“百闻不如一见”的说法，听到的不如看到的。 但我要说“百见不如一想”。 看见的不如想到的，“想”可以带领我们走向更宽阔的世界，到达想象不到的地方。

我们赞美理论，就是赞美我们人自己。 实际还可能蒙骗我们，欺骗我们呢，理论就还有防止欺骗的巨大作用。 当然，这也正是为了更好地解决实际问题。 拨开云雾见青天，透过那些可能迷惑我们的实际，看到真相。 这个“看”还是在想。

理论从哪里来？ 从学习中来。 最初的理论从哪里来？ 从最初那些最善于思考的人那里来。 用“常仰望天空”来形容这种人，是十分恰当的。 他们也走在地上，却不时地注视着天空，看上天还对我们说了些什么，交代了些什么。 是什么让我们看见上天在说在交代呢？ 还是我们的头脑，还是我们勤于思考的习惯。

我们老师确实是需要知晓许多的实际，学生的实际，学生家长的实际，学校本身的实际，社会的实际。 但我们的根本任务是提高学生的理论水平，知晓那些实际，也是为了更好地帮助学生把握理论，理解理论。 至于应用或联系之类的，真的不必着急。 有些理论并不为着别的什么，就只是为着人自身修养的。

理论修养，理论兴趣，面临的最大障碍是急功近利，是功利主义或功利兴趣。

琢磨关心之事

人需要学的东西太多了，但是，无论如何要去学。学会思考，学会生活，学会疼爱，学会关心，学会创造，学会谦逊，也学会骄傲，学会论辩，学会反思和忏悔，学会竞争中友好，学会学习，学会忠诚，学会孝顺，学会坚守，也学会拒绝。教师特别要学的，除了学会读书、教书外，还要学会关心。关心自己，尤其关心学生。

对于学会关心，我亦曾思考过，我将这些思考呈现给教师，建议各位教师也去多多琢磨关心之事。约 20 年前，我曾与一位同事有过这样一段对话，简记如下：

——你知道有个“学会关心”的口号吧？

——知道。

——你在学吗？

——在学。

——准备学多久？

——一直学。

——没有毕业的时候吗？

接下去便难以有回答了。

我们曾是一个口号的国家，靠口号去号召，去动员，很简单，但也足够肤浅了。

我曾提出过两个观察一所大学水平的形式上的标准。第一，如果这所学校的校园里到处挂着横幅、标语、口号，这必是一所肤浅的学校。第二，如果这所学校里最神气的是行政干部，而不是教师，那么，这必定是一所没有希望的学校。当然，教师无须神气，但应是最受尊重的人，他们本是值得尊重的。

学会关心，确实不只是一个口号。当你去关心的时候，别人还一定领情啊。除了关心学生，关心他人外，人还要关心环境，关心我们的地球。由此，我倒是想起曾见过的一句口号：“我们只有一个地球。”这个口号丝毫没有教训人的味道，它是跟我们一起在说话，而且特别深刻，能引起深思，引发共鸣。

我觉得，比学会关心更重要的前提是，学会尊重，学会理解。尽管学生无论在文化水平上，人生经历上，见识宽广上，一般都不如教师，但学生在人格上与教师是平等的，平等地受到尊重，平等地享有自由，平等地被理解，被宽待，也被关心，被爱护。

了解，理解，谅解，是一个三环套。首先，我们很需要问自己：真了解学生了吗？学生的性格、习性、习惯，尤其是学生的内心世界，我们知晓了几分？每个学生都很神奇，我们看透了几成？那一群学生，更是各有特点、各有长短的，我们明白了多少？

做到充分地了解十分重要，但往往比较难。在并不十分了解的情况下，加上理解。学生的思想、言行举止一般都不是无缘无故的，于是，在不甚了解的情况下，去设想，去理解。教师与学生之间有一条代沟，这条代沟必须跨过去，靠理解跨过去。曾有过一个“理解万岁”的口号，老一辈往往缺乏对后来人的理解，而后来人又很需要被理解。老一辈人不能认为自己那个时代的尺度可以一直用下去。还有长江后浪推前浪之说呢，把下一代尽量推到风口浪尖上去吧。

如果真出现了无法理解的情形，那就还有一道保险：谅解。宽容、谅解确实有必要。似乎是不可原谅的事，当作是自己出现的问题，谅解之同时给予规劝。

因此，学会尊重，学会平等待人，学会了解，学会理解，学会谅解或宽容，这些方面是更基本的。这些基本的方面若没有做好，“学会关心”就真的只会是一个口号。

我想补充说明的是，“学会关心”也应包含学会关心自己。不知道怎样关心自己，大半不知道怎样关心他人；反之亦然。关心与被关心是同在的，亦足可以并茂的。

正如，不尊重他人，也是不尊重自己。不平等待人，亦不平等对待了自己。剥夺和损害他人自由的人，自己也不自由。不能懂得宽容的人，也没有宽容自己。不宽容的人，心胸宽阔不起来，自己也就是个“小心眼”。

我们民间有个“将心比心”的传统说法，在阶级斗争的年代被批。民间认为，人都有个性，故可将心比心，己所不欲，勿施于人。阶级斗争理论不承认人性，人性论与人道主义一起被批。只承认阶级性，故引发出无数兽性。己所不欲，也加于人，大量的迫害、栽赃、诬陷接踵而来。人间的大灾大难也就在所难免了。历史早已这样写着了。

总之，我感到，学会关心不是一件很容易就能做到的事，却又是必须去做的。然而，一直学下去，总会达到很高水平的。我的建议正在于打好基础，再往高处走。

只做被要求者

当领导的，常常对下属提出要求；当家长的，经常对小孩提出要求；当教师的，也经常对学生提出要求。 他们大都似乎总是自然而然地成了要求别人的人。

我做过家长，做过教师，也做过领导，即当过校长。 我好像没有站在要求者的立场，而是越来越明确地意识到自己只是被要求者。 被子女要求，被学生要求，被师生员工要求。 甚至，我还感到自己被学校、被我的父母、被我的民族所要求。 而且，我深信，每个人应是自己要求自己的，当这种要求是与相关的某些责任联系在一起的时候，人就处在自己要求自己的时候，自觉被责任及相关人员所要求了。 正因为都是自己要求自己的，所以，我不去要求，不必要求别人了。

因而，我也自然地建议教师们只做被要求者，放弃要求者的心态。

最记得，有一次开研究生代表大会。 开幕时，首先是主管研究生的副校长讲话，他向研究生们提了 4 条要求；接着，导师代表，一位史学教授讲话，他提了 5 条要求，研究生处刘处长讲话，又提了 3 条要求。 我是临时去的，不在讲话的预定安排之列，大约因为我的身份，去了还是被要求讲话了。 此时，听了 3 位的讲话，心中已颇为不安：为什么别人的代表大会，你们要喧宾夺主，跑来做主并提要求呢？ 这合适吗？ 得体吗？ 为什么会这样呢？ 都让我要常常深思。

看看那些极端社论的撰写人，总是写着，一要怎样，二要怎样，三要怎样，如此不断地发出指示。

听听那些要求又是在说什么呢？ 不外乎是要好好学习、遵守纪律、顾全大局之类，那个“三好”从小学念到初中，从中学念到大学，从大学念到研究生，还是那一套，学生都听腻了，讲的人却不腻，年复一年地唠叨着，不论有无新意。

当轮到我的“计划外”讲话时，心中早已感受良多，却也不宜贸然议论，还是做自己的事。

我上台后，按惯例说，各位同学好，各位老师好，各位领导好。 我绝不可能不把学生摆在最前面，就像绝无可能不把领导摆在最后面一样，我一贯采用的这一顺序，被人称之张氏顺序。如果这种顺序是很普遍的，还有必要叫张氏顺序吗？李氏、王氏、吴氏不都是这一顺序吗？可能正因为不都是，所以张氏才有了可能，所以亦有必要。这当然算不上我的专利，却很像我自己，因为此乃我发自内心之序。

我的第一句话是：祝贺你们代表大会的召开。他们是主人啊。我是作为客人的，即使是校长，此刻你应是“客”，祝贺主人们。我不可能颠倒这个主客关系。

接下来，我开玩笑地问：你们记得刚才三位一共提了多少条要求吗？他们以一阵笑声作答。或许他们在想，从小到大，这些要求我们听过几十遍了，再听时还记它有多少条吗？不过，此刻我一看到他们脸上由衷的笑意，严肃的场面就过去了。

接着，我话锋一转，说道：现在请你们向我提要求。他们真的被别人要求惯了，半天没提出自己的要求。我必须做一个真诚的被要求者。故而，耐心地等待着，有许多经验让我知道如何等待，必要时如何去启动，把话匣子打开。

终于有一位研究生代表站起来了。他说：张校长，我们研究生住的房子很差，现在正在建一栋新学生宿舍，建好后，能否让我们住进去？对此，我很快做出反应。我说道，研究生住的房子很差，与我直接相关，我的想法是，若是四层楼的宿舍，本科一年级住四楼，二年级住三楼，三年级住二楼，四年级时，对不起了，就住阴冷潮湿的一楼；对于研究生，那就住更差的宿舍了。所以，你们若有怨，那就怨我吧。结果，他们一点儿也不怨我，反而更理解我，也含几分谅解。

说到住新宿舍的事，我不是推脱责任，而是不越权，这个权属于管基建的副校长和有关业务的副校长。于是，我建议他们去找这两位副校长，并且我建议他们选择适当的时机提出，提得太迟分掉了，提得太早，忘记了。我提议他们关注建房进度，大约在完成前一个月提出为宜。后来，他们按我的建议去做了，并且做成了。于是就感谢我，我立即说，你们首先感谢自己，再就是感谢那两位副校长了。

我常想让低年级的住得比高年级好一点，原因在于，我认为高年级毕竟更能克服困难，也更会正确对待。只要有条件，我还是希望他们都能住得好一些。

不做激励之类的事

上一节，说的是，我的内心呼唤我，要多多关注他人的需要，并让我事实上成为一个被要求者。因为是内心的呼唤，不是别人的提醒，所以叫作自觉。自觉于别人的要求，自觉于做被要求者，并且，我也感到，这样才把自己的位置摆正了。常做被要求者，于是有更多责任，有更多事可做，因而也常有所进步。不是为了进步而这样做，而是这样做了自然就进步，我只关注这样去做便足够了。

与此同时，我对调动别人的积极性、激励他人之类的说法和做法不仅不接受，而且有相当大的反感。这是一种居高临下的姿态，与我的平等主义完全不相容，别人做得好，怎么是你激励的呢？别人有积极性，怎么是你调动的呢？

我任校长时，一位来访者看到我们学校朝气蓬勃，师生积极性很高，于是就问："你是怎样调动他们积极性的？"我觉得这个问题很奇怪：他们积极，怎么会是我调动的呢？我做我自己的，怎么会去调动他们呢？我完全的平等主义，不可能叫我那样居高临下，事实上，我从不做什么动员啊、激励啊、调动啊一类的事。

我还特别反对自己没弄清就去动员别人。以其昏昏，使人昭昭，可能吗？太盲目了吧？说实在话，我根深蒂固的平等主义、自由主义、个人主义，让我永远也不会去做动员、激励、调动之类的事。每个人都是独立的个人，独特的自己。越独立，越独特，越是自己，并且客观上也越有益于他人，有益于社会。

教育就在于把学生自己培养成他自己。这后一个自己，一般是发展了的更高大的自己。有这种可能，教育才可能；有这种变得更高大的必要，教育才必要。

人与人之间，特别是接触较多的人之间，是有相互影响的，积极的和消极的影响都有可能。自然的状态下，没有谁会企图对他人施加影响。刻意影响者未必能实现其所想有的影响。影响的发生，取决于影响者、被影响者和中介因素。

影响与调动，无论怎样是不相同的，前者自然而生，后者则至少有调动者的主观企图。相互影响中，都是独立的；调动他人时，则与不独立、不平等依存。

教师是必然对学生有各种影响的人，这种必然恰好说明，教师需要更好地更多地修炼自己，包括提升自己，也检点自己。为了自己，更为了学生；教学生做人，自己必须更会做人；人之为人，不只是为做学问，做一切都在于做个像人的人。人要像人，人要做人，这是唯有人才担当的使命。教育则在提醒人注意这一使命，帮助人去更好地履行上天赋予或要求的这一使命，让一个人走完自己的人生，不留下遗憾。谁都只有一辈子，耽误不起，教育的良心就在于不让人耽误了，不误人子弟了。

教育有许多事让自己不再像教育了，故而，它就增大了使人变得不像人的危险。无数的评比，用来作为控制学校、控制师生的手段；无数的“激励”把人视为被刺激者，视为为点食物便可摇尾乞怜的动物；似乎他人都只是靠施舍为生的。

有过一个对学生的综合测评，好像包括写一篇宣传稿子可记几分，做一件助人为乐的事记几分，名目不少，最后看综合得分多少。我真感到奇怪，这是为了培养一个真人，一个大气的人，一个不斤斤计较的人吗？如此缺乏创造的教育，竟然也“创造”出了这种东西。在一次面向学生的学术报告中，我猛烈抨击这种综合测评，想不到的是，学生竟报以特别热烈的掌声。还是人同此心啊；可是，那些设计了这种“综合测评”方案的人，为何未能用心，为什么不与人同心，不与教育同心呢？

我为我们的教育担忧，为学生担忧，为可怜的父母担忧，不敢不担忧啊，不是杞人忧天啊。

从学校之外插手学校的事情发生得太多了。学校长期在如此环境之下，拒绝插手的能力渐渐没有了，抗拒的意识也没有了，作为教育主人的意识没有了。

我很羡慕那些200多年没有设立教育行政部门的国家，30多年前设立了，但设立之后的这种机构与大学依然无关，对中小学则只是发点钱，尽一点政府的义务，此外也完全不管学校内的事了。于是，他们有了世界上最发达的教育，从而，也有了最发达的文化、科学、经济，有了无数顶尖的人才和巨大的学术成就。

心中盼望着，也疑问着：我们不也可以这样做吗？为什么好的事不去做呢？我们不是在深切思考着为什么没有培养出杰出人才来吗？只要不从外部干预或过多插手学校，学校就会办好，杰出人才就会涌现。有谁比学校之中的人更懂学校？有谁比正培养着人才的人更懂得培养人才？那个著名的钱学森之问表达的更是一个愿望，而不是一个问题，或者说，这个问题的答案有谁不知？ 许多人都心知肚明啊，问题只在于：谁能消除障碍？ 谁愿意解决问题？

鼓励与激励有区别吗？ 鼓励似是必要的，勉励亦是必要的，激励必要吗？ 从我个人的感受上看，激励似乎过了一点儿，似乎带了一点儿给别人以刺激的味道。 作为教师，从自己的感受来看，肯定不喜欢物质性的奖励，也不喜欢过度的激励。

还有调动学生的积极性的问题。 我觉得，实在要少去考虑调动学生，实在需要多多去调动自己，甚至只着眼于调动自己。 自己没充分调动起来，功夫没下够，怎么去盼望学生有更好的表现？ 当自己在尽力调动自己时，学生仍不为之所动，那就还得去检讨自己，检讨是否把自我调动做得更充分了。这是一个真正站在学生中间，还是站在学生之外来思考和对待的问题。

任何人的积极性、主动性都来源于自身，都在于自我削减或自我增长，因而也在于自我调动或自我抑制。 他的自我意识可能受到外界的影响，但只有当其产生影响并由自己接受或无形地受到影响时，影响才实际地存在，变为他自己的东西。

我做教师数十年，总是着眼于调动自己，充分地调动了自己，学生才可能为之所动。 充分调动自己的目的就在于做好自己，目的并不在调动学生，因为调动都是各自的事。 如果说你表现得好，很可能有利于学生的自我调动，但那只是“有利”，而不能“代替”。 教师的作用就在“有利于”，甚至可以是“大有利于”。 这就是成功。 充分调动自己是需要花很大功夫的，把功夫花在这一点上也就足够了。

一个社会也在于不断改造自己，使自己的环境有利于民众的自我调动。我做校长时，当然总是力图改善学校环境和条件，以有利于师生的自我调动。 因而，对于我，也只是想着调动自己，而不是总想着去调动别人，更不会想着激励别人。

我从没有过高高在上、居高临下的那种心态，始终是一颗平民心，无论我在顺境或逆境中，无论处在何种位置，无论知识多寡，我都还是一个平民。 这颗平民心，让我很平静，难以烦躁，难以分心，总求做好自己，做好了还求更好，也难以有满足。 物质生活上很容易满足，比起我们的父辈来，不知好了多少，现在所要求于自己的，是对得起今天，对得起父辈和自己的民族，这也才对得起自己。

也有人认为，在我长时间任校长时，师生员工的积极性都很高就源于我的调动。 但我完全不这样认为，并且事实亦非如此。 我总是着眼于调动自己，心理学家的观点也告诉我，这种自我调动怎么做都是没有止境的。 无论是作为教师，还是作为校长，亦即，无论我工作的对象如何不同，我都是这样看待的。这也可以叫作单纯，没有杂念；可以轻装前进，一往无前。所做所思之事很复杂，却用一心一意的单纯去对待。于是，我心安理得地调动自己，鼓动自己，鞭策自己。

我调动自己的办法和条件都有，所以存在许多有利因素让我去调动自己。例如，我想着父母，为了他们，我该充分努力；我想着学生，为了他们，无论怎样奋斗都是值得的；从小，我就具有了民族主义精神，我不会不效忠于我的民族；做校长时，也为了我的大学，为教职员工；还可以说为了那些先知，是他们教给了我很多很多东西，这些就足以调动我。所以我勤奋，所以我有使不完的劲。

教师和学生，或许会因为热爱自己的学校，或者也为了不辜负父母之期望，也可能因为校长之所为而有所感动，从而自己也很愿意调动自己了。但这终究还是他们的自我调动，只是说学校和我个人也创造了较好的环境，有利于他们的自我调动，那个“自我”的性质还在那里。如果说我因想到学生而调动了自己。他们因想到校长或教师而调动了自己，其性质是相同的，同样的各自的“自我”。每个人首先是他自己的存在，才再有与他人或社会存在的关联。

有人说“存在决定意识”，但此言之中的存在不是指那个拥有意识的自己。如果是指自己的存在、存在的自己，这句话就等于白说了；如果不是指这种存在，就不只是白说，而且还说错了。这个道理，从我们前面的论述中可以看到。

激励与调动具有类似的性质。还有人在很用心地建立激励机制，还出现过绩效工资制。我甚至觉得，教育离自己越来越远了，因此，在哀叹之时，也急抒己言，呼吁不要做这种荒唐的事。农民的生产效果可以用产粮多少来衡量；工人的生产可以用生产了多少件产品来衡量。教师的工作该用什么来衡量？教师的工作可以用上了多少课来衡量吗？一节课可以换算成 30 元或 50 元吗？教师的工作叫作精神生产，怎么用计件来衡量？同样的一堂课，有的人准备了又准备，注入了更多的心血，投入了更多的感情，有的人则差一些。你怎么计算？

精神这种东西没有长宽高，没有体积大小，用斤两没办法去测定的。而我们却硬要把它量化。老想着调动和激励，这种心态就不健康，又采取一些量化的办法，就很不科学。不健康，教育就生病了；不科学，教育就不再是自己了。

我们的教育确实存在着一个还原成自己、保有自己、发展自己的现实的且十分严峻的使命。

拒绝示范

我任教师和校长期间，有幸拒绝过很多东西。拒绝过许多外来的口号，拒绝过许多外来的部署。说实话，湖南省政府，国家教育部，对我没少信任，即使我有许多非议，不仅没妨碍他们对我的信任，反而增加了这种信任，因而他们相信我的真诚和善意。

北京的教育行政部门安排给我许多重要的社会兼职，还常常是不少有关组织中的负责人，实在是够信任的了。一方面，可能是我的人品，我的公道；另一方面，他们也认定我的识别能力和组织能力，这可以说是信任之中的，反映一种综合看法吧。

不过，在经过了一段时间之后，我也发觉不少问题，还不只是前面提到的一些问题，于是，我委婉地告知有关负责人，以后这样的一些活动，请不要再邀我参与了。问我为什么？我做部分的回答：想把时间集中到做学问上去。还是那条原则：真话不一定都说出来，但说出的一定是真话。此刻，我亦如是。

有一个办示范学校的活动，还有示范专业，示范课程，示范乡镇。无限的政府啊，什么都管，也够辛苦的了。但也存在有限政府，把自己的职能仅限于三件事：纳税，维护社会秩序，办公共福利。结果是，有限的政府带来了社会的无限活力；无限的政府则相反。实在辛苦了，却好心不一定有好报。辛苦的事都由你做吗？

示范者，做给别人看也，常听到一首歌，叫作《活出个样儿给自己看》，搞示范的人多半没听过这首歌。音乐家们的许多好声音，想搞好教育的人实在可听听。

其实，我也是个很能把握自己的人，也是能把握教育的教师和校长。都是真人，便都能如此。

我问过一位示范高中的校长："你搞好示范学校是为做给别人看的吗？"他答："哪里？我做给自己看。"他不一定听过上面说的那首歌，但他跟歌词作者的心是一样的。我自然接着问："那你为什么要这块示范学校的牌子呢？"他很快作答："钱多一些啊。"原来，上有政策，下有对策，这个话反映着很真实的现实。这位校长，既可以说是一种现实主义，也可以说是无奈之举，理想与无可奈何并存。

每个人的立足点都在于做好自己，无论在什么情况下，在什么岗位上，都如此。当然，我也如此。我教书，就是为教书。我办学，就是为办学，为学生，为学校，也确实是为民族、为国家，但也为了自己，展示自己，为着任何目标的实现，都需充分展示自己。很简单的道理，自己不充分展示，那些目标又怎么可能实现呢？

有人说，我的工作，大约包括办学和做学问，都将会影响后世。我根本不以为然，我做事，并不为着影响后世，只立足脚下，向着天空，向着良心，一步一个脚印地走着，摔了跤，爬起来再走；站不起来了，爬也要爬一段路，直到再也爬不动。我唯一就是做给内心看的，做给父母看的；因而，学生、学校、教育、民族，对于我，都是很神圣的字眼。后世自然有，若想去影响它，那实在是多余了，是近乎痴呆了。每个人都是在以不同的方式，自己写着自己的历史。

还有人说我的学术在 30 年、50 年后还会大放异彩。我闻后，笑笑而已，谁去想 30 年、50 年后是什么样子，那时的天还会是蓝的，也会时有乌云密布；那时的山，还会是青的，也会有些光秃透顶的；那时的人，在想什么、做什么，可能变化更大。至于今日的我，只在于尽量做今日，立足脚下，做好当下，此已足矣。

认为我的学术可能会影响三五十年的是刘献君教授，他是思考得特别多，研究得特别多的一位智者；其中，包括他对我的许多表现和著述的研究。于是，他做出了一些预判。不过，我总还是觉得，未来不可预知的东西是很多的。

反过来看，说完全不思考未来是不可能的，还有专门的未来学家啊。望着未来，为着未来，这是人所必需的，不过，想着去影响别人、影响后世，那就多余了。

质疑培养模式

大约是在15年前的一次学术报告会上，我的报告结束后，有位博士生把他的关于人才培养模式的论文给我看。我的第一反应就是：人才本没有模式。于是，我建议他对选题再作思考。然而，我进一步发现，研究模式的还真不少。

这股潮，这股风，不知是从哪里刮起来的。但我估计，从一般教师那里刮起来的可能性是不存在的。多半是从已远离了教学，远离了学校的某些人那里来的。然而，他们为什么对模式特别感兴趣呢？因为他们想使问题变得简单。为什么想变得简单呢？因为一简单，他们就便于参与进去。为什么想参与进去呢？因为他们坐在那个庙里。为什么坐在庙里就容易想去参与呢？庙里需要有菩萨，要有人念经。为什么需要有人念经呢？怎么会无人念呢？把庙拆掉吧。谁去拆？我们不去回答了，也问够了；还是回到我们教师本有的想法上来吧。问题不会完，但我们就自己问自己了，而且自问自答，不必去求人了。

天上飘下的雪花没有两片是完全一样的，上天如此妙手，竟做出无数不同的雪片来送给人间。树上也没有两片完全相同的树叶，大地也如此巧夺天工，做出颇富创意的事情来。那些向往着创造的人，实在是该多问问上天，问问茫茫大地。最应富有创造的教育，应当是最与苍天大地靠近的，是脚踩大地又伸手就可摸到天的。

一个人，与一片雪、一片叶相比，更是神妙无比了。那些想把人培养成一个模式的人，实在有违天意啊，实在是太不了解人了，又怎能正确理解教育呢？

面对50个学生，是把他们培养成一个样子，还是培养成50个不同的样子，哪种结果更好？哪种结果对他们自己、对社会都更好？这个问题很难回答吗？

实际上，若想把50个学生培养成一个模子，那也只能是枉费心机。你可以向50个学生传授一样的知识，但他们以怎样的方式去接受，如何去感受，则是他们自己的事了。他们是上苍，雪片的样子由他们定；他们是大地，地上的树叶是啥样，也由大地下指令给树根，树根才颇富创造地生长枝叶。教师是与大地和上天通过话的，是与大地有沟通的，很接地气，连接天地的，天地人河长啊。

教师随着时间推移，学问高了，资格高了，或许还被人推崇得更高了，但我们的心仍然是平静的，头脑是清醒的。除了变高的，还有不变的，那颗心未变，那种平静和清醒没变。为着学生变得更高大，自己有变，更有不变，变中的不变。

人的过程，在这个过程中的本领，就不只在于求变，而更在于变中有不变。让自己变得越来越像人，却始终还是个人；最为忌者乃变得不像人。教师本人的这种危险最小，但他们有义务让他人，首先是让学生能有效地规避风险，做一个越来越高大的人。越来越高大，这是变，却还是人，这是更重要的不变。人是如此辩证地存在着；那些最会做人的人，也是事实上最懂人间辩证法的。

我们古代的教育家说因材施教。今日的说法是实施个性教育，还是那个意思，没多大变化。

有些外国人说是把学生自己培养成他想成为的人，跟中国古代教育家也没多大差别。

教育中确有古今中外都不变的东西。为什么会如此相通呢？就因为教育自身本有不变的东西，而人们去认识它时，就得到了彼此相通相同的看法。

曾几何时，在某些地方出现了培养接班人的说法。这个说法就与古今中外有别了，它经得起推敲吗？现今，农民不希望儿子再接自己的班，儿子中有很多很多不想接父母的班，出去做农民工了，有的干脆进城，或亦农亦工，或亦商，或完全转行了；至于千辛万苦、省吃俭用送子女上大学后，那更不是想让儿子来接自己的班了。如果，我们有一天能达到美国农业人口只占百分之一的比例时，人的选择机会就更多了，职业种类更多了，一生中的转换也更多了，接班的含义更少了。如今的美国，职业种类已达 3000 个以上，如今的中国也发展了，也数以千计了。

至于政界，有的地方叫一代一代换着，有的地方则一届一届。父承祖业，儿承父业的那种政治社会，在世界上已是罕见的，让人难以理解的现象了。

教师面向一个个活生生的学生，虽然天生会偏向于个性教育，但有经验的教师都知道，真正有效地实施个性教育工作，还是相当不容易的。那个学生是何种个性？为什么生成了这种个性？又该如何发展？这并不是很容易弄明白、下判断的，教师需要的不只是用心，还要细心、精心、耐心，无限的呵护与关爱之心。

人们对教育赋予了各种各样的修饰词，审美教育，心理教育，自由教育，全面发展教育，发展全面的教育……至少可以赋予 100 种吧，但最重要的仍莫过于个性教育。

竭力去理解学生的生命

这是与前面的一些建议相关的建议，这里，我们再从生命的意义方面去讨论。

美国学者布鲁贝克有过认识论、政治论基础的观点。我认为，他的这“两论”难以解释清楚为什么有了小学之后还有中学，又为什么有了中学之后还有大学，有了大学之后还发展起来了硕士生教育以及博士生教育，为何还有了终身教育，为何60岁的老太太还念博士学位。在我国，由于有相应的限制，60岁还攻博的这种情形不可能发生，似乎过了45岁就不让念了，此策之制定者，出于什么考虑，我只能说不得而知；若做一点猜想的话，则可能与不同机制和认识都有关。

只说别人的观点还难以理解许多教育现象，还只是“破”，你的观点又能如何呢？如果我有了自己不同的观点，那才是有了“立”，且从“破”中来“立”了。

我提出的是生命论哲学基础。这是我的人主义的一部分，人哲学的重要部分。

具体来说，人这种生命是不断跳跃的，永无止境地跳跃着，只要有可能就会飞腾着，其高度、速度、强度都没有极限。体育运动中常提到极限，还有一种运动就叫作极限运动；在其他一些运动中又有各自相关的极限问题的议论。

例如，百米跑中，曾认为10秒是一个极限。后来有人跑出了9.9秒。又有人跑出9.8秒，还有9.7秒，眼下最快的是9.58秒。这个记录属于牙买加人博尔特。许多人惊讶着，而生理科学家则冷静地研究着：这只是博尔特独有的吗？牙买加人独有的吗？只有他是不可复制的飞人吗？9.58秒是最后的极限了吗？

还有跳高、跳远、马拉松，除田径中的极限问题外，还有游泳、冰雪运动及其他每一项运动，可以说，人类都在挑战极限，挑战不可能，也挑战着人类自己。

以上所说的，还是生理上的挑战，也还有心理的挑战。不过，生理挑战中都含有心理挑战，身心难分。激烈的竞争中，心理因素的作用更大。然而，也还有主要表现在心理上的挑战，包括智力的挑战，其中又含记忆力的挑战之类，人究竟能记多少，能记多久、多牢，还有理解力、想象力的挑战，极限式的挑战。

生理上的极限，心理上的极限，合起来，就是人的生命的极限，两者可分又不可分地连在一起。

我的教育哲学基础与布鲁贝克的不同之处，正在于我的生命论。我对生命的理解成了我的哲学基础，而且不只限于教育。或许，这也是我的生命哲学。生命哲学源于欧洲一些非理性主义哲学家，我的生命哲学则来源于我自己，源于一个中国人。他人可能是自然生成，我也独立地自然地生成。在这类问题上并没有什么东西方之分，都是人，就可能想到一块去，何况想不到一块也正常。

还可补充一点，非理性主义并不是不理性的，不一定是只有非红即白的，颜色的种类多得很。白天的与非白天的，算是一种划分，但此乃笼统的划分。

理性主义哲学自古希腊以来，至少到 18 世纪都处在主流的地位。智慧的希腊人也有点儿局限性，如果他们把智慧更多地延伸到人身上来，就会有更深刻的观念，就会有更宏大的哲学。然而也不能企求他们把一切都说清楚，他们也未终止于极限。他们已足够智慧，也足够宏大了，但谁也难以包罗万象，他们也不例外，何况，关于人的问题实在是太复杂了，太神秘了，能够做一点点这种工作，都绝非易事。

理性主义、自然主义、本质主义，以及后来的逻辑主义、结构主义、科学主义、现代主义，这都是一脉相承的。而且，这类源于古希腊的哲学，确实对近代以来的科学发展起了巨大作用；这种哲学使得如牛顿、笛卡儿等伟大科学家、数学家都认为宇宙也是理性地有规律地运转着，这世界就是一本书，并且这本书就是用数学写成的。这成了一种信仰，这种最初来自希腊的信仰是如此深刻地影响了欧洲，影响了世界。

理性主义对于人是远远不够的，人是知情意的生命体，理性主义以及结构主义都只侧重于知。如果只用理性主义、自然主义来看人，那就还相距很远，看不很清楚。在看法上，在思想方法上，这样看也存在严重问题，不能彼此割裂来考察。

于是，非理性主义、后现代主义、后结构主义、直觉主义、非本质主义、生命哲学、冲动论、意志论、精神分析学、存在主义、人文主义等哲学流派纷纷兴起。由此，人的地位在哲学中骤升，较之理性主义哲学更为繁花似锦。伴随着这个过程的，则是人的解放。哲学从自然到了人，哲学也更加宏大，更受人关注了。

我的生命论哲学不是跟随已有的任何哲学而来的，而是听从我的内心而来的。生命论虽然只是我针对高等教育或教育这个领域而言说出来的，但它早已埋在我心里。对我来说，没什么比生命更神秘、更神奇、更神圣的了。这构成了我整个哲学的基础，而不只是教育哲学基础，不只是哲学，还是实际生活。

我想，个性，多样性，这是生命的基本特征。有个性，才有多样性；有多样性，亦必有个性。我的生命论是基于个体的。生命多样性不只是生命的表现，而且是生命强旺所必需的。我的个性教育思想亦正基于这种哲学，基于这种信仰，每个个体都是神圣的，都是应受到尊重的，应享有生存权、发展权、自由权的。

许多先进的教育工作者已自觉或不自觉地靠近了生命哲学。我这里对教师们的建议，着重在于，让我们有更自觉的感悟，更自觉地进入，并始终对生命，对每个个体的生命保有一种神秘感（它本是神秘的），保有一种敬畏感（本应对其敬畏的）。

我一贯地始终地强调个体，因为在我心中，个体是基础，是出发点。不能存在丝毫“一个个体无足轻重”的观念，在实际的教学中，不忽视任何个体。

少说或不说本质

这一建议是接着上一建议来的。本节的建议更具体，对于“本质”一词尽量少说，若想做得更好，就完全不宜去说，或者只在批判本质主义时去说，为否定而说。

我不能完全肯定当初使用本质一词的人的原意，既然如此，我也就不会也不可能针对任何特定的个人。就各说各话了，“本质”一词已以高频率出现在论著中了。这种状况，令我不安，令我担忧。这是杞人忧天吗？是自我忧烦吗？我想不是，这绝非只是多愁善感所至。

首先，存在一个最基本的问题：有本质这个东西吗？它在哪里？长得是个什么样子？

在我看来，最碍眼的是那个“本”字，有本来之质吗？为何本来就有？这个“本”在哪里？

本质大约是从来就有的，并且不再变动的。可是，世上存在着从来就有的东西吗？存在着不再变化的东西吗？如果没有，“本质”一词就应废弃；如果有，那就拿出来看看。是驴子，是马，拉出来遛遛。如果拿不出来，凭什么说有？

辩证法说，一切都变化着。为什么几乎没有人说不相信辩证法，却又有那么多人说存在不再变化的东西呢？不仅存在，好像认为还有很多很多，这有冲突吗？为什么会有冲突呢？为什么会陷入这种矛盾之中呢？谁能解释？

我不是解释，而是猜测，我猜想有些人认可辩证法或许是随大流的，未认真思考的，或许也并不知道辩证法说了些什么，是怎样说的，不识庐山真面目。

我想说，辩证法的基本观点之一便是：一切都是生成的，生成后在变动、运动，并且还会消逝。简言之，辩证法认为，一切存在又不在，一切有生有死。

我们地球就是生成的，它只有 40 多亿年的历史。当我们使用“只有”一词时，并不意味着丝毫的轻慢，我们无限珍视自己的星球，说“只有”，仅仅在于说出一个事实：它也是生成的，生成于 40 多亿年前。它还将逝去，大约也还会活 40 多亿年。今天生活在地球的人，大可安心地过着，活着，活出个样儿来；这个让我们活着的地球给予我们的时间还足够多。我们生成了，还正在变化着、发展着，也逝去着。我们的地球是如此坦然地面对生死，我们效仿吧，向母亲学习。上天给予了我们每个人难逾百年的时辰，但我们还不能不知足啊。据说在水下生活的一种动物可以活 500 年以上。但在哺乳动物中，我们可能是寿命最长的，而且，人的预期寿命还在延长。但理论上的判断，认为再怎么样，人也很难活过 150 岁，吉尼斯纪录好像是 120 多岁了；但愿人长久，不断地打破纪录。

地球生成后，最初是一团火，慢慢冷却，大约 4 亿年后有了生命，从微生物开始，到植物、动物，动物又从蠕体到脊椎动物，从卵生到胎生，到哺乳动物，经过千辛万苦，有了人类。1.4 亿年前有了鸟，共有 9000 多种鸟，中国有 1186 种。与人类相比，鸟是“老资格”。这个过程，地球由赤热变为日差不超过 60 度的星球。星球有了质的变化，这种质是生成后的地球再生成的，并非本有之质。

一个人生下来，“七坐八爬”，慢慢长大，受教育，也渐渐获得了质，且每个人的经历不同，获得的质也不同。千姿百态的世界，千姿百态的人构成人类。世界的质是生成的，同样，人类的质、每个人的质，都是生成的，哪有什么本来之质？

一所大学、一个社会，莫不如此，没有本来之质，只有生成之质。每个人也就应当可以努力去自我生成，并形成良好的质，那应该叫作气质、品质、特质。问题不在“质”，而在“本”。对于物，则可以叫作性质、性能、特征等。还可不可以说“本来”？

于是，我们更不可以说某某学生本质上是不好的，当然也不能说另一学生本质上是好的。都是在生活中、学习中发展变化，都是生成的。教育的使命也就在于让学生生成好的品质。与其说“本质”，不如说是忌用那个“本”字。一个“本”字可以让教育的必要性消失，若本有了，已有了，还要教育干什么？

存在主义哲学有一个基本命题：存在先于本质。这个话很经典。本质的本仍然不宜使用，还是改改为好，改为存在先于特质。这就说明了质乃生成也。

本质主义对于物质世界而言已不适合，银河、太阳、地球等的质连同它们自己都是生成的、获得的，都不是本有的。对于精神世界本质主义就更不适合了。因而，教育有必要充分意识到自己存在的依据，意识到人和学生是一种怎样的存在。这是一个伟大的存在，可以变得更伟大的存在。我们就在这个变动中发挥作用。

不必事事都问因果

许多事情有因果，许多事情未必有因果。没有因果，去问也问不出；有因果也不一定问得出，还不一定总是有必要去问的。不过，又总是难以一直不去问。

科学与人文不同。科学是必问的，它的目的就是找出因果，找出了，科学上就有了成就。苹果为什么熟了之后往地上掉而不往天上走？牛顿就去找因果，结果找出来了，那就是万有引力。地球与苹果之间有引力，但地球的质量太大了，其引力也大得多，于是，苹果掉向地面，而苹果对地球的引力微乎其微。

太阳比地球的质量大得多，为什么地球没有掉到太阳上面去？地球以高速度运转着，从而克服或平衡了太阳的引力。恰如月亮也不会掉到地球上来一样，亦如飞机保有了一定速度时也不会掉到地上来一样。人造卫星在达到一定速度后，无须像飞机那样还需要燃料，它可一直绕地球飞行，彼此引力平衡了。

科学上寻找因果之后，可带来许多应用性成就。人文虽仍是科学，但非自然科学。科学一词在最狭义理解下即指自然科学。此处，我们约定在狭义下使用。故人文科学是精神科学，在此亦不是指狭义的科学，不妨就简称为人文了。

人们为什么会普遍喜欢音乐？因为什么才有了喜欢的结果，这也是在问因果。但是，对于此问，答案会很多很多。有的是为哼哼，打发悠闲，调节生活；有的是为了抒发情感；有的干脆以此为业，专攻音乐，只要有可能，还想做个音乐家。

音乐属于人文，不也在讲因果吗？可是，科学的因果是唯一的，音乐的因果是多样的。这首曲子为什么作成这个样子？没有唯一确定的答案。这首曲子为什么这样唱？唱的人可能觉得这不是个问题，无须去回答。同一首曲子，不同的人演唱，表达方式和效果都很难一样。同一曲《卓玛》，降央卓玛和云飞唱起来，就风格迥异。同一曲《卷珠帘》，霍尊唱的和两位女高音歌唱家演绎的也很不一样。作词、作曲是创造，演唱时也是再创造。这就是人文的多样性。也就不是从因果上去说的，亦即，没有什么因果。

教师为何需思考这类问题呢？ 当我们面对多个学生时，很可能就是多少个学生多少个样。 他们表现好时则矣，不好时教师就会思考：他为什么会不好？ 就会去分析原因了，找到了原因就可以有针对性地有效地帮助他。 否则，就不一定能达到预期的效果。 有时，找准原因并非易事，这有可能是由于精神领域里的复杂性和多样性，没有唯一的所有学生共有的那种原因。 此时，还是谨慎一些为好，弄错了，错认了或错怪了学生，后果会很糟糕，学生在情感上会更加远离教师。 于是，可多加试探，不急着下结论；先靠近学生，亲近学生，不能紧盯着学生的问题。 情感是教师工作最重要的基础，细腻的情感更重要。

科学原理可以一个模子套下去，人文的东西没有特定的公式可套，每个人都不一样。 我曾专门撰文，论述教育科学属于人文科学的道理，它不同于自然科学，也不同于社会科学。 并且，不只是我，许多人都明白，人文科学在这三大类科学中，地位最重要。 目中无人的人，才看不到这一点，才忽视人文。

教师中，有教自然科学的，有教社会科学的，但都需明白人文科学的地位。 自己从事的，很重要；但人文更重要。 且自身亦需有一定的人文知识，更需有人文修养。 甚至于，一般的科学修养也在人文修养之列，因为这已进入修养，进入了人心。

不会认为学习语言文学、史学、哲学不重要，尤其，也不能认为学习音乐、绘画不重要。 我一直认为，不重视艺术教育的校长不是好校长，不重视艺术教育的教师不是成熟的教师。 艺术似是显于形的，却是隐于神的；艺术出自口、出自手，更是出自心的。 并非唯一的因果潜存于其中，更多的美妙和神秘潜存于艺术教育之中。 更何况，无论什么科目的教师都还会追寻一个崇高目的：让自己的教学成为艺术，如音乐，如美术，如诗如画且可让人如痴如醉。

先引着学生走进象牙塔吧

博克有一本著名的书：《走出象牙塔》，英文名是 *Beyond The Ivory Tower*。然而，Beyond 不一定翻译成“走出”，它有“超越”之意，还可有“在那边”的意思。我不会认为我较之中文翻译者更懂原意，但如果要在几种可能的翻译中进行选择，我就觉得也可为《超越象牙塔》，或者《在象牙塔那一边》。从书的内容看，博克侧重于论述大学的社会责任，此时，他把大学比喻为象牙塔，在他看来，大学有必要走出去，看看自己的社会责任。这是他作为哈佛大学校长时写的一部著作，客观上，哈佛对美国社会本负有重大责任。然而，如何看待大学的社会责任，不同校长的看法不尽相同。就有校长认为，大学特别需要专守这座象牙塔。

我们还是讨论与教师关系更为密切的相关问题。这里，我觉得首先是看到学校是象牙塔，大学是大象牙塔，中学是中等象牙塔，小学也是个小象牙塔。它们不是塔，怎么可能看得更远，人们怎么会走进去？父母为何送小孩上学？

我们还要尽可能地把这些塔建得漂亮，建得金碧辉煌，特别具有鉴赏价值。我们是建造者，怎样构思，怎样设计，采用什么样的工艺，全在于我们自己如何做。如果我们所建的塔还不像象牙塔，就还需要去打磨，去加工，使之又高又大又美。

住在茅草房说走出象牙塔，这是说话“不关风”，牙还设长齐，怎么说得出，怎么说得清？

力图让学校成为象牙塔，走出去的时候才会浑身发光，格外披上了一件大衣，光彩照人。这是知识分子的、教师的清高。这个清高有何不好？教师太需要这份自信了，我们必须清清白白，做一个高高大大的人，此乃清高也；并引导学生亦如是，把学生引进象牙塔。不是说书中自有黄金屋吗？引导学生住进黄金屋，走进象牙塔，这是教师的使命。没走进能说走出吗？走进之后，还要多待一会啊。

“两耳不闻窗外事，一心只读圣贤书”，这在一定时候也是需要的。在清静之中才读得进去，不把书读进去，读好，读懂读深，就从书斋走出去了，底气不足啊。

人间确实需要书呆子，需要蛀书虫，需要潜心与书打交道的人。这种人太多了不必要，少了更不行。穿衣吃饭的事要有人去做，去问天问地的人也要有。人间需要万千种职业，从事万千种职业的人，都多多少少需要读一些书，尽量多一些吧，书呆子也就自然会有。其中不乏一些伟大的人物。

如今，能看到几位书呆子？有几位对书抱有痴情的人？又有几位真因读书而呆了的？

我觉得，在学校没有别的比读书更重要、更神圣的事了。象牙塔里香味十足，此乃书香。不充分领略这种香味，怎么去谈论未来，我们办那么多学校，办教育投入那么多，是为了什么？一切都从这个好好教书，好好读书出发。那些投资者们所希望的，父母所希望的，学校里的人自己之所期待，也莫过于如此。

由此，当我们谈论社会责任的时候，首先还是教书、读书，教好书和读好书就是我们的社会责任。到了大学当然也考虑社会责任，此时的学校，能力更强了，影响更大了。例如，大学发出的声音也更大了，大学的活动可波及的范围也更广了。于是，应当承担更大的社会责任，这可能是博克所关注的要点。

大学不应为侵略战争发声，大学不应参与制造杀人武器。可是，二战后期，美国为了对付日本，就依靠几所著名的大学研发原子弹。这是用来杀人的，但是用以杀侵略者，这难道不是社会责任吗？问题只在于正义与否。

实在说，中小学、一般性的大学还没那种能力，但也不是没有社会责任，只不过有的比较直接，有的比较间接。所以，当思考各自的学校、各自的岗位究竟有什么样的社会责任，究竟能担当多重的社会责任。蔡元培做北大校长时，就认为学生不必上街游行，还是好好在学校念书。但学生也未必都听他的。北大的学生似乎有更多的社会敏感，也有更强的社会担当，不如此，好像就不是北大。

对于这个问题，我相关的建议是：无论什么学校，我们教师的责任，连同社会责任，最优先的还是教书。不必在意别人称它是象牙塔、金字塔，还是黄金屋。

体悟“体”

汉字简化带来不少方便，特别是书写上的方便。比如这个“书”字，这只需4笔，繁体字则有10笔，省了不少。“体”字7笔，繁体字则有22笔。但是，除了大陆，其他华人地区似乎不采用简化汉字，那里的中国人认为繁体字所包含的一些精华被“简”掉了，我们的古人在汉字上凝聚的许多智慧被“简”掉了。“爱”字原本有个“心”字的，没有了，这似是无法被人接受的，爱怎么能不用心去爱？“亲”字本有“见”字旁，却不见了。总之，人们普遍认为，这是一个文化问题，而不只是繁简的问题。

倒是简化了的“体”字不仅笔画数大减，而且也还有些新意。何谓体？人本身也。

作为对教师的一条建议，这里我之所言，在于引起对体字的进一步关注。从体字的构词来看，便可知，我们的先人已有许多深刻的认识。这类构词，包括体验、体悟、体会、体察、体贴、体恤、体味、体认、体谅等等。还有文体、字体、草体、个体、整体、气体、液体、团体、晶体、天体等等。由此即见，体字本身有极强的构词力，当然，这种构词力又源于人的认识力、想象力、感悟力。

现在，我们回到教育上来。此刻我们立即会想到体育。体育是什么呢？是蹦蹦跳跳、哈哈笑笑吗？对此，我们在前面已做过较多的讨论。现在从另一角度来说与教师相关的某些问题。

对于教育，我想我们教师都是愿意全身心投入的，是值得如此的，而体则正是由身与心一起构成的，由此，也可以说，我们是会从“体”上投入，这就是全投入，尤其，我们是把心也投进去了。这也才叫作整体投入，或无保留地投入。

与学生接触的过程，首先可能是体认、体察，这就较之一般的认识和考察深一步了。此刻，我们是在用心去认知，用情去观察了，即把“体”融进去了。

随之，如果一般的体认和体察还不够，就还需要体悟、体味了。自己尝一尝吧，设身处地地悟一悟吧。不妨还深入体验一下，换个位子，让自己身临其境去体验。

无论如何，我们的心要靠近学生，贴近学生，体贴一词很好地表达了这一点。

学生实在有不如人意的表现时，亦需耐心等待，期待，体贴入微之处，是能感动人的。青少年有其单纯的一面，这可让我们更有信心。于是，体谅这一关也很重要，很必要。

人的行为得体，举止得体，是有一个修养过程的。教师引导这一过程，自己也就是在修养自己。越是能全身心投入，把自己的整个生命体投入进去，越能修养好自己。为了学生，也能为了自己，这是何等有意义、有价值的教育事业啊。

教育规模无论多大，其立足点在个体。教育的宏大，外形在规模，内神在心窝。教育的心无比宏大，它才是真正的宏大。教育的“体”可无限大，容下一切，看到一切，想到一切，为了人的一切，为了你我他，为了一切的人，教育最无私。

我是在教育中泡大的，在其中受教，在其中享有，在其中成长。并且，不断地去感悟教育的奥秘。由此，我才体悟到教育的无限辽阔宽广，教育的无限深邃，由此，我才明白教育无限大，明白它的无限美好和壮丽，教育的如诗如画。

教育忠实地伴随人类，人类虔诚地对待教育。教育无限地恩惠于人类，人类无限地感恩于教育。没有任何人不与教育深深地交往，没有任何人敢懈怠教育。我成了专门的教育工作者，不仅从事教学，还研究教学，研究更广泛的教育课题；并且，这种研究自然地把我引向了哲学；最初是教育哲学、高等教育哲学、课程哲学，而后来走上了纯形而上学研究，乃至形成了我的人主义哲学。

我把“体”全投入教育了，教育也融入我的魂体，完全不可分离。教育和我，我和教育，不可分割地联在一起，连在一块，我属于教育，教育也属于我。

历史也表明，哲学是由教育催生出来的。在古中国，是从事教育的孔孟同时做哲学，在古希腊，办学园的是柏拉图、亚里士多德，与此同时，他们也做出了哲学。教育家们都自然地必然地成了哲学家，否则，还不一定真的是教育家。

我想，在我身上，不过是重复了历史，走在孔孟们和亚里士多德走过的那条古老的道路上。我还相信，这条古道会延绵到永远，而走在它上面的人将络绎不绝。我也会成为这条路上的一粒沙石，供人从其上走过。

回首看来，我毕业后留在了学校，这就必定让我直接与教育打交道；而我的情、我的意又让我深深地走向教育的远方，叩问它窥视它，于是，自幼形成的理性思考帮助我走上教育理论之路。然而，此刻的我必定还会在无数次回望的时候，还不期自然而然地与孔孟招手，与亚里士多德对话，经由教育哲学而走向哲学；又从哲学那里把教育看得更清楚，教育连同哲学亦必长久地在我的体魂之中。

我的一般性看法是，如果全身心投入，如果细细体悟教育，是没有可能不跟哲学行见面礼的。

顺便说一句，好像不少人对哲学持有一种神秘感，敬畏它，同时也觉得难以靠近它。我想说的是，对于难以靠近，这可能是一种错觉。只要你亲近它，它是一定会亲近你的，它最懂得投桃报李。所言切切，不外是建议教师们在深切投入教育的过程中，对自己可以有更多美好的期待，我们会走向美好的哲学世界的。

我深切地盼望，每个人大大提高自己的哲学兴趣，如此，人的一生才更值得。

我深切地盼望，我们的大学有高水平的哲学，由此，才可能为学生传递更多智慧。

我深切地盼望，我们民族有发达的哲学，让哲学成为我们民族的事业，这是我们民族走向持久的全面的繁荣所必需的。

这些盼望若想变得更为实在，我相信，全体教师的努力是最不可缺少的。因而，我们肩负着崇高的民族使命：为了我们民族，自觉地从教育走向哲学。

我可以充分论证以上的盼望是必需的，亦即，一个人、一所学校、一个民族离不开哲学。越是自觉于哲学，越是自觉其人，自觉其大学，亦自觉其自己的民族。教育和哲学是一起属于我们的，把将两者隔开的那些功利主义之类去掉。

辨析教育与劳动

我们这里至今还流行着“教育与劳动生产相结合”的说法。还有“知识分子劳动化”与“劳动人民知识化”的口号。我们也建议教师再辨析一下这些颇有影响的口号。

先分析一下“教育与劳动生产相结合”吧。只有不同的东西才相结合，上下结合，工农结合，城乡结合，南北结合。总之不能说身与脑袋结合吧，不能说肢体与手足结合吧，肢体不就包含了手足吗？那么“教育与劳动生产相结合”的说法，就意味着教育活动不是劳动，不是生产，如此才言结合。在曾经有的观念中确实是如此的，认为知识分子们、教师们是脱离劳动生产的，于是要“相结合”。

然而，一天到晚劳动着的教师怎么会是脱离劳动的呢？怎么就脱离生产了呢？说知识分子五谷不分，但是，许多工人也是五谷不分，但他们没有劳动吗？许多大干部，从县长做到市长、省长，也五谷不分，他们也是不劳动的吗？美国人，百人之中只一人种五谷，那百分之九十九的人都不劳动了吗？说奇怪也不奇怪，在一些地方把劳动仅仅理解为体力活，仅仅理解为物质生产。

其实，人类很早以来就有两类劳动、两类生产。一类是物质劳动生产，一类是精神劳动生产。因而，有物质生产与精神生产的差别，例如，我们古代的圣贤孔孟，就是进行精神生产的，其成果，其产品，共千秋万代享用。这是一般物质生产所不及的。古希腊圣贤，柏拉图、亚里士多德也是从事精神生产的。其成果也千秋万代，成了永恒。

很难有完全无须脑力的体力劳动，也很难有完全无须花体力的脑力劳动。有科学分析表明，在要用脑劳动时，所消耗的营养还很特别，只有一些淀粉、碳水化合物还不够啊。

我们时下流行的哲学，如果称得上哲学的话，毛病实在太大了。一是到不了形而上，二是到不了辩证法，换言之，既崇尚感性，又分割式看问题。这真让人担忧，没有哲学的复兴，其他的复兴是困难的。西方有过文艺复兴，其中就包括了哲学复兴。

“知识分子劳动化”的说法也包含了“知识分子不劳动”的含义。于是，不停地上山下乡，去工厂农村，以为只有那里才有劳动，才有生产。学校是不劳动不生产的，殊不知，学校进行着神圣的生产，人本身的生产和再生产，此乃其他一切生产的基础。

还有一个“劳动人民知识化”的说法。当然，这意味着劳动生产者是没有知识的。然而，乱提口号的人太没有头脑了，试问：劳动人民一旦知识化，不成了知识分子吗？不又要去劳动化吗？怎么总是要化来化去呢？什么叫折腾，此乃典型一例。

现在，政治上的折腾已经停止快40年了，但许多观念上的问题，还缠绕着我们。这也说明，文艺复兴、哲学复兴是必需的。我们教师的使命亦任重而道远。

那些从政的人不会认为自己是不劳动吧，那些从商的人难道是不劳动的吗？现在，从哪里去找不劳动的人？饭来张口、衣来伸手的人还有吗？那种靠母亲做一个大烧饼挂在胸前低头就有吃的人，有吗？连乞丐也还要挨家挨户走走、讨讨吧？

我们可以放心了，我们进行的生产劳动是神圣的，特别关乎千家万户的；并且，我们的劳动对物质生产的影响越来越大。教育的规模为什么空前扩张？教育的层次为何日益增多？教育人口为何占有全社会人口的最大比例？

我们再也用不着上山下乡，再也不必接受什么“再教育”了。我们如果愿意，还要做点农村调查，尤其是研究社会学的人，但这与“上山下乡”完全是两码事了。

社会的分工表明的是社会进步。数千种职业的出现也体现着这种进步。这种进步中，蓝领工人在减少，白领工人在增加。教师正属于白领工人。说知识分子脱离工农也是很荒唐的，他们不就是工人吗？只不过是白领工人罢了。

知识分子亦曾被称为精神贵族。其实，不还有皇族吗？有皇室成员，那不也是贵族吗？知识分子这样的精神贵族，较之皇室贵族更为社会所需要。实在说，有没有皇室贵族，并没有多大关系；可是，若没有精神贵族，这个社会就不得了了。实际上，这一族的人正越来越多，一旦多到一定程度，说贵也就不贵了；但这要有一个过程，否则，怎么多得起来？

把握内涵与外延

除了音乐、美术等艺术课程外，其他学科，如语数外物地生，都涉及概念教学。

理论性课程总离不开概念、命题和推理。若干个概念组成命题，若干个命题构成推理。概念的教学就成了最重要的基础。本条建议就围绕这一点来提出。

论到创造，较为低级的是对他人提出的命题，进行不同于他人的论证，或实证，或逻辑论证。

较为高级的创造是自己提出命题，并进行论证。这已很不容易，命题即句子，有了属于自己的命题或句子，就是说了别人和自己都从未说过的话。这叫立论了，或立言了。人是在立德、立言中立人的。故而，说几句从没有人说过的话，是特别珍贵的。

更高级的创造是提出概念，这种创造才叫作原创。

数学可以作为代表。在数学上，能对别人提出的命题或定理给出自己不同于他人的证明来，这就算一项数学成就，这只是较低级的创造或成就。如果自己能提出命题并给予论证了，成为定理了，这算是很高档的创造。这是能以自己的名字来命名的定理。陈氏定理、吴氏定理、莱布尼茨定理、牛顿定理等等。

提出概念确实是最高创造。毕业于南开大学的陈省身后来成了世界领袖级的数学家，重要原因之一是他创立了自己的概念，例如，他在几何中提出了纤维丛概念。由此，他成为世界上有史以来少数几位最伟大的数学家之一。

我本人如同其他学者一样，也力求有自己的命题，自己的概念。我所提出的与众不同的命题可谓不少了，每本书、每篇论文中都有，没有就不会发表。

我也提出过自己的概念，例如超结构、元结构、生命论、人主义哲学。所谓概念就是命名，有了一个新的对象，给它命名，这就是新概念了。概念是给事实命名，就是词；命题是句子，新命题就是新句子。有些词，我不知别人用过没有，比如提出“学术权力”一词，对于我，这无疑也是创造，但对于他人，算不算创造我也就不清楚了，因而不能妄称原创。原创与否，不只是自己跟自己比，还必须放在整个学术世界去比。

说到概念，1991年在北京学习时所遇到的一些事总令我难忘。教员在黑板上写下一个不等式：

一般 < 个别

听讲的学员们，除我之外，一片哗然。学员们问“为什么”，教员竟很久未作答，而后冒出来一句：“这是××说的。”一句话含义是什么，正确与否，与谁说的没有关系，他的这种回答更令我奇怪。我真没想到，在这种学府里竟会有这样的一些事。

其实，一般与个别、普遍与特殊的关系是哲学上常常议论的基本问题，一般人都有意无意地接触过，学哲学的人更是自觉地接触过、思考过、研究过的。

凡概念，都有其外延与内涵。人们有时从外延到内涵去认识，有的从内涵到外延去认识，总是结合着去认识。认识得深刻与否，主要取决于对内涵的把握。所谓内涵，就是从事物深处看的，那恰是无形的，不是靠感官，而是靠思维去“看”的。

内涵与外延关系甚密，内涵越多，外延越狭窄；反之，外延越宽广。人们说，理论是单色的，生活是多彩的，说的就是理论往往就是几条筋，而反映这些理论的事实或现象，则十分广泛。正方形与四边形相比，前者内涵特别丰富，故外延相对狭窄；四边形则内涵极少，而其外延特别宽广。这是反相关的。

“一般 < 个别”，正是就内涵而言的。

也还有“一般 > 个别”，这是就外延而说的。

民间常说“白马非马”，这就是从内涵来讲的；也可以从外延来说，那就应当是“白马是马”了。

对1991年我学习的那所学校来说，哲学水平真有限。但我相信，中国有更高哲学水平的大学。不过，放在世界范围看，我们的哲学水平就很不怎么样了。从古至今，都说明哲学对于一个民族的决定性意义，从古希腊，到英法，再到德国、美国，都证明了这一点。

哲学对于大学，对于个人，也如此。所以，教师们，无论是哪一科的教师，哲学修养都至关重要。

这是从对概念的把握展开来说的。我的相关建议是，教师们在概念教学上可以花最大的功夫。从具体情况出发，可以从外延入手至内涵，也可以从内涵到外延。常常还需视实际情况而迂回前进，不是简单重复，而是温故知新。

关注终身学习

教师是富于未来眼光的，却还可以努力让自己看得更远，想得更深，为学生思考得更长久。

教是为了不教，这是一个具有未来眼光的说法。学不是为了不学，而是为了更好地学；这也是教与学的非对称性的表现之一。人不需要再教了，走出校门了，就是自己去学习了，也可说是自己教自己了，当然只是无须教师再教了。

当今，在一些发达国家，人的一生中转换工作岗位或职业，达人均七次。这种转换中所需要的学习，都主要靠自我完成了。在一些体制比较灵活的地方，就到学校里选修一两门课，如此而已，选什么，怎样选，也还靠自己拿定主意。

教师的教学怎样才可能对学生未来有更长远的影响呢？怎样才对终身有影响呢？已有终身教育存在，因而必伴随有终身学习。这不只是学做人的问题，也包括学知识、学本领。这是随着社会发展、时代进步而必然出现的问题。

我们早已注意到，人一辈子所需要的知识，从学校里能获得百分之五就很不错了。当然，这是不可缺少的百分之五，也是较难被忽视的百分之五，并且，这百分之五最好能对未来的百分之九十五起到很大作用，让这百分之五充分发酵。这一点，当然与教师的关系最为密切了，关键在于，教师是如何传递那百分之五的？

说实在话，教师传递的那百分之五本身，也是学生日后大都会忘记的，所记者不多，然而，教师的形象，教师的态度、风度，言语风格等，倒是不易忘记的。所以说，教师需意识到，认认真真讲授的是百分之五，而其上所负载的还很多很多。

显然，与学了多少知识相比，从学习知识的过程中获得的学习能力更重要。什么样的能力呢？在没有人教的情况下学的能力，即自学能力。逐渐逐渐，教师的讲授就不必那样细了，多用“粗粮”去“喂养”学生，故而引导他们阅读和自我思索、自我练习更重要。吃“细粮”多了，反而消化不良，乃至营养不良。

什么是较强的学习能力呢？ 方法，学习方法最重要，教给学生的知识，多是观念形态的；这些观念是如何形成的呢？ 靠的主要是方法。 好的方法能够获得更多观念；能够解决更多问题。 方法论具有更深远的意义。 人的聪明与智慧，固然也表现在知识的多寡和深浅上，但更表现在获得知识的过程和方法上。

方法中主要又是思想方法，这较之操作方法更重要。 发现比发明更重要，思想家比工程师更重要，人们所称之大师，首先是方法论大师，观念相对次要得多。

在思想方法中，辩证逻辑方法较之形式逻辑更重要。 这样，我们几乎又回到哲学上来了。 可是，最能让学生终身受用的，也正是辩证法。 方法特别能代表人的智慧，而辩证法本身就是智慧之学。

黑格尔曾称柏拉图和亚里士多德为人类的导师，然而，黑格尔本人亦是导师。 他们最宝贵的贡献就是辩证法。 这是为人类创造的永恒的财富。 自觉不自觉地学习他们也就十分重要。

关注学生的终身学习，所特别要关注的，确实是方法，是思想方法。 其他方法也尽可能去把握，但人很难求全；不易求全，但必须求精、求深、求贯通，于是这又主要与方法有关。

妥善对待厚与薄

在教学生时，碰到学生一时难以理解的情形是很正常的。都很容易搞懂，会觉得没什么味道；都很难懂，更没有味道了，甚至学习的信心也可能受挫。

当然，教师总是寻求让他们酸甜苦辣都尝尝为好。总寻求让他们跳一跳才摘得到果实。不跳就摘不到，跳得老高还摘不到，也有很大问题。这就靠掌握分寸了。

“换一个说法”，这是教学中可以常用的。自己讲过之后，若学生不懂，就换个说法；换个说法还不懂，就再换个说法；还不懂，就得研究一下，弄明白是卡在哪里了。一个重要的研究是，看如何把难懂的，亦即难点加以分散，化难为易。

这里，我把华罗庚曾提到过的一种读书方法、学习方法转述给教师，这对教师如何引导学生学习，以及自己如何学习，都有好处。

华先生是以数学来说明的，我们换一个领域，就语言文学来讨论一下。

比如说，读一个作品，一篇范文，先读一遍，很快就过去了，觉得很薄；再细细琢磨和品味，就感到内容越来越丰富了，感觉其包含着许多思想，还颇有余味，这样，很薄的一篇范文就读厚了，变厚了；可是，当再回味时，做一点梳理和归纳之后，发觉它也就是那么几个要点，这也就相当于又变薄了。

教师们知晓这一过程之后，更可以从容引导学生，让他们经由从薄到厚，又从厚到薄的过程。这后一个薄已与前一个薄大大不同了，前一个薄可谓单薄，乃至浅薄；后一个薄是浓缩，是深入。这是一个认识的发展过程，获得真知的过程。

数学亦如此，一本数学书，由一系列定理、公式组成，看似很简单，但在学习过程中要做一系列练习，解习题，这样，书就变厚了；然而，由于通过训练和思考，回头一看，那些定理和公式更清晰了，整本数学书也不过就那么几条筋，书又变薄了。

有时，要讲授的内容就是一两页书，可是，教师常常要用几十分钟来讲解，这亦为一个由薄变厚的过程。通过这样详细地讲解之后，学生初步懂了，可是，这并不等于真懂和深懂了。待学到一定阶段之后，再引导学生回首，梳理一下，归纳一下，此时，学生可能又有恍然大悟的感觉：原来就这么几个问题啊。

厚薄之间的变化，与似懂非懂之间的变化，是密切联系的。我最记得在武汉大学的一次演讲，演讲完毕后，主持人黄明东教授用一句话做总结："在听张校长报告之前，我以为自己对这个问题是懂的，听过之后，我不懂了。散会。"我从未听到这样简短、这样特别的总结。

事后，我把黄明东的总结告诉刘献君教授，刘听后很坦然地说：有一类报告是使人从不懂到懂的，有一类报告是使人从懂到不懂的。张校长，你的报告属于第二类，听时似乎懂了，其实还没懂。

从各方面给我许多教诲的李盛华老师，1931 年以湖南省的状元考进北京大学。他对我说过，一堂课有百分之二十的学生听懂内容的百分之二三十就够了。你讲清楚了，学生也听清楚了，但这不意味着他们都搞懂了。我可能当时是属于那百分之二十的学生，但我听得懂他讲的部分，确实也不过百分之二三十。

课后就及时复习，并做一系列习题，回过头来再看李老师所讲的内容，才明白到百分之七八十。

我们毕业时，李老师出了 100 道题考我们。全年级我考第二名，第一名 70 分，第二名就是我，考了 63 分。我印象最深的一道题，是比较 0.999……与 1 的大小。我没答错：它们是一样大的。

一贯不善应试的我，怎么这一次考得还相当可以呢？我想，这证明我的基础还可以，我注意了真懂。这可能正是我所擅长的一面。基础好不见得一切都好，总的来说，应试的能力还是差一些。

对于小学生，最好是当堂消化，当堂搞懂，不必留课外作业。对中学生，当堂懂一半也差不多了，课后还复习、练习。对于大学生，则如李盛华老师那样，让他们有个似懂非懂就行了。对于大学生，讲深讲透就好比总是吃细粮，结果会营养不良。对大学生，常常让他们吃一些粗粮十分必要，不能只吃甜食，苦的、辣的，都要尝尝。

我想，首先还是教师自己先经历，自己跟自己过不去。在觉得自己懂了的时候，思考是否真懂，是否还有不懂的地方。也就是自觉地在懂与不懂之间穿行。有了这方面的更多经历，在教学中就能够自如地运用一些方法，求得更好的效果。

形式流派与实质流派之争

从这一节起，随后将讨论一系列的关系。我们的建议也就在于提醒教师们确切地理解和正确处理这些关系。这样，在语言表达上与前面的叙述可能稍有不同。

这一节，我们介绍史上的形式流派与实质流派的不同观点，了解这一点，对我们也有益。

据我分析，英国教育理论家纽曼就是偏于实质主义的，他看重知识本身，为知识而知识、为真理而真理的思想十分鲜明。至于发现真理、研究知识，在他看来，不是大学的使命。然而，在他之前的半个世纪，德国人就与他的观点十分不同了。

简单地说，实质主义主张的是主要传授知识，知识是实质性的；形式主义主张知识并非实质，知识只是载体，通过知识的获取培养能力、把握方法，才是最重要的。

教师们并不需要在形式主义和实质主义这两者之间选边站。在不了解这两者的实际主张时，在我们当下的术语中，形式主义恰是不惹人喜欢的，谁不喜欢实质而只喜欢形式？可是，这里说的形式主义的形式是有很深刻的内容的，不能把形式主义的形式理解为与内容完全相对立的概念。相对但并不对立，不隔离。

我想，教师们大都既重实质，不少的教师自然地会传授内容，又重方法的传递。很可能，不少的教师自然地会偏向于形式主义，会特别追求让学生掌握学习方法的目的。

在我们这里，有类似的一些观念。例如，是授人以鱼，还是授人以渔？是授人以金，还是授人以炼金术？只不过，我们没有实质主义与形式主义的表达，但实际上存在着。并且，我们传统的教育思想中，是很注重方法论的，是偏向形式主义的。

不过，鱼与渔，金与炼金术，是不可能完全分开的。渔不是拿来捕鱼的吗？炼金术不用来炼金还有什么意义？无论怎样，只是看法上有所偏向而不可能在两者之间只取其一不取其二。实际上，渔为鱼而存在，炼金术为金而发明；渔的方法可以多种，但其有效性还在捕鱼多少，炼的方法可以多样，但还得看是否能更好地炼金，是否能炼出更纯的金。落脚在鱼与金上，能一无所获吗？

这可能是一个过程与结果的关系问题。很可能还是过程与结果的统一论者为好。统一才好，也就因为有时不统一，所以才努力去求得统一。谁不想要一个好的结果？但是，如果过程不好，功夫没做到家，那个好的结果又从哪里来？

我想，教师们无不想求得一个好结果，让学生学得好，学生能成才，也让自己的教学越来越好，但是，这个过程要走好，功夫要下足。念佛、念经，还是着眼于念，念得很用心，很虔诚，经就出来了，佛也显灵了，神自然会光顾的，上天有眼。

肯定会在过程上下功夫的，教师的努力必花在过程上，目的也在求得好结果。但如果结果不太好，不理想，那就要回头检查或反思一下。功夫下足了没有，过程走好了没有，又必然与对结果的考察联系起来。这就是过程与结果相统一的一面。

不也有只问耕耘、不问收获的观念吗？确实还有一个谋事在人、成事在天的说法。这个说法表达了对主客观关系的一种看法。主观努力了，而某些客观条件也具备了，于是就有了收获；但有时客观条件不具备，甚至出现了某种没有想象到的困难，于是，耕耘了，但没有收获。这里的“天”就是指上天吧，可能指大自然，也可能是指外界的某些社会或其他人为条件，它们对成败有影响。

努力耕耘，努力谋事，竭尽所能去工作，这对教师尤其有意义，因为，教师的收获是在未来的。

关于直观与抽象

以下的建议是关于处理一些关系方面的内容了，前面也有过，后面就比较集中了。

直观的原则，夸美纽斯就提出来了。他的直观可以说是直感，把人的五官都调动起来去知晓事物，能看的看，能闻的闻，能听的听，能尝尝就去尝。夸美纽斯的原则三十多条，太多了就不便于应用。后来，凯洛夫继承了他，并归纳为五条，第一条仍然是直观性原则。五条，简明扼要，实际的影响也就大多了。

直觉与直观不同，直觉是直接的觉察，但这只是字面上的解释，犹如说直观是直接的观察一样。究竟什么叫直觉？好像没有什么明确的界定，不过，直觉已不只是运用五官了。人们有时说，直觉可能是运用了人的第六感。然而，第六感是什么呢？只知其是五感之外的，至于它本身究竟是什么，还是说不清楚。

仅凭直观，人走不了多远。就视觉，人不如天上的鹰；就嗅觉，人不如犬；就听觉，人不如许多动物。

如果把人的认识分为感性、悟性、知性、理性和哲性，那么，只要从感性再前一步，就可区别于所有动物了。人都是可以到达哲性的，这样，人就更是人了。

到达哲性的过程就是抽象的过程，且不是一次抽象、两次抽象的结果。人还可实现三次抽象，在任何一个领域里都可实现三次抽象。抽象了还再二再三地抽象，这是人真正有力量的地方，也是人之所以成为人的关键。人之最伟大的地方。

直观只是入门。入门也重要，但如果只停在门口，就还看不到门内的辉煌。

教育现象的存在，与人类历史一样悠久。但首先是以理论形态出现，正是夸美纽斯完成的，这算是第一次抽象。相距两百多年后，罗逊克兰兹完成了第二次抽象，产生了教育哲学。再后就有了元教育学，即对教育哲学本身的再抽象，这可算是第三次抽象了。还会有吗？“元”似乎已到顶了，到原初了。

这样，我们对元数学、元哲学、元科学，就都好理解了，它们都是经过三次抽象的结果。

一般人完成二次抽象都不难，而完成一次抽象的现象，则必然存在于所有人身上。三次抽象很难很难，一次抽象则很易很易。教育应当达到的目标是至少要引导人完成二次抽象，最基本最起码的目标则是引导学生自觉地进行抽象。

说一次抽象很容易，是因为所有的人几乎用不着任何刻意的训练就已实现的。在人开始说话时，就会有抽象了。这也就是人之作为人的基本特点，人早早地脱离了动物界。

就说这个“人”字，它就是抽象的。谁见过人？都只见过张三、李四、王五，他们是人，但人是谁？人是什么？或许，凡人都知道“人是什么”，但并非凡人都说得很清楚的，甚至你做出几个模糊的回答也不容易；那模糊的回答也需要抽象。其实，张三、李四、王五等词也是一种抽象。凡说到任何词，都已是抽象的结果。

你见过树吗？你只见过杨树、柳树、梧桐树，树在哪里？没见过吧？“树”只能通过思维，通过进一步的抽象才能去把握。人的知识增长过程，也就是抽象词语不断增多的过程；由词到句，由句到推理，不断发展的过程。无抽象，怎么会有发展过程？

有些人，有些学生，不太喜欢抽象，甚至有害怕抽象的情形，总是希望别人说具体一点。可是，具体只是相对的；具体已有抽象，其具体也只是相对于更抽象的词与句的。为什么有些人害怕数学了？就因为抽象。可是，教师正在于把它变得具体。

具体与否，也还因人而异。学语言文学的，可能觉得数学抽象；学数学的，可能觉得哲学更抽象；学应用数学的，可能觉得基础数学（如集合论）更抽象。这样，教师也就要因材施教；从学生感受到的具体内容那里展开，引导向更高层的抽象靠近。

所以说，具体与抽象的关系，并不等同于直觉与抽象的关系，前者可能还包含抽象与更抽象的关系。当下，我们社会里理论兴趣的缺乏，进而哲学兴趣的缺乏，是十分严重的问题。这个责任不全在教育，但教育还是要尽自己之所能去改变这一现状。可以说，在很大程度上，人之发展取决于他在抽象能力方面能走多远。

许多人在许多情形下，是从感性开始的，先跟着感觉走吧。但其中能走得更好、更深、更远的，是迅速从感觉中走出来，从感性发展到理性，进而发展到知性。所以，我不觉得“直观性”作为原则是十分必要的。直观还可能带来错误。人一生的价值，在于他在抽象的道路上走了多远。唯有抽象才能带领我们走到天涯海角。

多多引导学生去猜测

军界最会打仗的，是最会猜测军情的人；商界最会做生意的，是最会猜测市场行情的人；侦探中最有破案能力的人，也是最会猜测的人；最著名的科学家也是最会猜想的人。做学问的人怎样呢？该如何去教学生呢？如何教学生去猜想呢？教猜想应是教学的一部分吗？是教师的任务吗？这一任务的意义和价值究竟有多大？

有不少人，不只是学数学的中国人，都知道有个哥德巴赫猜想，因为中国人在研究这一猜想方面有特别大的贡献。这是1742年的一个猜想，却在随后的两百多年里，引起无数人的研究，大大推动了科学和数学的发展。猜想的意义何等巨大？

每个学科都有自己猜想的历史过程。当教师自己不一定熟悉猜想的历史时，可以自己重做猜想。对语言，对文字都可以有。有些字为什么那样写，有些话为什么那样说，都可去猜想，所猜者不一定合乎真实的历史，但重要的是猜本身。

举几个例子吧。哲学的“哲”字为什么是一个口字加一个折字？哲者当然要言之，语之，故必用口；然而，用口说的不一定都有哲意，但是，曲曲折折地说，很可能就到哲学了。哲学是智慧之学，智慧往往是潜在的，不显山不露水的，故弯曲着说。与哲同义的字是“喆”，为什么是两个吉字拼起来的呢？哲会带来很多的吉利吗？但我有另一猜测或解释：上面是两个士字，士大夫，知识分子，两个知识分子吵架，这就是哲学。哲学的历史确实就是吵架的历史，哲学真是吵出来的。文雅一点说，哲学是争论、辩论出来的，是从批判和反批判中产生和发展的。

我从未跟人打过架，也从未吵过架，我喜欢“和稀泥”，和和气气地相处；但我从来都喜欢争论、辩论，争辩之中还保持和气，并且还使友谊更真诚，更得到发展。就在这个过程中，也多少要有个估计、有个估测，适可而止，到不伤和气为止。

一般的要求是有预判能力，有预测能力。对未来更有洞察力的人，还建立了未来学。未来还没来，就对未来有个预判了，所谓预判，即预测或猜测。有的人能做短期预测，有的还能做中长期预测。俗称这种能力为想得深、看得远。

下象棋水平的高低也看猜测或预测能力，走一步先看两三步，猜测对方如何出招，确定自己如何接招；对方如何变招，自己又如何应对，见招拆招。教师的重要使命就是教学生学习猜想，无论是哪一科目的教师都有这个责任。并且，优秀的教师就是最善于教学生去猜的，当然，会猜的学生也才算优秀的学生。

猜想有很多种类，有的是选择性猜想，有的是试探性猜想。选择性猜想是对已有的几种情形进行选择，看哪一种是好的，或是自己所需要的，或是正确的。试探性猜想是从毫无头绪开始的，那就自己先确立几种可能，再逐一去试探，经过试探逐步靠近真相，得到结论；或得出初步的或似真的结论之后，再进一步做验证。

教师必将努力教学生猜，不仅自己会猜，还要在如何猜上多多琢磨，由此才更善于教学生猜。这对教师的要求就比较高了，但很值得，教学生去猜，自己猜想的能力也会提高。又是教学相长。所以，不妨自觉地主动地研究猜想；对相应的教学也进行设计，设计按什么程序、什么方式去教，此中，亦需有猜想或估测；并且还准备一些预案，这一着不行，再来另一着，多准备那么几手。

婴儿在哭时，用心的母亲最会猜；同时，这也特别让母亲为难。他是饿了吗？是尿裤子了不舒服吗？是想睡觉了吗？此时，母亲常常就会试探，就会猜测。教师在观察学生时，亦需像母亲一样细心。不细心，误会了学生，这是很危险的，可能误伤了学生。教书没教好，误人子弟；误伤了学生，后果很糟糕，同样误人子弟。

一次就猜对是很幸运的，但通常会有一个试探过程，经多次猜测后逼近真相或真理。人与人的区别，不在有没有猜，而在谁更会猜；教师则是为了让学生更会猜。

胡适先生有过一个“大胆假设，小心求证”的名言。胡先生是大学问家，这一至理名言，相信也是他做学问中的一种体验吧。所谓假设，亦即假想，预想，大胆假设亦是大胆猜想；既是猜想，就可能猜对，也可能猜错，于是需要进一步去论证。论证从何来？去求。求证时当然需要用心、细心、小心，去伪存真。

胡适先生的话，是具有普遍意义的，对于教别人做学问的教师而言，更有意义。那些杰出的人才，只可能出现在多猜、多问、多想的环境里，或者说，出在一个充满了猜想与猜想相互碰撞的地方，而不是充满了斩钉截铁的断然之中。实际上，在后一种情形下，人们的思路常常就被堵塞了，想开窍也难了。

由此亦可想见，沉闷的课堂与活跃的课堂，效果是大不一样的。当然，优秀的教师也就是善于打破沉闷的人，是善于把学生话匣子打开从而活跃起来的人。

兼顾思辨与实证

这是一个与上一节相关的问题。会猜就是善于思辨的重要内容之一，究竟猜得对不对呢？还需要去验证。思辨的内容更宽，证明的方式不只是实证，拉宽一点就是证明。所以，这一节的内容，总的来讲，会更宽泛一些，也许还会新一些。

思想较之思辨的含义更宽吗？这要看怎么理解。思想不一定只是辨别，于是它似乎更宽广，但凡思者必辨，不辨他人的，也会辨自己的，必有辨的过程，这样，思辨较之思想也不狭窄。

思辨的结果，可能是结论、定论，也可能是半成品，只是一种猜想，尚需加工。

人之成为人，主要在于他有思想，当然还不只是思想，它还有情有意。教育，无论是哪个阶段的教育，都既是教人以知识的，更是教人如何去思想或思辨的。

在美国的教育体系中，中小学是不特别看重知识的，是侧重于发展思维、情趣的。到了大学，尤其到了硕士培养阶段，就必须大量读书，吸取知识，并开始了研究知识、扩展知识的阶段。硕士阶段还不特别强调研究，博士阶段对研究能力的培养，就要求极高了。据我所知，他们在博士阶段有多次的淘汰。学位课程考试有一次淘汰；开题时，又有淘汰，到正式答辩时，还要淘汰。故而，他们培养的博士质量很高。确实主要不在于数量，而在于质量，在有质量的前提下求数量。

在更大的程度上，博士生的培养着眼于思辨能力的发展上。大学是特别能思想的地方，又有一批特别能思想的教师，去培养出一些特别能思想的学生来。

实证只不过是证明的一种，通过实验来证明。也还有逻辑论证，这种证明在理论中常见，并且也特别重要。当然，优先的还是通过思辨发现问题、预估结论，然后，再寻求逻辑的或实证的证明，构成一个完整的思维过程。

说到博士培养，我们存在的问题真不少；开初还好，还十分谨慎，后来越来越松懈了。有过一个“百篇优秀博士论文”评选，即每年从全国的博士论文中挑选一百篇优秀的文章，表彰学生，表彰相关的指导教师，且被视为相关学校的荣誉。结果，有一些学校实行“集中优势兵力打歼灭战”，组织许多教授一起攻坚，为本校争得一篇“百优”而奋斗。由此滋生出不少非学术性的功利活动来，学校在向非学术前行。

我写过一篇论文比较中美两国的做法，一个是“掐头”，一个是“去尾”；一个是挑出百个优，以显示政绩，万篇之中终究还有“百优”吧，至于另外的九千九百篇就不管了。“去尾”的做法是，不断地淘汰，留下的，还进一步接受学术界的检验。谁真正对学生负责、对大学和社会负责了？还不清楚吗？谁在对博士本身负责？

再细看两者的区别，还有：一是来自大学外界的介入，一个是大学本身的自觉行为；一个是非学术化的演变，一个是对学术、对真理自身的认真负责。

大学在乎的是思辨本身的成果，这种成果的质量，优先的在于它是思想，而对其之检验则是相关配套的，是必要的，却不是优先的；更不是拿来谋求功利的。何况，思想的价值如何，有时在短期内是看不出的。大学着眼于思辨，看重的是未来；那些杰出的学问家并不急于用外界的什么来说明其学问的真理性，更不在乎外来的什么功利。急功近利，是造成我们学术难以繁荣的原因之一。

回头来看，虽然我们希望思辨与实证两全其美，但优先的，还是思辨。大学就在于出大学问，有大思想家。何以为大学？梅贻琦的话不应被我们忘记：大学乃大师之谓也。

在对“大学是什么”这一问题的众多回答中，有：大学乃一座思想库；大学乃思想的殿堂。

代数中有一个基本定理，即代数方程根的存在定理。对这一定理的证明总共有 50 种以上，还有什么学科较之数学更看重证明的？但是，证明是相伴的，是跟随性的，没有人提出命题来，你能拿什么去证明？证明了，命题就成为定理；已有一个证明了，另外的证明就只是强化，能增加这一命题的价值，表明其丰富多样性。或许，证明过程本身还能激发人们产生新的想法，新的认识，新的问题。不过，这一切都能进一步说明思辨的地位，说明发现问题、提出问题的重要性。

发展CIT格言

加州理工大学，即CIT，是世界一流大学，且是一个袖珍型大学。学生共2200名，其中900名本科生，1300名研究生。按比例，它是出诺贝尔科学奖获得者比例最高的大学。我们著名的科学家钱学森即就读于CIT。该校共80名院士，其中人文院士28名，占百分之三十五。对于这一经典现象，有必要再思考、再研究，再问“大学是什么”。

CIT有句格言：说别人没说过的话，做别人没做过的事。有些格言，我们可以学习，可以借用，可以重复；但是，对于CIT的这一格言，如果我们只是重复，恰好就违背了它的精神，我们重复它，就是在说别人已说过的话了。

在这两句话之后，我补充如下几句：想别人没想过的题，还要说自己过去没说过的话，做自己过去没做过的事，想自己过去没想过的问题。我想，这就有所发展了，不与CIT精神相违背。为什么我们不可以比世界一流大学想得更好、说得更好呢？

我还相信，如果生活在CIT的人们听到有个中国人说了上述这些话，他们会由衷高兴。

我对自己所说的几句话还稍加解释。首先，你所说的“说别人没说过的话”，这话从哪里来？你所说的“做别人没做过的事”又从哪里来呢？这些说的、做的，不都需要能先想出来吗？没有想到，怎么说出？又怎么去做？不仍然还是需要思想优先吗？好的“说者”，好的“做者”，还必须优先是一个好的思想者。

有的人只是说了别人想出来的话，做了别人思考过的事，这当然算创造，但并非更高档的创造。更优秀的表现，仍然是出思想，由此，才进而有说、有做。更旺、更强的创造力表现为，跟自己过去之所说、所做、所想也不一样。求异是创造的前提，求异思维较之逆向思维更可贵。创造必求新，新不一定是创造；创造必求异，但异也不一定是创造。现在普遍使用“创新”一词，实在没有说到点子上。

有人说“创新是一个民族的灵魂”。这是把基本概念都搞错了。创新只是一种活动，而灵魂是精神性的，不是指具体的活动。活动中的精神属于灵魂，但也只是灵魂中的一小部分。灵魂中，更基本的是信仰、理想、态度、伦理之类。曾经有过“政治是灵魂”的说法，同样是荒唐的。政界的人不太讲科学，什么重要就说什么是灵魂。我们是学者，应当有研究，有思考，不随便跟着别人说，故而，也可原谅政界的那些人，只要他不是为了投机。

新不一定是创造，还需要什么呢？还需有意义和价值。说一句莫名其妙的话，很新，很怪，却也很肤浅，甚至很无聊，能说这种新也是创造吗？创造就这样没意义吗？当我们称赞某个人富于创造性时，仅仅是因为他常常有点儿新东西出来吗？

由此，我们再看 CIT 格言，就会进一步觉得它有不足的地方。格言必是比较精练的，但比精练更重要的是确切，深刻，高档。

如果既要精练，又要深刻和悠远，我宁愿只说这样两句：想别人没想过的题，想自己也没有想过的题。我的这一格言，就简称为张氏格言吧，更简捷了。

这是办学的格言，许多人还有座右铭，自己的格言。我本人还写下了人生格言。也活了这么多年，人生感悟多起来了，一口气竟然写出了 50 条格言；不过，我预料的、已写出了提纲的，约 80 条。但是，正式写起来之后，觉得有 50 多条就够了。

每个人的感悟不同，格言也就不一定相同。我是教师，当然是从教师的角度去感悟的，格言亦必有教师的特点。可能，教师是更有可能形成自己格言的人。教师自己要学做人，还教学生做人，因此，在做人上会有更高的自觉，悟出一些人生格言的可能性势必更大。自觉其人，自觉其教育事业，故自觉人生。

校训也具有格言的性质，那是学校的格言。一个人，一个团体，都可能有自己类似于格言的东西。格言实际上是一种凝练，凝聚着人们的信仰和追寻。教师、学校是更有可能形成自己格言的。有些可自立其格言，有些可借用别人的。

当然，我总是力求有自己的，不借用别人的。比如说，笛卡儿有言：我思故我在。我必然不会照搬，于是加了一句：我在故我思。而且，我觉得这一句更重要。

这两句话十分不同。“我思故我在”，是理性主义的；而“我在故我思”则优先于“存在”，故偏向于存在主义，这属于非理性主义哲学。总的来说，理性主义偏于自然、偏于理性；非理性主义偏于人本身。“思”只不过是作为存在着的人的一个极为重要的方面的表现，人思着、想着，但这还不是人的一切，人是世上最复杂多样的生命体。

我这一条建议，不只在于分析 CIT 格言，还希望教师们能发展 CIT 格言，能确立自己的格言，确立自己有个性的，不同于他人的格言，从自己的体悟中来的格言。

重发明，更重发现

什么是发明的，什么是发现的？ 一这个数字是发明的，还是发现的？这个符号是发明的，表达它的还不只这一种写法。 一也是发现的吗？ 这个发现岂不太简单了吗？ 二、三、四、五，个十百千，是发明，还是发现？ 英语里，还没有与万对应的单词，它是由十个千来表达的；汉语里的“万”很独特吧，发明乎，发现乎？

在学校里，练写作，练算术，都是练习已有的一些东西。 既说不上发明，也说不上发现。 学到一些高深的东西，就会有这类问题了，必要时，需加以区分。

那么多汉字，它们是被发明的，还是被发现的？

人字上加一横，为什么是大了？ 再加一横，为什么是天了？ 这是发明，为何是发明？ 若是发现，在这里又发现了什么？ 发现了人与天、与大的关系吗？

我曾与一位院士讨论过，我问他：是爱迪生更伟大，还是牛顿更伟大？他即答：都伟大。 他回避了一个“更”字，回避了比较。 几天之后，他告诉我：“张校长，当然还是牛顿更伟大。 我只是觉得工科也很重要。”正是这样，他所在的大学正是一所工科大学。 但是，这位院士的理论修养亦极佳，可能只是首次碰到人这样问。 事实上，这所原本的工科大学，后来在文和理方面都有长足的发展。

后来，我又问他：是牛顿更伟大，还是亚里士多德更伟大？ 此刻，他不回避了，立即答道：亚里士多德。 我不会再问他“原因是什么”，那样，似乎有点儿不礼貌了。

简单地说，爱迪生是发明的，而牛顿是发现的；牛顿和亚里士多德都是发现的，但牛顿是关于自然的发现，而亚里士多德则是关于天地人间的发现。 换句话说，牛顿的成就可称之为自然哲学，而亚里士多德则是哲学，涵盖一切的哲学。

站在今天来看，爱迪生的许多发明早已被今日更重要的发明所取代，而牛顿的力学、数学仍然是学生们所要知晓的，只不过表达的形式有了变化。300 年后，爱因斯坦的相对论不是否定了牛顿，而是补充和发展了牛顿的绝对空间的理论。也可以说，牛顿和爱因斯坦的理论是发现的，并且因此而具有永恒的意义。

当然，如我们所知，亚里士多德最伟大的贡献在于他提供了方法，他的主要贡献也不在观念，而在他的方法，他是方法论大师。牛顿也提供了方法，但那叫作自然辩证法，亚里士多德所提供的，则是辩证法，可用于一切的方法论。

黑格尔无疑也是一位方法论大师，他认为，柏拉图、亚里士多德是人类的两位导师。有人似乎忌讳言必希腊。可是，希腊神话确实存在于那里，能回避吗？不好好学习行吗？希腊神话中最宝贵的，永恒的精华，无疑是他们贡献的辩证法。恩格斯称赞希腊人是天生的辩证论者，这不也是在称赞希腊神话吗？如今，还只有那些虔诚地信仰希腊神话并努力学习他们的辩证法的人，才可能走向更高智慧；只有那些认认真真引导学生好好学习亚里士多德辩证法的学校，才可能是高水平的学校；无论何种行业的人，如果想自觉地走向行业智慧，也离不开辩证法。实在说，辩证法不只属于希腊，它是人类共同的财富。

我们教师肯定会既教学生去发明，也教学生去发现。直接的发现很难，天才的高年级学生中或许能有。但是，学习前人是如何发现的，在怎样的条件下是可以走向发现的，无疑也是教师需要特别关注的，并且，完全有可能引导学生去尝试发现。

为什么可以这样说呢？如果想要获得前人未曾发现过的发现，确实很不容易。但是，在学生时代，他们可以在不知前人究竟发现了些什么的条件下去发现。放在古今中外来看不算发现，别人已有了；但放在当下，也可以算发现。

无论在语言学课程，还是在数学、物理学课程进行中，都可以引导学生去发现。

发明往往是有形的，发现往往是无形的。原理性的东西，都是看不见的，要靠思辨去把握的。过于看重感性，甚至崇尚感性，十分不利于发展学生的发现能力。故而，还有一些相关的教育思想需要去回望，去检讨，去求得新的认识。

充分理解人文课程的地位

当下的中国，在告别了那个动荡不已的年代之后，经济获得了巨大发展，国家强大起来了。我们在技术上、在工程上、在发明上，都有十分出色的表现。

然而，我们在发现上，是较之发明大为逊色的。可以说，近代以来的原理性发现，牛顿式的发现，在我们这里是极为罕见的。这与我们的文化传统多少有关，但与我们当下原创力的状况更为密切相关，与学术上的功利有关，与哲学的发展状况不佳相关，当然，我们的教育也有责任，尤其是高等教育。

这里，我们特别讨论一下人文教育、人文科学与人文课程的问题。自20世纪50年代初以来，工科教育几乎占据了主流的地位；问题不在于工科有地位，严重的是文与理不应当没有地位，那时大大被忽视的恰恰是文理，尤其是文科，又特别是忽视了人文教育。一些本有很强文理的学校变成了纯工科，如当年的清华大学，令其只有8个工科了，直至20世纪80年代初，清华才再次恢复它的原貌。在湖南，最好的大学也只有工科了。我们可以对比一下，MIT曾是经历了由纯工科到文理的转变，从而走上先进；我们的清华大学、湖南大学在60年前却走了一条相反的道路。如果说，MIT等是自然地走向先进的话，那么，清华大学．湖南大学等，则是人为地在外力影响下走向了一条导致落后的道路。

科学有多少种？知识有多少种？有人说，只有自然科学和社会科学两种，还有别的吗？没有了。实际情况表明，这种观念造成了巨大的影响，严重的后果。如我们所知，大学里的学报就只有两个版本了，一个是自然科学版，一个是社会科学版；另外，就只有一个科学院（搞自然科学的），还有一个就叫社会科学院。

问题远不在于机构的设置和学报的种类，实质在于人文科学严重被忽视，在学校里，则表现在人文教育和人文课程被大大忽视了，削弱了，有的还消失了。

在我的记忆中，首先是哲学严重受损，文学中，古典文学大幅度减少，音乐、美术等专业被取消。35年前，中小学的音乐课没有教师了，因为音乐专业，比如高等师范里的音乐专业停止招生了。那时，就从教语文、教数学的老师中找一些会唱歌的来顶替了。

什么是人文课程？简言之，即人的课程。文乃精神也，人文即人的神性。具体来说，最基本最重要的人文学科即文史哲。数学被称为“人文的近亲”，其作用也与人文课程的教育更为相近。

论关系，是人组成社会，如果关于人的学问被忽视了，不明白人的学问，那么，关于社会的学问也是难以真正弄明白的。忽视了人的社会科学，还会是科学的吗？忽视了或去掉了人本位，就必然会是社会本位，而社会本位的实质即官本位。什么性质的社会是官本位社会？这个问题的答案还不清楚吗？

人文课程的地位所直接反映的是人的地位。目中无人，才会忽视人文知识的存在及其决定性的意义。那种关于知识只有两大类的说法，其实质也很清楚了。

为什么说人文知识、人文教育具有决定性意义呢？我们分别从事实和逻辑上说明。

古典大学四院，博洛尼亚大学时期，文学院居首，到柏林大学，文学院为首由哲学院为首所替代，哲学在文史哲中占有更重要的位置。英法意的现代化都受益于哲学，但 19 世纪以来德国人更自觉、更明确地以哲学带动了一切。

现在，大的学科类，世界上公认的顺序是文、理、工。MIT 曾只有工，哈佛大学无工，现今还没有，但是，只有工的时期的 MIT 是二三流大学，无工的哈佛却是世界一流的。

我曾对中南大学负责人说，你们是当年的 MIT，只是你们现在的日子还好过，但时间会告诉你，必须改变纯工科状态。后来，他们开始改了，却困难重重。湖南大学曾是文理工齐全的大学，20 世纪 50 年代走了一条弯路。但它有优良传统，到 80 年代初之后，湖南大学就迅速恢复了昔日的优势，人文再度成为引领者。湖南大学比中南大学还可能走得更好。

中国的历史，世界的历史，都能说明人文科学的决定性地位。我一再地提到 CIT 的例子，它似是以自然科学著称的，有众多的诺贝尔科学奖获得者，但它的 80 位院士中，有 28 位人文科学院士。他们深深明白人文科学的决定性地位。

今日中国最高水平的大学，都是文理十分强大的大学，尤其是人文科学十分强大。

再议人文

上一节从事实上说明了人文课程、人文科学的地位，这一节就建议教师们从一般道理上去理解。有些教师是教人文课程的，有些则是教自然课程、社会课程或其他课程的。但这个问题与所有的教师相关。对于非人文课程的教师而言，有两个方面需要考虑：一是，尊重人文课程及相关的教学；二是，在自己的课程里，即使是自然课程和社会课程也是可以且应当体现人文精神的。

人文课程和人文科学的重要性，其一般的道理可以从以下几个基本的方面去看：

1. 人文科学即关于人的学问。有什么比关于人的学问更重要的呢？不能说人是万物的尺度，但是，在社会中如此，人是社会万物中一切的根本，亦尺度。因而，研究人仅次于研究大自然，而且，人之神奇本身是大自然神奇中的最神奇。

2. 关于一切的历史是“一切”所创造的，但是，这个“一切”的历史只有人才能去为之写下。

3. 科学已经把宇宙的起源大体说清楚了，但是，关于人的起源还一无所知。上天把所有的秘密放在了人的身上。这所有的秘密，我们能一个一个去揭开，然而，永远也不可能完全揭开。不过，上天仍然盼望人不断地去揭秘。这也是告诉我们，人文科学不仅最值得研究，也最不容易研究，又最需要去研究。我们不会甘心对自己知之不多的。上天缔造了我们的同时，也让我们不断地思索自己。

4. 人文科学的研究需要更高的智慧。自然科学家们要有很高的智慧，人文科学家则要求有更高智慧。研究人文的，是哲学家，而且是哲学家中的佼佼者。

5. 人自出现后，受到各种各样的束缚，有来自大自然的，有来自人自身的，有来自其他人或人群的。有了束缚，就需要去解放。又是人，人创立的人文科学，正最有利于人的解放，让人不异化，让人始终是人，而且成为越来越高大的人。

6. 在所有的学问中，人文科学是最有利于人自身的充分发展的。人文科学，尤其是哲学，是人的智慧的精华，是智慧之上的皇冠，因而，人文科学特别能给人以智慧。为什么会是这样呢？自然科学家们都知道这一点，那些伟大的自然科学家，在人文科学面前，都是十分虔诚、十分恭敬的，因为他们都事实上受惠于人文科学，并认为是人文科学抚育了他们。在较早发达起来的欧洲，那里的科学家们特别明白这一点，明白哲学家、文学家、音乐家多么伟大。

稍微具体一点儿说吧。

人文科学所需要的，尤其是创造性思维。对这句话，又需要做进一步的解释。

事实上，思维有许多不同种类，有些思维是更富开拓性、更富创造性的。人文科学所运用的思维，正属于这一类更富创造性与开拓性的思维。因而，自然科学家们当然向往自己有这一类思维，这也就是他们恭恭敬敬对待人文科学家的原因。

例如，人文科学常运用直觉思维，而直觉思维正是开拓性的，它可捕捉到更多信息。

又如归纳思维。人文科学更偏于归纳，而归纳才可能有大创造，演绎是小创造，这种小创造往往已包含在演绎的前提里。公理方法是演绎方法，但公理本身的获得则靠归纳，非常不容易的归纳。数学中有一种完全归纳法，实际上具有演绎的性质，因而，运用这种归纳法还不具有一般归纳的性质。

还例如，发散思维与收敛思维，后者具有单一的走向，故而，其所得亦甚微，发散思想则指向众多未知方向。如直觉一样，发散思想所捕捉到的知识的真理性尚需进一步检验。但这只是加工的问题，去伪存真，去粗取精，获得新知。

还有抽象思维与形象思维，人文多运用形象，但形象是想象材料的提供者，抽象也是对形象的抽象。故而，人文在这方面也起了巨大作用。人需要发展抽象能力，比如，数学、哲学都是最抽象的，可是，数学如哲学的一项重要本领，正在于将抽象形象化，将形象抽象化，其本领是在这两方面迂回前进。

由以上几点应当足以让我们明白，人文的思维方式多么重要。在从事自然科学、社会科学的教学和研究的时候，都别忘了借用人文的思维方式，它可以让我们不致钻进死胡同里去。

繁忙终身，张弛有度

教师工作是很辛苦的，投入多少精力都不为过。这一建议在于探讨如何来对待这种繁忙。

我们来想想一个十分简单的问题：为什么学校有寒暑假？为什么工厂、商店都没有寒暑假？有人也开玩笑说，他很想做教师，因为一年之中有大把的时间是拿来放假的，学校工作很优越啊，很悠闲啊，似乎真的还令不少的人羡慕。

美国每年放三次假，寒暑假，还有一个短假。美国的教师们更轻松、更悠闲吗？

我的老师李盛华教授，他以湖南的高考状元进入北京大学，在北大念书时，是北大的高才生。20多年前他说过的一句话，后来我慢慢才领悟到其中的道理：越会放假的学校，越会办教育。

我不是从美国那里领悟到的，而是首先从自身的体验中感悟到的。实际上，每逢放假，都是我更加繁忙的时候，这期间，我们要做的事，几乎数不胜数。

这些年来，一些学校还设立了“学术休假”的项目，除了寒暑假外，还在若干学期之后再安排专门的时间让教师们休假，但它叫作“学术休假”，并非纯旅游休假。这种假，与其说是休，不如说是另一种繁忙，简单地说，就是忙着“充电”。

我讲过23门不同的课程，11门数学，12门教育学、哲学、管理学等，这12门课的内容完全是我自学的，有的是学了之后再教，还有边教边学的，所有这12门课的教学内容，我都只能是在寒暑假去准备。即使是11门数学课，其中有8门也是靠自学的，何时学？我没享受过“学术休假”，都是自己在工作岗位上挤时间去学的。

由此，既可看到我很勤奋，很努力，但也可看到，寒暑假对我多么重要。我相信，这对所有教师的意义是一样的。我的体会，相信许多教师也感同身受。

这种准备所要花的工夫非同小可。或许以数学来说明更易于量化，更易于说清楚这种“非同小可”。例如，学生能做的、会做的习题，你不能不去做吧；一两道题偶然卡壳很难避免，但一问三不知，这无论如何是混不下去的，良心上也过不去吧。

更不要说逆水行舟，不进则退了。数学以及其他学科都在发展着。20世纪，尤其是后半叶以来，世界经历了一个“知识大爆炸”的时代，正是“大爆炸”的鼎盛时期，中国发生了令世人无法理解的一场大革文化之命的运动，让我们中国与世界的距离拉得特别大了，我们耽误了极为宝贵的时光，不进则退了。

那场灾难已过去30多年了，我们已弥补上了不少，但还有许多尚未跟上。

当然，我们直接关心的是教育，但亦需经常放在一个更大的背景下看看。人们常说“活到老，学到老”，这既包括做人，又包括做学问。教师更需明白这一点，既明白“后生可畏”，又明白学问在增加，知识在增长，想走在前面，不花大功夫很难做到。

不是有“探究式教学”“发现式教学”吗？如果自己没有过探究，怎么进行探究式教学？如果未曾尝试过发现，如何有发现式教学？又如何引导学生去发现？

当然，在这种似乎紧迫的情况下，我们是可以化被动为主动的，是可以自我把握的。如此走下去，自己教书就会是越教越有学问，自然也是十分值得的事。许多教师明白，自己的乐趣是多方面的，除了看到桃李满天下外，自己的阅历、知识都在增长，自己会变得越来越富有，富有知识和经验，丰富了宝贵的人生。

教育学属于人文科学吗

这是作为一个问题提出的，也是建议教师们思考的。当然，我本人思考过，并在北京的一份杂志上刊登了我的相关论文。我的结论是肯定的，但这肯定的结论与一些经典的注释或观念有所不同，这或许是那份杂志感兴趣的原因之一。

有位先生持有不同看法，他认为教育学不是人文学科，而是一个综合学科或交叉学科。但是，这等于是说教育学不属于任何特定的学科，学科目录上没有什么综合学科。显然，他回避了问题的实质，这是在说教育学不属于任何既有的学科。

其实，1632 年，一位捷克人夸美纽斯写出了《大教学论》，它被公认为教育学理论产生的标志。教育学也被公认为是人文科学。但在我们这里存在一种社会本位观，总是将一些学科拉进社会科学。教育学就被拉进去了。还有人认为，所有的科学只分两大类，一类是自然科学，一类是社会科学。这种观点是典型的社会本位论。在这种观点之下，人文科学这一大块被忽视了，忽略了，亦即，根本的东西被忽略了。

对人文科学的忽视，表现在对人的忽视，因为，所谓人文科学，简单地说，就是关于人的科学。从 20 世纪 50 年代至 70 年代这段时间，人文科学是最被轻视的时期，原因也简单，此时，人最没有地位。“人民”一词大量出现，但人随时可以被轻视、被蔑视、被侮辱、被批斗，不经过任何法律程序被关押，被剥夺人身自由，被关进“牛棚”。在学校里，则是人文科学被大大削弱。文史哲首当其冲，心理学、教育学被取消，连音乐、美术也取消了。当然，我们可以说那个时期整个地变成了一个荒芜的年代。但是，人文科学较之理工的命运悲惨得多。人类最古老的活动是两桩，一是觅食，二是教育；一是为了活下去，二是为了活得更好。教育是为人所生的，是人为自己所生的。作为一个词，“社会”也出现得晚很多。社会是什么呢？即人的联合。社会本位论是忘了历史，也忘乎所以。

《大教学论》直接研究的就是人，该著作常常以自然的名义来说话，但也是为着说人。最早的人学可能是文学，诗学，随后就有了哲学，心理学。古希腊人把哲学叫作形而上学，把心理学叫作灵魂学。古希腊的圣哲们把哲学与办教育紧密联系在一起，他们办了“学园”，又在“学园”中讲哲学，研究哲学。教育与哲学、心理学形影不离。它们堪称教育学的母学科，即人学的一个分支。

教育学回答的基本问题是：教育是什么？但是，这一问题的前提性问题乃：人是什么？

不懂心理学，就不真正懂得人，不真正懂得教育学。教育是从人出发的，它也关注人的生理及其发展，但更关注人的心理及其发展。古希腊人为什么特别关心体育并将其列在首位呢？原因就在于，他们认为身心是不可分割的，体是魂的安歇地。

教育学所要讨论的基本问题是：人为什么需要教？人为什么可以教？人将怎样被教？用什么来教？这个被教的实际过程怎样？人将被教成一个什么样子？

因而，教育学是关于人的科学。正因为如此，教育学发展出了许许多多的分支，有不同年龄、不同特征的教育分支，有与不同行业相关的教育学分支。例如，有成人教育学，幼儿教育学，有延至一生的终身教育学，有特殊教育学；又有普通教育学、职业教育学、教育社会学、科学教育学、学科教育学等等。

以上，仅教育社会学与社会相关度较高，即使如此，这个分支也并非社会科学。

我本人从事教育已60多年，从来就觉得这个工作是关于人的工作。我的工作不可能不与社会有关，但我是通过人的教育并立足于此而与社会关联的。并且，我觉得，社会的一切发展都有赖于人的发展，而人的发展有赖于良好教育的发展。

世界各国的当政者都不敢忽视教育，因为他们不敢忽视人，除了某些另类的当政者外。如果当政者想取得良好的政绩，他就必须主动地重视教育。那些多少懂一些教育经济学的当政者，就更会自觉地重视教育，大力发展教育，普及教育。

在人类所有的活动中，如从商的，从政的，从企的，从军的，务农的，都知道人的素质是决定性因素，而教育在这一点上，不仅有最高的自觉，而且它本身就是为人的素质的提升而存在的；它为人的存在而存在，为人的发展而发展。

20世纪50年代至70年代，我们国家以政治为中心，实际上是以什么为中心，历史已完全说清楚了。至80年代，开始了以经济建设为中心，这是一个巨大的进步。至少老百姓有饭吃了，受灾的地方可以得到支援了。从

90 年代以来的 20 多年，对人的关注更多了，甚至提到了人本，在人这一类的问题上有了根本性变化，不过，尚无明确的、系统的以人为中心的观念，但我认为正朝这个方向前进着。

教育应当走在前面一些，实实在在地以学生为中心，在学校里便是以人为中心的实际表现。也有过教师中心论，然而，我想凡优秀的教师都不会持教师中心论观点。人文关怀被教师特别看重，在学校里最现实的，便是对学生的关怀。由此，对于“教育学属于人文科学”的论断，我估计，一般的教师都会持肯定的看法；相反的观点，在天天跟人打交道并为着人的发展的教师中会有人赞成吗？即使有，可能也不多。

研习心理学

我本人学数学出身，后来转入教育学、哲学等领域，又做了大学的行政管理工作。在做教师时，就感到有学习心理学的必要，转入学校行政了，更感到有学习心理学的必要。我写过一本《数学教育心理学》，这是在从事数学教学中体悟出来的。转入管理之后，又写了一本《学校管理心理学》，这就是管理中的领悟了。

我还写过一本书，叫《子女的培育》。这本书也可以归之于儿童心理学。这本书写出至今快30年了。

列出以上事实，表明我作为家长，作为教师，作为校长，都关注了相应的心理问题，并形成了相关的理论。不论其深刻程度如何，都表明我自然地这样做过，理性思考是我的习惯，理论兴趣是我一生所伴，故而，在某些方面走进了心理学。回过头来看，我学习和研究心理学，对我扮演过的所有角色都十分重要，事实已经证明，研习这些心理学给了我很多很大的帮助。

基于这一经历，我也建议教师们研习心理学。具体地说，选一本基础心理学的书念一念，还选一本教育心理学或发展心理学的书。这可能是最基本的，其余可根据自己的兴趣和条件来选择。师范院校毕业的教师可能都修读过，即使如此，读书时念的，跟在实际工作中念的，还是很不一样的，体会可能深刻得多。

心理学产生得很早，古希腊就有了，古希腊人称之为灵魂学。至19世纪末，一直都是思辨心理学，从冯特开始，有了实验心理学。这两种心理学都还在继续发展着，还产生了数以百计的心理学分支。例如，儿童心理学，青少年心理学，变态心理学，学习心理学，教育心理学，商业心理学，工业心理学，军事心理学，管理心理学，神经心理学，心理诊断学，心理保健与预防学等等。

心理学的发展与社会发展的关系十分密切，在俄罗斯和中国，心理学曾经被列入唯心主义而加以排斥，并从学校教育中取消。承认人性论，就必然认可心理学的意义和价值。然而，人性论为另一类斗争理论所不容。心理学的处境能好吗？如今，我们这里的人的地位提高了，生理学、心理学亦必更加受到重视了。

我记得一组数字，在美国，每年有4000名学生念心理学，400人攻读心理学博士，全美建有大量的心理医院，较之生理医院更受重视。在欠发达国家，心理上的疾病还顾得过来吗？甚至还不知有病呢。

心理疾病的严重性一点儿也不亚于生理疾病，故而，优秀的生理医生，都会同时伴有心理治疗，身心相连。据说，患癌症的，其中三分之一是吓死的，三分之一可以治好，三分之一是治不好的，吓死的就是心理问题。

教学中还有对学生的体罚吗？据我所知，我们这里的中小学还相当程度地存在，甚至大学也还存在，体罚造成的似乎是生理伤害，其实，更严重的是必然造成心理伤害。罚站的、罚跑的，这一类现象都还有。跑步本来是用以锻炼身体的，却被用来惩罚了，恰如劳动一样，在过去也用劳动来惩罚人。近年来，我们国家废除了“劳动改造”“劳动教养”，也就是废除了用劳动来惩治人。

我最小的孙女今年读小学三年级，学习十分优秀，她所在的学校办得很好。但是，也还有体罚，小孙女就受过体罚。她的父母和她的奶奶最担心的，是怕她受到心理伤害。还好，她的心理素质相当不错，而我们也特别关注这一点，原因在于我们理解这种伤害的严重性。

我身处教育之中，深感教育活动中的许多弊病的存在，它们严重影响着我们的人才培养。撇开体制的因素不说，我们实际的教学中的问题也不少，有一些还相当严重。能不为此担忧吗？我建议教师们研习心理学，与此也密切相关。我们越是深切盼望自己国家杰出人才辈出，就越会产生这些相关的忧虑。

学生的学习成绩如何，是比较容易了解的，学生在说着什么、做着什么，也比较容易了解，但学生在想些什么，就不是很容易弄清楚了。师生关系如果十分融洽，学生可能就很愿意把心窝里的话都掏出来，否则，他们会寡言少语。

体贴入微，这是父母最愿意做的，但是，对于不让小孩受冻挨饿相对容易做到；然而小孩在想什么，有什么想不通的，绕不过的心思，就不是很容易弄明白的，教师当如父母般疼爱学生，亦需体贴入微，当学生有什么秘密的话都愿意向教师倾吐时，那是教师莫大的成功。学生也因此可以更顺利地发展、成长。

还有什么必修的

作为教师，作为一名自觉的教育工作者，研习心理学的必要性，我们已讨论过了，即使是已学过的，在教师岗位上再学也还有必要。现在的问题是：还需要学些什么？除了本专业的知识，除了心理学知识，还需要教育理论之类的知识吗？

在这几节里，我提出了关于教师继续学习的一些建议。现在都已明白终身学习的必要性。教师尤其要明白。然而，可学的东西太多了，故而必须有所选择，可以根据需要选择，也可以根据兴趣选择，不一定都是为了用，知识上的拓宽，理论修养的增强，都是需要的。不可能无限拓宽，但有限在哪里呢？作为过程，我们就把它视为无限吧，永远地教着，也永远地学着；终身教，终身学。

在大学教师中，他们多是从综合大学毕业，念过研究生的，他们在大学里有发展后劲。虽来自综合大学，但不少这样的大学为学生开设过心理学课程，然而，开设过教育学的不多。

在美国，曾有过专门设置该专业的师范院校，现在几乎没有了，想去做教师的，加上一年左右的教育理论和有关的教学实践训练即可，此中，需要正式取得教师资格。我们国家还保留着专门的师范院校，毕竟，我们的中小学师资来源的保证还特别重要。不过，许多高师院校也在转变之中，这是自然的、必然的转变。

我任职湖南师范大学行政管理约 18 年，在此期间，校内的教职工和省政府及有关部门都知道，我不在意“师范”二字，这并不表明我不重视教师教育，只是说，我认为一所大学就师范办师范是肯定办不出水平来的，没有高水平的哲学、数学、物理学、电子技术学、生命科学、史学、文学、心理学，能有高水平的教师培养教育吗？后来的事实证明，我全方位地发展了湖南师范大学的各个学科。

好在，当时都知道我不在意“师范”，又都没有更多的非议，说不上支持，也没有什么反对。这就不错了，在我根据自己对大学的理解办学时，基本上是顺利的，困难只在于克服学校的先天不足。一切都在于学术水平。学校或教师都如此，就在于两个水平：一是学术水平，二是教学水平。我更重视学术水平，这是基础。类似于陈景润那样会做学术而不太会教书的人，在大学里有一些完全没有问题。把这些会想不会讲的优秀人物放在专门的研究院所里也是一个办法。

我任校长时，曾在外国语学院发表了一次演讲。演讲中，我曾说道：会教书的教师是好教师，会研究的教师是好教师，既会教书又会研究的教师是更好的教师，这种更好的教师必然会越来越多。我还记得当时自己为什么会讲这些话。

当时的外国语学院，有周定之、张文庭等十分优秀的教授，她们的英语教得呱呱叫，培养了许多好学生。她们被称为实践派，还有几位教授是搞理论，如刘重德、越甄陶，也非常优秀。这些优秀的教授构成了我们十分强大的外国语学院师资队伍，超过不少名校的水平。为了这两类不同特点的教授和谐相处，我说了上述那段话。理论与践行两方面都很强的，确实不多，后来我看到的蒋洪新就属于这一类型，如今，他已成了湖南师范大学校长，他任校长将对学校发展十分有利。

我在多处提到过，当我担任学校行政工作之后，不得已转向了教育学、管理学、哲学。转入教育学的另一原因便是想消除一些可能的非议，说“你不重视师范”，现在，我本人就搞教育学了，你还能说我不重视师范吗？并且，我还下决心帮助学校建立高水平的教育科学。当初，有外校的一些教育学教授对我能否把教育学做好，持怀疑态度。非科班出身，半路能出家吗？很自然地怀疑。

对这种怀疑，我唯一采取的对策是做好自己，努力做好自己。我边学边干，在任校长期间，在兼职的情况下，1999 年，也写出了《教学论纲》这样的著作，成为学术著作中的畅销书，连续重印了十多次。此后，我在教育学领域里的著述，如潮水般涌出。这些著作中，包括了中国首部高等教育哲学，更有了世界上仍罕见的课程哲学（2003 年，人民教育出版社，出版了我的《课程与教学哲学》）。

事实已表明，我对教师提出的建议，我本人是做到了的，心理学、教育学我都研习过了。

还修炼些什么

北大学者陈洪捷曾用科学、自由、修养和寂寞这四个关键词来概括德国古典大学，给我印象极深。并且，恕我冒昧地说，我也能体悟出这四个关键词来。实际上，在我看来，只需三个关键词，科学一词是谁都知道从而不必提及的。

这里，我专论一下修养。所有的人都需要修养，在此我还是特别讨论一下教师的修养。

还是先简单地说一下所有人都少不了的修养吧。我们可以看到一个普遍存在的事实，那就是在对人的夸奖中最珍贵的一种褒奖，说这人修养好，涵养好，修炼得好。有的人几乎修炼成仙了，靠近神仙了。那些虔诚的宗教徒在念经时，是以一种经典的修炼方式在提示自己。经常的提示亦即经常的修炼着，修养着。

人为什么需要修炼呢？实际上，这是"人要学会做人"的问题的一个子问题，修炼是做人所必经的一条道路。修炼时，或者是在要求自己具有某种更好的气质和品格，或者是在检点自己，审视自己，甚至也需要有忏悔的时候。

读中学时，我的同学中有一位，罗谦怡，他修养是最好的，我几乎终身学习他。我的父母，我的大学同学中，还有工作后的一些同事，都是修养极好的。我学习我的父母，学习李盛华老师，还学习蒋光正、刘志辉、戴海这样一些人。

如今，不少人认为我的修养还可以，至少有一点，我基本上没有对人发过火。作为教师，我从未对学生发过火，作为校长，我从未对师生员工发过火。这或许是我念大学时候做了8个学期班长，在1980年后又做了近30年校级负责人的原因之一吧。经常发火，能做班长、校长吗？能对人发火吗？当然，仅仅不发火还不够啊。

我专门说说教师的修养吧。细数起来，方方面面的修养还真有不少。例如，理论修养，语言修养，艺术（至少是教学艺术）修养，人格修养，行为举止的修养，为人处世的修养，性格上的修养，当然还有心理学、教育学的修养，必要时还需要有哲学修养。

人皆可为圣贤，应当是包含了对修养作用的认可，只要认真修炼即可成为圣贤。

孔夫子是我们的第一位教师，他就修炼得好，成了人们心中的圣贤。世界都认可。

我知道，家庭的和睦对孩子的成长特别重要，从一个经常吵吵闹闹的家庭走出来的孩子，往往可能有性格上的怪癖。这个道理移植到学校教育来应当也是适合的。一位总是对学生细心、耐心、贴心的教师，才可能说得上有爱心。

对于成绩较好的学生，比较容易贴心、关心，对于成绩差的呢？其实，后者更需要关爱，更需要细致。十分冷静地观察他们，分析一些现象，在与他们的交谈中，多多运用询问式的、关切式的、讨论式的语言，千万要杜绝语言上的不慎而造成的伤害。成绩差的学生，原因可能来自家庭，也可能来自环境，或来自他们早前经历的教育。这种冷静的、细致的观察与思考，亦必是逐渐修炼得来的。

我还以人格修养和理论修养为例，稍多说几句。先说人格修养吧。

人格一词可以有三个方面的含义。从法律学的意义讲，是指人的资格，由其享有的权利和承担的义务来具体表明；从伦理学的意义说，是指人的品德；从心理学的角度来看，人格与个性是同义的，包括了心理特征，心理倾向，其构成十分复杂。每个人是每个人自己，每个学生是每个学生自己，教师明白这一点，并从这些心理方面去修养自己。有个性的教师不仅尊重学生的个性，而且帮助他们拥有鲜明的个性，越有个性的学生越是他自己，越有益于群体和社会。实际上，教师工作一方面特别需要有修养，另一方面也特别有利于教师自身的修养的提高。

社会上，父母及所有的平民，都自然地尊重教师，越健康发展的社会越是这样的。在一般人看来，教师既是更有知识的人，又是更会做人的人。很可能，在教师这个特定的人群中，较之其他群体，确实是有更多更自觉地修炼自己的人。

再简单说一下理论修养，教师是做学问的，因而必然跟理论打交道，无论教什么科目的人，都有相关的理论。搞数理的，搞文史的，很明显；搞体育的人，那也有理论问题，体育绝非只是蹦蹦跳跳；搞音乐的，有一系列的音乐理论，无论是从事声乐的，还是器乐的，还是从事音乐史和音乐理论研究的，概莫能外。

无论哪一个领域都有理论问题，区别在于，是否自觉地进行着理论修养。具体来讲，就是要培养理论兴趣，形成理性思维的习惯，不达到一定的理论高度决不罢休。还具体一点儿问：究竟怎样才能形成这种习惯，养成这种兴趣呢？

没有别的窍门，就是遇事不停留在现象，不停留在表面，总是透过事实和现象往前想一想，往深处看一看。这样，看问题就会高出一筹。成了习惯，就是有理论修养了。这种修养对人的一生的品质极为重要，对教师尤其重要。理论是藏在背后的东西，人之奇妙，人之为人，恰在于他能看到（想到）背后的东西。当一个人长期坚持理论训练时，他或迟或早会具备哲学修养，这是理论修养的一块高地。

从“士兵”做到“将军”

不想当将军的士兵不是好士兵。我借用这句话向教师们说：不想做教育家的教师，不是好教师。

当然，教育家没有那么多，不是想成为教育家一定能成得了的。将军也没有那么多，不是想成为将军就成得了的。但是，如果想成为教育家的人多了，教育家就可能事实上会多一些。是否能成为教育家是一回事，是否想成为教育家是另一回事。想也不想的人可能很多，努力地辛勤地耕耘的教师必定不少，如果从一些具体的方面用心去做，不断地磨砺，成为教育家的可能性就会增加。

成名成家的思想，曾经是受批判的，是被列入个人主义之列而加以贬斥的。因此，在那个年代，真没有多少名人，没有什么“家”出现。我有一个好朋友，他的名字就叫周成名。我就很希望他真正出名，真正把他所从事的行当做到家。

1976年之后，中国经历了一次真正称得上思想解放的新时期，人们可以盼望有各种各样的“家”出现了。如果你想成名成家，不会遇到多少非议了，就看你实际做得怎样了。眼下，我们的“家”实在不太多，科学家、哲学家、数学家、思想家、理论家、演说家、教育家、教育学家，还很少很少。我们国家应当可以迎来一个人才辈出的新时代了；让它实际上来到吧，现实地呈现在我们眼前吧。

1999年，北京大学高教所所长喻岳青教授说：自蔡元培之后，北大有好校长，但再没有教育家了；不过，中国还是有。他一口气列出了四个人的名字。令我惊讶的是：本人也位列其中。从此便喊开了，北京、上海、武汉等地都这么称呼了。

其实，1998年，《湖南日报》上就发表了陈钧教授的一篇文章，文中表达的意思是，谁说今天中国没有教育家，我们湖南的张某便是。不过，终因《湖南日报》的影响有限，从北大的教授那里发出的声音毕竟响亮很多。至今，我头上的“家”真的不少了，但在我看来，这都只是一些符号而已，我还是我，我是张家，张家的子弟。

作为一名教师，既然我也与“家”沾了边，我想，其他教师中很努力的、很用心的，多得很，走向成功的可能性也就很大。

大中小学都出教育家，似乎中小学出得更多一些。中小学教育更少功利，更多从生命本真出发，更加关注人本身。大学也可以这样，但大学已到了教育的顶端，又可说是快离开教育了，毕竟是更直接地面对谋业、谋职、谋生了。

所谓教育家，好像也有公认的尺度，一是践行的，一是理论的。就这样两条。再细一点儿说，一是要做出一些实际成绩来，或带好了一个班，或培养了不少杰出的学生，或改变了一所学校的命运；另一方面就是多少要有一些理论上的建树，有系统的理论著作更好，没有的话，亦需确立起自己的一家之言。

教育家确实不是别人培养出来的，而是自己长出来的。有人说“要培养教育家”，这实在是外行话，不论他站在什么位置，这也是外行话。不然，就请你帮我们培养出几个教育家来看看。如果真能这样，我们的教育家应当是想要多少就有多少了。

如何才能“长”出来呢？这就看土壤、阳光和水分了，这些条件不太好，怎么“长”得出来？好心的人们不必想多了，就把这些条件弄好一些吧，能否“长”出来确实不是你们的事，而是那些生活在一定条件下的教师们。在我看来，30 余年来，这些条件已经好了很多，而且还在继续变好，能否“长”出来还是靠教师自己。

如何才能在理论上有所建树呢？这恰是我们在前几节已经做了一些讨论的问题。无非是经常去想想，去琢磨，去“看看”教育事实背后的事实，这也叫作体悟。三五年总可以有一些心得，不断积累下来，再经过一些打磨，就会光滑了，有色彩了，理论就可能诞生。再说，从教一辈子，不走到理论的那一端，也不甘心吧。仅仅是学别人的还远远不够，别人的可以借鉴，但终归要有自己的；仅仅是经验也还远远不够，还需从经验那里上升，不到长城非好汉，不到理论的高度，亦非好汉。可以坚信，任何人都是可以登上理论高峰的；教师的可能性更大。

至于践行，或许用不着多说了，如果跟上面的话连起来，那就是：总让自己的践行伴随着理性思维。不能低估了自己啊。

立足脚下，放眼未来

无论如何，教育事业是未来的事业。

有人说要与时俱进，然而，此言完全不适合教育。它比较适合从商、从企、从政的人，却不适合从教、从学的人。为什么呢？我们从教育的特点说开来。

首先看，我们教书，教给学生的知识从哪里来？都是从古人那里、从前人那里来的，从中国的、外国的前人那里来的，是从他们那里保留下来的。也就是说，没有保留、没有保守，就没有今天的教育。当然，并非凡过去保存下来的都要学生去学，还需要从浩瀚的知识海洋中去挑选，而这种选择工作也是前人做过不少的。

可以说，自文明以来，我们就学着留存下来的一二三四，加减乘除，学着认识人手足刀尺，一去二三里，烟村四五家，张王刘李陈，天地君亲师，日月星河海；还有我们的文化传统，忠孝仁爱，礼义廉耻。从小学、中学这一路学来，念来。

这就叫作教育的保守。如果没有教育的这种保守，人类不可能繁衍到今天。教育是为保守而生的，是为人而生，由此，文化越积越厚，文明越来越灿烂。

另一方面，教育是向着未来的，为着人的未来。今天的读书学习，或许在许多许多年之后才用得上，或许永远也用不上，却用在了自己的修养上，看不见，摸不着。所以，教育是不能急功近利的。如我们上一节所说的身性修养、人才辈出之类，都是在未来逐渐显现的。所以，教师们都明白：耕耘在当下，收获在未来。

当下做着，却望着未来。当下做些什么呢？把土壤变得更肥沃，让水分更充足，让阳光更灿烂绚丽。还需要引导学生去经历风雨，风雨之后才能见彩虹。不是还有挫折教育吗？尽量让学生享有学习的快乐，然而，不知苦，怎知甜？未经历坎坷、挫折，哪知人间的神奇？酸甜苦辣都需要尝尝的，如此才有丰富的人生。

在这个过程中，教师还需要细心拿捏，把学生压垮了也是很危险的事。教育是细活，粗心是有害的。做一张桌子或一件家具，木工们虽然要劈劈砍砍，但他们也很心细，不然就成不了器，四脚长短不一，桌面凹凸不平，能出得了活吗？

为学生的未来多想想，是教师的良知之所在，也必然是自己工作的动力之所在。教育是未来的事业，当然也就是需要教师有远大眼光的事业。学生的发展也不在于一时一事，最重要的还是两桩：一是谋求一个好的人格修养的开端；二是打好一些基础，知识的基础，更重要的是学习习惯和方法的基础。

我本人受教育的经历也很能说明问题。我的考试成绩可以说从来就不是特别好，总的来说，论考试分数，是一个中等水平，时有出现下等水平的情形，但是，似乎从没有人认为我基础不好，没有人认为我愚笨。小学毕业后，我没考上武昌中学；中学毕业后，我没考上第一志愿的华南师范大学；大学毕业后考北大的研究生，也名落孙山。但是，从小学到中学，再到大学，没曾有过任何一位教师轻视我、歧视我。从这一点来看，我确实受到了良好的教育，确实感谢那些教我成长的教师，他们更看重了我的未来。到如今，从小学到大学的那些老师的名字我都记得，他们亲切的形象随时浮现在我的眼前，留至我生命的永远。

我从学校里获得的，最重要的、最宝贵的是方法，是能力。论知识，可以说，我现在所拥有的，百分之九十八以上是后来自学的，自学能力与方法自然起了决定性作用。由此，我也就觉得，教师给学生最珍贵的是自信，是在自信之下的学习能力与方法，这才是未来永久起作用的东西。不可能不好好学习基础知识，但知识是载体。从这一点看，我似乎是偏向于形式主义流派的。

可以说，我念书从小学发蒙到大学的 16 年里，是磕磕碰碰走过来的。正由于这一点，我还比较能清醒地看待教育的复杂过程。我认为，我是一个理想主义者，但同时认为，我也是现实主义者。立足脚下时，我是现实主义者；遥望未来时，我是理想主义者。理想引领我一步一步向前走，目标是清晰的。

还可以换一种说法，教育是把理想与现实连接起来的，是把历史与未来连接起来的，是让保守与超越同时拥有的。教育是保守的，时间走我也不走；教育是超越的，时间不走我也要走。总而言之，教育不是与时俱进的。教育的真谛，教育的伟大，离不开我们这些理解与把握，让教育的真谛与伟大充分显现。

常到山顶上看看

不在于一览众山小，而在于看到更广阔的世界。“欲穷千里目，更上一层楼。”

从大的方面看，各种知识，不外乎是科学、艺术和哲学。科学概念可窄可宽。我细分过，科学由窄到宽可作七个层次的理解。为明细起见，我用数字来标明。

1.最狭义的，原初的含义，是指自然科学或物质科学领域里的基础理论部分。如理化生、天文、地理等。

2.再向宽的方向延伸一步，就是自然科学的应用，即工程技术科学，建筑学、土木学等。

3.数学亦非物质科学，但人们把它归之于理科，构成了数理科学这样的交叉类科学。数学用途最广，产生的交叉学科也特别多，生物数学、经济数学等，不一而足。

4.进而由物质世界延伸到社会领域，故而有了研究各种社会现象和关系的社会科学。

5.再到精神领域，就有了文、史、哲学方面的知识，谓之人文科学。唯有对史学需要做一点儿说明。有自然史、宇宙史、海洋史、冰川史、太阳史、地球史，还有动物史、植物史等，这都不是关于人的历史，为什么将史学列入人文科学呢？一方面史学主要还是人类史、人物史、文化史、思想史，还有哲学史、史学史、文学史、艺术史等；另一方面，所有的历史都是由人写下的，故而史学列入人文科学。其实，哲学中也含有自然哲学、社会哲学一类，但不会因此而不将其列入人文科学，而且哲学在人文科学中具有更显赫的地位，领头的地位。

6.父母送小孩上学，就是学科学。这就对科学有更广泛的理解了，凡知识，凡文化，都是科学了。

7.人们常说要有科学态度，在这里，“科学”一词即“正确”的意思，凡正确的即科学的。

在我们这里的讨论中，就只在前四种意义下来说科学，而不指哲学、文学了。

我要说的是，在山脚下，科学、哲学和艺术，三者是各走各的；到了山顶上则是三者融会、三位一体了，我的相关建议，也就是希望教师常到山顶上看看。

到了山顶上，科学会靠近哲学，哲学和科学也会如艺术般让我们欣赏；同时，艺术也可含有哲学，谓之艺术哲学、文化哲学，而且它也有自己的逻辑或科学性的一面。“艺术概论”作为一个研究领域，很大程度上必有其理论色彩，亦具科学的某些性质。

所谓到山顶上看看，对于做学问来说就得多往深处想想；往深处走，倒过来看，就是往高处走了，就是上山了，如同下海一样。当学问做得深入的时候，都会见到美，都会如艺术一般；学问做高了，往上走了，就会到达形而上，就与哲学见面了。因而，走到山顶上的逻辑结果，便是科学、艺术、哲学的三位一体了。

在一般情况下，教师们，无论是什么科目的教师，都会力图让自己的教学成为艺术。人人求美，不只是穿得美，住得美，行得美，自己做的学问会不求其美吗？人为美而生，为美而活，教师们无疑有更高的审美自觉和审美水平。

可能对于哲学，感觉没有艺术那么近，那么美。为什么哲学与我们没有那么亲近呢？作为教师，数十年来的教学生涯，让我深切地体会到哲学对于我们个人、我们学校、我们民族都具有决定性的意义。理论和事实、历史与逻辑都能说明这一点。因而，我们与哲学的疏远状况，常令我特别不安，令我忧郁。

从现实来讲，一些功利主义的东西妨碍着我们；从传统来讲，崇尚感性的流行观念影响着我们。怎样突破功利？就是要到山顶上去散散心，不那么狭隘。怎样摆脱某些传统的影响？这也是需要登高望远的。感性的东西天生就有，理性则是后天才能获得的；感性的东西，动物也有，理性的东西就只有人才具备发展起来的可能。理性的东西在后天发展，感性方面也要发展，不是还需要陶冶情操、锤炼意志吗？这都是教育要承担的责任。

古希腊人创造了很多神话，包括如今人类最盛大的聚会奥林匹克运动会，也源于古希腊，而奉献给了人类以哲学，可能是希腊神话中最精彩的一桩。希腊哲学一直影响着人类，带给人以智慧。如此宝贵的东西，我们怎能只是敬而远之呢？

将人与动物的距离拉开得特别大的，首推哲学。一般的理论就已经是事实背后的东西了，哲学则是“背后的东西”更背后的部分了。稍稍看看便知，一个人的哲学水平影响其生命品质；一所大学的哲学水平决定其办学档次；一个民族的哲学水平决定其能否全面繁荣。自英、法，再至德、美，都能说明这一点。

不用刻意追寻，只要常常沉思、深思，常上山顶，就会与哲学行见面礼的；如果更自觉一点，突破崇尚感性的哲学的羁绊，我们就会走进哲学的天地。

仰望天空，脚踩大地

这与上一节有关，但我们肯定会说得有所不同。人要实，坚定地立于大地；人又常需虚，此刻，抬头望望星空，胸怀就舒展开来了，很可能，灵感也来了。什么叫虚怀若谷？汉语中这个词语极为深刻，它表达了我们的先人对“虚”的看重。人吃得太饱了，填得实实的，怎么想得开啊？怎么还往里面再装进东西啊？人在仰望天空的时候，相信是比较能做到虚怀若谷的，把天空都装进去了，还不虚怀吗？

康德为什么想到了宇宙起源于大爆炸的？我猜测，他很可能是仰望天空的，望着那繁星点点，这亿万颗星星从哪儿来？若不是有一次大爆炸，怎么会有这么多星星出来？

我还有个猜想，这又会联系到希腊人，他们把哲学、智慧和神话看作是一回事。这也就是说，人常常要跟神对对话，看神是怎样的；神在天上，于是，要常常望望天上，由此亦必走向智慧，而智慧之学即哲学。康德肯定知道希腊人的理性主义哲学，事情总会有个来龙去脉吧，有个因果吧。宇宙是怎么来的呢？那个“因”在哪里呢？他想到的，就是大爆炸。这是神话吗？可是，神话不就是智慧吗？

康德本人不仅证明了他自己，而且证明了哲学的无比威力。自从有康德，便给德国带来了哲学，在 18 世纪中后期以来，康德为德国准备了供 19 世纪来用的哲学，从此，一大批思想家、科学家在德意志领土上出现，并且，由此而带来了德国的全面繁荣，文化的、艺术的、科学的、经济的繁荣发达。德国由此而摆脱欧洲国家中落后的地位，不仅成了欧洲，还成了世界的第一大经济体。

形而下、形而中、形而上是对知识层次的一个很恰当，也很简洁的描述。站在地下，看到有形的东西，事实的，现象的，经验的；然后，把眼睛朝上再看，就到了形而中，到了理论；再抬头仰望，就会有对理论的再论理，于是就到了形而上，到了哲学。

百分之九十五以上的人多多少少会到达形而中，拥有理论。教师中，则更有百分之九十九点九的人可到达形而中。这样，教师中能到达形而上、到达哲学的人，比例亦将更大。不只走到教育哲学，还有可能走到具有更普遍意义的哲学。

事实上，教师是所有人群中必然有更高理论素养的，因为他们必然要给学生说理。教师又是深情热爱学生的，情理交融，缺一不可。若只论情，教师难以胜过父母；若只论理，教师又难高过专门的理论家。若两者都论，教师就是最棒的了。

我们满怀深情地立于大地，又理智地仰望天空；天空和大地便能一起让我们情理交融，让我们在把自己的满腔热情献给教育的时候，自己的眼光会变得特别高远，胸怀也会变得特别宽广，天地日月、古往今来都装在我们自己的心中。

很多时候，我们教师是在课堂、书房、食堂穿行的。可是，这里就是我们的大地，从这里，我们即可仰望天空。如果想坚实地立于大地，可能需在书房里读几百本书；如果想在仰望天空时把天地日月、古往今来都装进心中，可能需要在星空下站立数百次，去遥想，去与上天对话，否则，它们怎么能进入自己心中？

教师几乎天然地盼望学生有理想，最好将来能成为这个“家”、那个“家”。然而，教师自己必定需要有理想。就这样一个三尺讲台，能有什么理想？让学生能有理想，即教师理想的首选。教育是未来的事业，因而最需要未来眼光，从而也最需要理想。

我们这里很少说“主义”，可是，大凡虔诚的教育工作者都会是理想主义者。同时，教师又是天然的现实主义者，实实在在地传递知识和经验，实实在在地去开启学生智慧的天窗，走进他们的心灵，由此，他们必定是一位现实主义者。这样也就有一些主义了。

站在大地，仰望天空，似是一种艺术语言。把现实主义与理想主义融合起来，这应当是学术语言了。教师的工作为何那样圣洁？就因为他面对的是纯净的天地人。教师的工作为何那样神圣？就因为他的工作是引导学生从眼下去遥望未来。

为自己骄傲

当然，我想郑重地建议教师们为自己骄傲。首先，我从不认为骄傲只是使人落后而谦虚才是使人进步的，我们不能接纳这种片面地、分割式地看问题的观点。

第一，骄傲与谦虚是相关的，不懂得骄傲怎知谦虚是什么？未曾有过谦虚，又怎知骄傲为何物？

第二，人只有在事实上明白自己懂了很多的时候，才真正明白自己不懂的还有更多。知之甚多，方知不甚多；这样，骄傲与谦虚就自然地同时存在着。

第三，有谁在现实中看到过只骄傲的人，因而只见过落后的人？又有谁在现实中看到只谦虚因而总是进步的人？

从大学毕业后，在历次政治运动中，对我的批判就总有两点：一是阶级立场不稳，斗争性不强；二是很骄傲。这令我十分困惑，我总是学着“谦虚”，别人却总认为我没有学好，还是骄傲。至于阶级立场，我从未认为自己是无产阶级，也不够资产阶级的资格，这阶级立场稳不稳也就搞不清楚，连站在哪里都不清楚，怎么清楚稳不稳？至于斗争性，我该去斗什么呢？我也曾模仿着说几句“狠话”，可是，没有任何人认为我“狠”了，所有还是斗争性不强那个老毛病。

1978年之后不久，我就开始走上行政管理岗位了。此时，“阶级立场不稳”变成了不在人群中划分你我；那个“斗争性不强”干脆就变成了“和稀泥”。这么多年来，我就靠着从当年演绎过来的不分彼此和“和稀泥”，特别有效地治理了学校。

星移斗转，再没有人说我阶级立场不稳了，也再没有人认为我斗争性不强。上上下下，让我在湖南师范大学的行政岗位上一干就是18年之久啊。在念大学时，8个学期同学们都让我做班长。我不知道他们为什么推举我，但我猜其中的原因就包括我“和稀泥”，不分彼此，你好我好他也好。“文革”爆发初，造反派说我是漏网右派。这大体上是对的，我真的可能是漏出来的，只划了我一个“中右分子”。在我缺席的情况下讨论对我的处分，一种意见是开除党籍；一种意见是察看一年，最后是折中，留党察看两年。

1979 年程万高通知我，说给我平反，处分取消了。不仅平反了，还让我几步就走上了校长岗位，但我做校长时，跟当年做班长一样，还是那两条，骄傲和不分彼此，“和稀泥”。真的，这两条都很见效了。

但我内心里确实是骄傲与谦虚并存的，相融的，不是两块拼起来的。而是一个整体。我骄傲地认为总是能学会、学好的，又谦虚地明白自己总在学的过程中；我骄傲地明白自己是中华民族的后代，又谦虚地知晓自己当努力回报中华民族之恩；我任校长时，骄傲地在一平方公里的土地上耕耘，又清醒地意识到这是在 960 万分之一的土地上劳作（那时，我学校的校园面积恰为一平方公里）。

“自以为是”，常被视为一个贬义语。在我们的传统文化中，有许多的精华，也有不少的糟粕。“自以为是”有什么不好？人只能自以为非吗？如果总自以为非，我们还能向前迈出一步吗？不自以为是，还能做什么事，今天过了，明天怎么过？

人的任何言行的展开，大体上都有两个预判：此言此行是可以做的，是能够做的，并力求做好。至今，我写了 1300 篇学术论文，写了 1200 多首诗，都是在自以为是的前提下做出来的。还出了很多书。不自以为是，能做出这么多学术（或艺术）工作吗？

还需要自以为非吗？为了更好地工作，必然自以为是，同时又必须有自以为非的时候。乃至于对自以为是的“是”要再推敲一下：它真是“是”吗？这就是要非议一番，却还是为了“是”。所以，我的信条之一，是拿百分之九十五的时间自以为是，再用百分之五的时间自以为非。古圣言：吾日三省吾身。“三省”稍多了一点儿。并且，我觉得，所省者亦非专门挑毛病，优劣一起省，只是特别警觉一下，不能只看到是，不看到非。

自信过了头，被视为骄傲；自信不足，被视为自卑。人们大多同情自卑者而反感骄傲者。我认为，这不仅不公道，而且违背事实。心理学家们研究的结果是，一般人只挖掘了自己潜能的百分之一十五至百分之二十，那么，还有多少“自信过头”的问题。

骄傲与傲慢的区别在于，后者怠慢了他人，而骄傲则是自我的。我作为学者，必须是骄傲的，为自己骄傲与为父母、为自己的民族骄傲总是连在一起的。

我作为教师，为自己的教育事业而骄傲，为学生而骄傲，尤其要让我的学生们自己也从内心骄傲起来。我觉得，教师的使命就在于，把为自己骄傲与为自己的祖国骄傲联系起来，把骄傲与对他人的尊重统一起来，把自以为是与自以为非做恰当的处理。一位不能让学生骄傲起来的教师，还不算优秀的教师；一位不能让学校、让师生员工骄傲起来的校长，不是优秀的校长。让学校骄傲起来，这是崇高的使命，我本人优秀与否不必自我评说，但我确实履行了自己的使命。

我们民族谦逊地对待其他民族，这是因为我们有底气，我们有骄傲的资本，唯有如此，这种谦逊才是实在的，才是珍贵的。

40多年前，我们自称“一穷二白”，瞎折腾，有什么骄傲的，还好意思说谦逊吗？真正让自己和自己的国家骄傲起来，若没有辛苦，没有下足真功夫，没有克服艰难险阻，并取得成就，能做到吗？自信从哪里来？骄傲的资本从哪里来？还能说什么谦逊？

实际上，骄傲起来只是一个结果，真正能让自己、让学生、让学校骄傲起来，这是一个过程。我们只能在艰辛的陪伴下，走上骄傲和谦虚并存之路，一条光明之路。

有一些会议，在刚刚开锣时就说“胜利召开”。请问：有“失败召开”的吗？没有失败，哪来胜利？都开了，都胜利吗？谁败在你手下了？过程尚未展开，就骄傲了。这叫作盲目。我们太计较胜负了，开一个会都计较。大话也可以说，但说了大话就要下大功夫，就要在过程上下大力气。敢说大话的人，首先应敢于下大功夫。当然，还有许多人愿意少说多做，小说大做，甚至只做不说。我觉得，这都可以，唯一不可少的，就是那个“做”字。好好做事，好好做学问，好好做人，好好教书，好好办学校，骄傲不骄傲，谦逊不谦逊，就不算什么了。

备足工具书

教师一辈子都在与书打交道，读书、买书、藏书、教书，有的还写书。“不发表便灭亡”“不出版便灭亡”，这类话似乎很恐怖。我们可以稍微减缓一些，不有所心得，不深思熟虑，暂不罢休。实际上，勤写教学日志，勤于备课，就可能出东西了。据我所知，有教师把他的很有特点的教案汇集起来，而出版社也认为它具有出版价值，不就发表了吗？实际上，只要人有心，教了一二十年或二三十年，还能不出几本书吗？今日之学界、出版界，每年出的书实在太少了。国人尚需努力啊。

一辈子读书、教书，必定会买一些书的。我毕业后，做教师之初，没什么家庭负担，工资除了吃饭穿衣全拿来买书了。从此更与书结下不解之缘，与书的情感日益加深。书成了我难以割舍的伙伴，成了我登上太空的天梯，成了我与先人对话的通道，成了我走向大江大河、五洲四海、天地日月的航船。

在教师的家具中，应当少不了书架、书柜。自己究竟该藏有多少书呢？这可能与自己的专业有关，与兴趣宽窄有关，与爱好有关。我的藏书不算多，大约五千册左右，有些书估计自己不会再用了，就捐给了学校图书馆，共捐了两千册。

在所有的书中，我特别看重工具书，看重辞典一类的书。教师自然要学习，终身学习，因而，善于学习更重要，善于从各个方面去学习，善于通过各种渠道去学习。学习不只限于书本，但书本是教师或学术人员最重要的学习对象。直接的经验也要学，但在人的一生中，学习更多的是间接的经验，由此，书本特别重要。听别人的演讲也是间接学习，这是相对较少的一类学习。当然，听听高水平的学术报告是很有好处的。但我多次提到过：质疑比聆听更重要。不敲打，不质疑，不可能形成真正属于自己的学问。善于学习的人，也就是善于把他人的学问变成自己学问的人，且自己还能弄出新学问来。不如此，还难以言善。

我很看重工具书，而且，我想，那些善于学习的人大都会看重并充分利用工具书。教书了，还可求教他人，但这个他人有几位？十位？百位？但是，如果备足了工具书，那就相当于请来了千位、万位可请教的人。因为正是那些学问家们编撰了工具书。

一个人的书房里究竟应藏多少书？ 恐怕没有一个一律的尺度。 一个人一生应读多少本书？ 换一种说法：应读多少字？ 20 万字一本的书，读 100 本，即读了两千万字；读 500 本，即读了一亿字。 我本人仅写书就有百本，还有千余篇论文，所读的书，应当在 500 本以上，所以，我应当是读过一亿字以上的读书人、教书人了。

我有各类辞典共十多种，40 余本，其中，《中国大百科全书》最多，共 12 本，还有《大不列颠百科全书》。 我每本都用过、翻过。 翻得最多的，依次是：《现代汉语词典》《汉语成语大辞典》《哲学大辞典》《教育学大辞典（上、下册）》《心理学大词典》《常用法律大全编》《数学大辞典》，对了，《中国大百科全书》应排在第二，仅次于《现代汉语词典》。

越学越觉得要求精、求深，首先是求准。 还有些是不认识的字，虽碰到的不是很多，但经常有，有些是不明白词义，也查查，没有把握的更会去查。 还有就是看看有没有一字多义、一词多义或多字同义、多词同义的；至于天文、地理、文、史、哲学不熟悉的概念那更是要查的，这是翻阅大百科较多的重要原因。 我可能算是有一些学问的人了，可是，或许正因为知之稍多，才更明白学无止境的道理。

早些年，我知道一组数字，在我们东边的一个国家，人均年阅读量为 50 本书，美国是 20 本，而我们则平均不到一本。 这很让我忧虑。 谁来改变这种状况？

阅读可以有功利的目的，但不能全是功利，否则，自然读书较少。 有些书读起来就只是为了提高修养，朝有更高文化教养的方面，从精神生活方面着眼。

过于功利，这是谁的责任呢？ 与经济尚不十分发达有关吗？ 与还没有足够的休闲时间有关吗？ 农民几亿，还为着养家糊口，有多少时间和条件来阅读？ 城里好一些吧，但一片麻将声说明什么？ 那些干部们常常读书吗？那些老板有读书的兴致吗？ 我还见到有些高校的校长也不读书、不看报的啊。 罕见，但有啊。

对于这些现象，这样的问题，学校也有责任，但主要责任肯定不在学校。 那些老板，那些政工，那些管人的人，他们不太读书，这与学校有什么关系？ 当年，这些人的老师可能有过叮嘱，但这种叮嘱能管那么宽，能影响那么久远吗？

我根据自己的经验，提出自己的这一条建议：为了更好地教书、读书，尽可能拥有充足的工具书是十分重要的。 根据不同专业、不同需要与兴趣和有关条件，备足工具书。据说，人之成为人，能制造工具是跨过的关键一步。借用这一观点，可不可以说，尽可能拥有工具书，是学者之成为学者的关键一环呢？说得更俗一点儿，我们是不是也需要有拐杖呢？殊不知，行走时也是需要探路、问路的，问问路在何方。

权威与权威主义

我曾听到过一个说法：有权才有威。这是什么威？淫威，还是胁迫式的威。但此话不来自学界，因而不必讨论了。学校有权利，少有权力；如果需要权力，那是用来维护权利的。维护师生员工的权益，这种权都应是从教书、读书那里衍生出来的。

教师需不需要有权威？我觉得它是一把双刃剑。教师有权威，学生更愿听从教师；另一方面，也可能走向盲从。为避免盲从，主要责任当然在教师了。

人格上的权威当有益无害，知识上的权威则不然。谁在某个问题上拥有真理，不取决于其现在威望的高低，也不取决于其现有水平的高低及知识量的多少。千愚一得，千智一愚，这都是有的，不同的只是：有的人走向正确的可能性较大。

为了避免学生对有权威的教师的盲从，最好的办法，是引导和鼓励学生怀疑教师之所言，多多运用疑问式语句或或然性命题。附带指出，句子可分为祈使句、陈述句、疑问句，命题又分别称之为应然性命题、实然性命题、或然性命题。应然性命题是学术含量最低的，或然性命题则是学术含量最高的。

我曾经写过一篇文章，在北京的一家杂志上发表的。文章主要是说，无论是教学、演讲还是写论文，都尽量少说或不说“要”“必须”“应当”之类的。原因很简单，这些用语较多的，必然是学术含量及价值都是较低的。这类术语，与其说是在探讨学问，不如说是在发布指示、指令之类。这些东西在学问中有必要吗？为了有个好的纪律和秩序，还是需要的；但即使是纪律，仅靠这些东西也不够。

什么是权威？这是人们心里自然生成的一种信从。俗一点儿说，就是有的人说话能有更多的人愿意听、愿意相信。许多情况下，教师较之父母还拥有更高的权威。当父母质疑问小孩的话时，小孩最有力的一句回话就是：“这是老师说的。”

已经有了一定权威的教师倒是需要对自己有更多一些警觉，但是尚无权威之时无需警觉。

权威不是谁能求来的，也没有任何智者会去企求这种东西；权威是他人的认可与信从，他人的东西，你怎么去求，那是不智，是枉费心思。没有成就，没有人格，换来的可能是人们的鄙视、疑惑或不信任的眼光。一切全在自己，也全在自身之修炼，修炼亦仅为自己，不是做给人看的，亦无须关注别人怎么看。

靠严苛的用语，靠声色俱厉，会有威信吗？会有他人信从的权威吗？权威不是树起来的，自己树不起来，靠别人吹喇叭、抬轿子，会形成或得到权威吗？

政界、商界、军界可能需要权威主义，学界不需要。学界还需鼓励挑战权威，尤其是青年学者，他们可谓初生牛犊不怕虎，不知什么权威不权威，这与其说是一种勇气，不如说是一种纯洁，学术上绝对需要的纯洁，亦学者的独立人格。

我于1982年成为学校主要行政负责人之时，到处可看到怀疑的眼光，有多年经验的教务处长，有老资格的宣传部长，他们比我年长，阅历丰富，确实有更多经验。对于我这个当时相对于还十分年轻，又基本没有什么管理经历的人，不怀疑反而是不正常的，多有挑剔必然是正常的，对当时还算相当冷静和清醒的我而言，这些怀疑和挑剔被我视为格外宝贵的东西，它们很可能助我成长。

大约在我任职四五年之后，怀疑的眼光大幅消失；又过了大约另一个四五年，不仅没有什么怀疑了，在对我的信任中还包含了几分盲目：张某想的、做的，没有不对的，只有我们还暂时不理解的。这种情形，在学校进入"211工程"时达到了一个峰值。此时，我倒是多了几分清醒，这比我任职的头几年带给我的危险可能大得多。我和我的几位主要同事，脑子都没有发热发胀。所有这些，都是我任职于湖南师范大学18年间，学校得以持续发展的原因的一部分。几分责任，几分热情，几分冷静，保证了这一切。

我在教学中也经历过类似的情形。来自学生中的怀疑似乎未曾有过。来自同行的，则大有人在，在一段时间里，甚至是不绝于耳。当我开始讲授课程论、教育原理时，我的"非科班出身"成了我被怀疑的直接根源。20世纪90年代，我开设了几门教学论方面的课程，也有了一些著作，但在申报博士点时被否了，而且是一否再否。在第三次，我们的成果实在是坚实且丰富了，学者的良知还是最终起作用的，我们的博士点拿到了。"非科班出身"的也可以有所作为。

这里面，有一个小小的策略上的考虑，我们申报的博士点是课程与教学论，而不是高等教育学。原因在于，我在高等教育学领域里的人脉和学术工作更好，成果也更为突出。所以，当我们取得了课程与教学论的博士点之后，紧接着申报高等教育学博士点时，便顺利通过。

有些事，宜于先易后难，有些事则可能要反着走。上述两个博士点的申报，我们走的是先难后易的路，总的效果反而更好。在经历了这些之后，我在学界的威望更高了，但它决非我之所求，我所唯一要求于自己努力追寻的是好好教书、好好研究。其他的东西再怎么重要，再怎么珍贵，也都还是身外之物。

那些腰缠万贯的人，可能是为社会创造了财富的结果，也有些可能是投机、贪婪的结果。而那些拥有了巨额财富的人把他们百分之九十九的财产捐给慈善事业之时，充分证明了他们视这些财富为身外之物，生不带来、死不带去的东西。

与寂寞为伴

这一条建议亦为我所奉行过。在离开了书房时，我是谈笑风生的，可是，我更是甘于寂寞的，非常享受寂寞，我爱在寂寞中沉思，在寂寞中与天地日月对话。我们中国学者有自己优良的传统，这种传统之一叫作苦读寒窗，叫作坐冷板凳。

其实，当我们读着、写着、思着、想着的时候，似是环境简陋，实际上脑袋里都是波澜壮阔、翻江倒海、文思泉涌的。吃得苦中苦，经得寒中寒，才可能走向成功。没有别的窍门，没有捷径可走。聪明的人只在于花较少的时间取得较多的成就。这是个效率问题。但是，效率也是探索出来的，聪明也是可以经磨砺而增长的。

人是需要有冷有热的，热情待人、冷静待事，热烈向往、冷静追寻，由此方知人间冷暖。总是热着，总是冷着，都不很好，还是热冷相济为宜。四季如夏的南亚未必那样好，四季冰封的北极谁能长久居住？还是春夏秋冬分明的地带较好，世界上最发达的区域就处在这一带。当然，这不单单是一个纯地理、纯自然的因素。

世上，商店老板必然希望他的店里总是热热闹闹的，商场、市场都需要热闹。我记得儿时家乡那个小镇，总是人来人往，熙熙攘攘，一片繁荣景象。1969 年当我回到家乡时，看到的是一片凄凉，死气沉沉，此时，只有冷，没有热了。

商场、市场、球场、赛马场，都是热热闹闹的，都需要有热热闹闹，球场上还有啦啦队啊，中场休息时还不想让热闹冷却下来。如此，票房价值就更高。

社会中，分贝最低的机构应当是学校。学校中，分贝最低的地方，应当是教师的书房，最好连空调的响声也没有。两耳不闻窗外事，一心只读圣贤书；还自己也写写书，人皆可为圣贤。为士者都可能要走一条“不归路”，一直与书相伴。那无声的书，与之相伴即与寂寞为伴；那书的海洋里不会有波涛汹涌，连一片涟漪也难找到。那是一个冰冷的世界，甚至，那里就是地狱，对学人而言，自己不下地狱谁下地狱？

下地干活是苦的，也是甜的，五谷丰登之时不甜吗？车间里做工是苦的，也是甜的，各种各样的产品从工厂里流出来，不甜吗？读书、教书、写书也是苦的，跟工人、农民一样，却也跟工人、农民一样甜。弟子满天下，学问满天飞，真可谓其乐无穷。自己有甘、有苦过的人，最能与他人同甘共苦，其乐融融。

在通往真理的道路上，确实是荆棘丛生的；同时，又是特别清冷的。没有谁会与你高声说话，只有那前人留下的低声细语。或许，会有鬼哭狼嚎，但你也得不为之心动，别理睬那么多了；电闪雷鸣，都放下吧，此时，舍我其谁也。

教师在自己前进的路上，需有许多的思想准备，并且不是一点半点的功夫就能准备好的，还需要许多体验，在体验中思索；在思索中还要体验。苦乎？甜乎？当你觉得很值得的时候，就会甜，那苦也能变成甜，变成乐。回首时，亦无怨无悔。

我本人勤于写作，堪称不怕苦。可是，如果一直只有苦，恐怕不会坚持到如今。至今，可谓数十年如一日了，要说苦了几十年也行，但还可以说乐了几十年。特别在回望这耕耘的日日夜夜，实在是苦乐交融，五味齐全，也算是五彩缤纷，舞出了自己特别的人生。“谁知盘中餐，粒粒皆辛苦”，“谁知千万字，字字皆汗水”，唯有耕耘时辛苦，而且还要有善于耕耘的本领，才可能换来丰收的乐趣。

在与人交往时，我从未言苦，总是乐呵呵的，总是开着玩笑，说不完的笑语。表面看来，还真难以相信我是十分甘于寂寞的人，写作时，旁若无人，无论窗外多么喧闹，即便锣鼓喧天，我仍能思索自己的问题。可以说，我是同时拥有寂寞和热热闹闹的人。生活本身本应是多彩的，为什么自己使之成为单色的呢？

因为是向教师们建议，所有我才冒昧地说说自己，没有必要去炫耀什么。反过来看，如果我没有过相应的体会，又能拿什么建议呢？拿什么来盼望呢？

寂寞的人会很严肃，但我觉得，同时也可以很开朗。不只寂寞之后开朗，寂寞之中亦需开朗。开朗的人需要寂寞，寂寞的人需要开朗。只有其一而无其二，人就会走样的。并且，寂寞中人的深思熟虑，可以使自己的开朗深邃有趣；开朗之中又可能为寂寞时的思维增添新的线索。两者真的不必是割裂的，而应是相辅相成的。

探寻教育的根底

哲学的性格在于寻根究底。我们千万次地问“人是什么”，千万次地问“教育是什么”，以探寻根和底。一些虔诚的教师和教育理论工作者，相信是千百次地询问过了。

我本人做过了探寻，以寻根究底的精神探索过、思考过、研究过，并写下了有关研究结果。权且在此简要地向教师们做一番介绍，也建议各位教师自己亦做研究。

教育所要回答的最基本的问题应当有：人为什么需要教？人为什么可以教？人应怎样去教？给人教些什么？想教出一个怎样的结果来？由谁来教？我本人试图回答这些最基本的问题，于是形成了一组基本命题。如果真的称得上是基本命题，那就可以叫作公理。因为认定它们是最基本的，故以公理相称了。

我的公理体系由五条组成：潜在公理、能动公理、反身公理、美学公理、中介公理。几何公理也是五条，我这里也是五条，这属于碰巧，我不是刻意凑出来的。

对这五条，我们分别予以扼要的说明。

潜在公理是指人本身即一颗种子，它包含了生命的要素，每个人身上都有这种潜在。

能动公理当然是指这颗种子是可以萌动的，发芽的，只要有合适的土壤、空气和阳光。

反身公理十分特别。如果说许多动植物都具有潜在和能动特点的话，反身则是唯有人才具备的特性。这一公理的特殊意义使我们对其要做稍稍详细一点儿的解说。关于人，关于“我”，心理学家、哲学家有过不少的思考。弗洛伊德认为，人有三个我：本我（或伊底）、自我、超我，冯友兰先生认为人有四种境界，实际上，也是四种“我”。印度哲学家们也有这类的研究。研究这类问题也是最困难的事。

我问过心理学教授，人大约何时才说出一个“我”字。他们说是在两岁左右。说出了“我”，这标志着更明确的自我意识开始发展，知道了自己的存在与发展。这是人与所有的生命体根本区别开来的标志，人之为人的特殊与神秘皆与此有关。

一般来说，人至少有两个“我”，一个是实际上的、事实上存在着的“我”，一个是自己意识中的“我”，那个被自己意识着的“我”，且常以自己的情感和意志作用于实际的“我”。反身是什么意思呢？就是这两个“我”的相互作用。我将这两个方面分别称为自我对象化和对象自我化。这两个名称是我杜撰出来的，把两者如此联系起来也包含了我的工作，但它们所表达的内容却有前人研究过、阐述过。

自我对象化，即自己成了自己意识的对象；对象自我化则是自己把自己的意识作用于自己的对象，如将自己的性格、想象、心灵置于自己的作品中去了，于是，那个作品中有了自己，即对象自我化了。文如其人，言如其人，艺如其人等，所表达的都是这个意思。所谓个性，也就表现在这些方面。

这种反身，简单地说，就是自己与自己的关系，自己审视自己，自己鼓励自己，自己相信自己，自己鞭策自己……这属于积极的自我意识。也有消极的自我意识，如自己轻视自己，自己贬抑自己，自己放纵自己，乃至自己毁灭自己。

反身公理，这一条的教育意义特别现实、特别重大，那就是帮助学生发展积极的自我意识，克服消极的自我意识。我们教师都在教书，教学生读书，可是稍微向前走一步，就可明白自己是在发展学生的自我意识，而不只是传授知识。

有时候，能听到对某人的评价，说他“太自我”了。可是，问题不在自我，而在一个“太”字。并且，首先重在自我，只是应去掉那个“太”字，在有自我的同时，应有他我，而且，心中没有他我时，自我也矮小；尊重自我与尊重他我是既同在又同不在的。人不可因噎废食，也不能因为有“太自我”而不要“自我”了，这是一个调整或修养的过程，人成长发展的过程，在此过程中，哪里有一下子就拿捏得特别准确无误的？这也就需要有更多的等待和耐心、更多的宽容和厚待。

在这五条公理中，反身公理与美学公理有其特殊性，特殊在它们格外能表明人性。美学公理说的是，人为美而生，为美而活，为美而逝。在那个反身过程中，审美是决定性的。自己看着自己时，觉得自己真吗？善吗？美吗？当自己用心于自己的作品时，会不尽量把美置于其中吗？会不期待作品的美不胜收吗？

我亦曾问过心理学教授：有反身心理学吗？他们的回答是“没有”。但我想，反身心理的存在是毫无疑问的，只是有关的专门学问尚没有。我见到“自我”的著作，可否算作这一类的专门著作呢？相近的学问必定是有了。

最后提一下中介公理或环境公理。人是群居的，动物界，乃至植物界不也有群居现象吗？蚂蚁不就一窝一窝地生活着吗？还有牛群、羊群、马群。但人的群居太特别了，他们能按自己的意识去组成特定的社会，亦生活于各种关系之中。

我们必定生活于社会之中，于是，也面临一个既复杂又重要的问题。理想的状态是，人对社会好，社会也对人好。可是社会是人建立起来的，建立起的各种不同的社会，有的对人很好，有的对人很不好。对于很不好的社会，人就要去改造它、变革它。这是一个让人很纠结的问题。教育可以引导人如何去正确面对社会，但关于社会变革这样的大问题，已非教育之所能了。培养一些未来对社会有所作为的人吧。寻求公理这件事始于几何，始于希腊人寻根究底的精神，这也就是哲学的精神。在我的建议中，有许多条文直接或间接地涉及哲学。我想，这不完全是我的偏好。历史证明，哲学是伴随着教育而产生的。柏拉图、亚里士多德办“学园”，就从哲学开始了；我们的圣哲孔老夫子，培养弟子三千，亦始于哲学的研究与传递。哲学与教育学联系如此密切，哲学需在教育那里受到检验，教育理论的一般化就会走向哲学（此观点属于杜威）。它们是如此难舍难分。

我叙述这番历史，首先是因为这是不可不注意到的史实，同时，也为我自己辩护，为说明我为什么时不时地提到哲学。如果一定要说是一种偏好的话，我想到，最好人人都有这种偏好。我从教一生，最迫切期待的正是学生能具有哲思的品格，这种品格会大大提升他们的生活质量，亦提升他们的生命品质。

关于时间的学问

这本书都是在跟教师交流，说成是对话也好，说成是建议也好。把我自己对教育的一些领悟说给我的同仁听听就是了，有些具有建议的形式，有些则不太像是建议。用对话或交流的说法来表达，可能更恰当，揉在一块说说而已。

时间是什么？这又是一个哲学味道很浓的问题。有人说，时空是物质存在的形式。时空只是一种形式吗？时空本身是不是存在？不是的话，又是什么呢？

有一本哲学辞典说，空间是无边无际的，时间是无始无终的。这是哲学语言，还是科学语言？哲学的结论与科学的观点若有冲突，我们该听谁说的？恐怕，最高明的哲学也不能说违背科学的话，而只能对科学做进一步的思考和说明。

什么都有生有死，太阳生于50亿年前，地球生于40多亿年前，还有40多亿年将会死去。

宇宙始于137亿至140亿年前，它何时“死”去，我没看到有关资料，但它既是“生成”的，就必定会“死去”。时间是何时“生”出来的呢？它是跟宇宙一道来到的。时间何时“死”去呢？宇宙死，它就死了。说时间无始无终是不合科学结论的。

时间与人之间有什么关系呢？这个关系同样是十分密切的，你拥有的时间就是你拥有的生命。父母生下你之后，你就开始了生命并拥有了时间；当你离开这个世界时，属于你的时间也终止了。你的灵魂也许在，也许不在了。若在，则只是在活着的人的心境里，这就看你的灵魂能在何人心中存在着，游荡着。

人们都知道要珍惜生命，实际上也就是珍惜属于自己的时间及相应的空间。怎样才算珍惜而不浪费生命呢？比如说，当你活至60岁时，在20岁之后的每一天都活出两天来了，那你就等于活了100岁。相反，20岁后混了40年的日子，那就相当于白活了40年，生命缩短了。对于人，确实还有一个时间相对论，你可拉长它，也可能不小心缩短了它。这也涉及人生觉悟啊，需要早早醒悟。

教育的目的，直接地说是为提升学生生命的品质；间接地说，是让他们懂得时间相对论。

幼小时，误以为属于自己的时间是无限的，因此，需要及早进行死亡教育；人老了的时候，又觉得属于自己的时间是很短了，其实，此刻想拉长、能拉长自己时间的可能性是增加了的。因而，不如接受一番临终教育，更为坦然地面对死亡。

“大跃进”的时候说“一天等于 20 年”，这是大话，是瞎说。结果是倒退了许多许多年。

古人说：寸金难买寸光阴。前辈告诫后辈：少壮不努力，老大徒伤悲。他们都懂得时间的珍贵，懂得生命与时间的关系，事实上也有了对时空的哲学眼光。

机不可失，时不再来。今日的功课今日毕，明天还有新功课。前人留下了无数宝贵的训示，让我们记着吧。

教师最忌者莫过于误人子弟。何以为不误？就是不能耽误了学生的时间，教师不仅要尽可能传给他们知识，还要教他们学会许多获取知识的方法，尤其是学会珍惜时间。

时间、时光、时期、时令、时节、时机、时局、时势……都与时相连。人所优先的，不在活多久，而在怎么活。牛顿、康德活了 80 多岁，阿贝尔、伽罗华只活了 20 岁左右，黎曼活了 40 岁，但他们都是给人类留下了巨大精神财富的人，长长短短，都有了生命的价值。

时间构成了历史，时间又将构造未来，然而，是人在时间里留下了历史，是人将在未来的时间里再创新的历史。那些最能把握时间、看清时局的人，会更好地写下历史。

时间在静静地流淌着，时钟在滴答滴答地悠悠地走着，人的心合着它跳动着，平静时与大自然基本合拍，激动时跳跃加快。不同状况下对时间有不同的感觉。一天一天数着，时间过得真慢；一年一年过着，回首一望，过得真快，满头白发了。时间都去哪儿了？总希望时间慢些走，让父母能长留人间。在父母抚育着孩子时，巴不得他快快长大，殊不知，这也是在盼着自己快快变老。不过，在看到孩子成长起来之后，也甘于自己的白发苍苍。人就是这样生生不息的。我们的教育参与其中，让人在一代一代的接替中变得更为愉悦，更能一代胜过一代。

无限与永恒

刚刚说过了一切有生有死，都是有限的，怎么又说无限的呢？ 从理论上说，若没有无限，又哪来的有限？ 所有的有限加起来仍然有限吗？ 连宇宙都有限，哪有什么无限？ 事实上的无限存在吗？ 若不存在，何以造出“无限”这个词来？

无限这个词还真管用啊，有无限思念、无限感怀、无限向往、无限敬仰、无限追寻、无限哀伤……这些无限似乎都只是思维中的、精神中的。 有事实上的无限吗？ 整数有多少个？ 连小孩都知道是无限个，数不完，不就无限了吗？

一位很伟大的数学家康托，对于整数再加上分数以后的有理数集，他曾认为后者是更大的无限。 很快他就发现，这两个无限是一样大的。 再后，他猜想把无理数加进去以后的实数集的无限也是跟整数集同样大的无限，结果很快又发现自己错了，实数集这个无限更大。 从此，他还证明了存在着比任何一个无限集有更高级别的无限集，因此，这也就证明了不存在最高的无限。

牛顿的微积分也是研究无限的，那是无限小。 人们把牛顿的无限称为过程无限，或虚无限；称康托的无限是实无限，事实无限。 只有到了康托时代，才真正有了关于各类无限的数学。

事实上，实际的无限早已存在，例如，当我们说“真理”的时候，有多少个“真理”存在？ “真理只有一个”，这是就一个事物或一项活动而言的，但是，有多少个事物？ 多少种活动？

甚至，任何一个概念都包含无限。 例如说水，有多少滴水？ 树，世上有多少株？ 三角形有几个？ 都无限啊。

于是，我们看到，无论在精神领域还是物质领域，无形或有形的领域，都存在着无限。 永恒呢？ 永恒之恒，恒者不变也，有什么是不变的呢？ 哪里还会有永恒？ 似乎唯有“变”是永远不变的，然而，人们所言之永恒不是这个意思。

孔子离我们远去了，但他还活在我们心中，这就是永恒。 很可能，世世代代的人不会忘了他。 也有一些遗臭万年的人，谁愿意把永恒这样美好的字眼用在他们身上？ 他们应受到的，是人间永远的鞭挞、永远的唾弃。

亚里士多德也远去了两千三百多年，但我们还在读他的书，从他的书中知晓辩证法。 他也为我们留下了永恒，或者说，他创造了永恒。 永恒本是人所创造的。

我们已逝去了的父母，也会永远留在我们心间，这也是一种相对的永恒。 永恒者，虽已逝去，却还活着。 父母的音容笑貌和他们的神态，都还在心间。

如果仅仅是指时间，那么，它每时每刻都在变着、走着。 因而，永恒不是一个纯时间概念。 人在时间里写下了自己的东西，留下了自己的痕迹，那时间就是你的了，就是你生命的一部分了。 如果那些事、那些语，都长留，就成了永恒。

教师在学生心目中可以成为永恒。 我小学、中学和大学时的老师，都已离世，但我一直记得他们的名字，记得他们讲课时的姿态。 他们在我心中即成了永恒。 由此，我相信，教师是最能为人间留下无限和永恒的人，最能创造永恒的人。 因而，人们由衷地尊敬教师，他们确实是值得尊敬的。 我是教师，我不回避这一点，并且，我努力让自己值得尊敬。 然而，我首先要做的是，尊敬自己的事业，尊重学生，理解、关心和维护学生。 否则，我有资格被人尊重、尊敬吗？

教育事业无限荣光，教育事业本身具有永恒性。 它把无限与永恒集于一身。

当可尊敬的人，不必崇拜他人

这是当有人问我“你崇拜什么人吗”的时候，我立即应答的一句话，几乎是不假思索说出的，故而，是心里自然流出的，好像早已这样做了，只待有机会时就立即能从心灵深处迸发出来。

“崇敬”和“崇拜”两个词，词典上的注释差别也不大，可是在我的理解中，崇拜有点儿过了，拜者似有过多的情感因素，乃至于盲目。既然这样理解，所以我不崇拜任何人。说实在话，苏联和曾经的中国搞过个人崇拜，那是人为的。回首时，我能问心无愧地说，我基本上没有盲目崇拜过谁，对出自任何人之口的话，我都会琢磨一下的。尤其是对在社会上有特别影响的人的话，我的怀疑，我的质疑，首先是对爱人讲的，这是说话最安全的地方。即使在号召“六亲不认”的时候，这种号召在我们家也不起作用。中华传统文化在我家里是生根了的。

在中华传统之中，孝是第一道德。我作为中华民族的后代，自然地懂得了这一点，做到了这一点。当然，百个中国人之中，九十九点几的人都做到了。父母去世后，我对我的兄弟姐妹特别好，他们也都认为我对他们好；在我看来，这是我把对父母的孝道做了一番延伸。说实在话，我还有更大的延伸，那就是尊敬我的师长，并且，我又作为师长爱护学生，盼他们遵循中华文化的传统。

另一方面，我又必然地瞧不起那些不孝敬父母、不尊敬老师的人。我决不伤害人，但藐视过人，正是对那些不讲孝道的人，我藐视；即使如此，我也不会用我的言行去伤害这号人。他们能自重最好，如果不自重了，那又能怪谁呢？

我有相当数量的论文是评论某些大人物的言论的。对于政治问题，我亦有自己的一些见解，但我一般不去议论，更不去写相关论文，我只讨论学术，只论学术问题。学者没有那么大能耐，口头上议论议论尚可，不起什么作用的；在这一点上，我有足够的自知之明，十分自信的我，也不至于跨出那一步。

我尊敬父母和先祖，我尊敬师长，我崇敬孔孟，崇敬苏格拉底、柏拉图，崇敬亚里士多德、黑格尔。古中国文化、古希腊文化于世界文明的贡献最大。

我还特别崇敬先于黑格尔的巨人——康德，从思想到他的生活方式，都在我的崇敬之列。

近代以来，中国政界也有我崇敬的人，如孙中山、乔石等人。我崇敬他们，是因为他们崇敬自己的民族，自己的百姓平民。至于中国学界，我所崇敬的人就更多了，那些纵贯古今、横贯中西的大师无疑是我最崇敬的。

我本人数学专业出身，通过数学，我已经充分意识到我们民族的智慧。古代不说了，现代以来，世界上最优秀的一批数学家中就有一批中国人（包括外籍华人）的名字：吴文俊、陈省身、丘成桐、华罗庚、陈景润、王元、潘承洞……我喜爱哲学，亦知中国近代以来的中国哲学大师，如冯友兰、金岳霖、熊十力等。

这里，我特别说一下自己尊敬康德的原因。主要原因并不在他的思想几乎把落后德国的命运改变过来了，自有了康德，德国在19世纪发生了翻天覆地的变化，而是他和另外一些人，让我更深切地明白了人的伟大力量之所在——思想。

仅仅康德关于星云的假说，就是让我们不必相信“实践出真知”这一类的哲学观念。那样的理论能从哪一桩实践里来？这种伟大的学说和理论，怎么可能在一块崇尚感性的土地上生长出来？这里的土壤肥沃吗？

还需要崇敬自己啊，由此才可能真正明白该崇敬什么人，崇敬那些人的什么，怎样去崇敬，并且，不走到崇拜的那一步，在崇敬他人之中，更好地把握自己，发展自己。

曾经流行过一个说法：榜样的力量是无穷的。我当即做出反应：榜样的力量是有限的。事实上，很可能是觉得榜样之类的太少了，所以就觉得它的作用很大，于是就树榜样、树典型、评模范。如果这类人很多，有必要去树、去评吗？事实上，大家都心知肚明，这种树起来的、立起来的东西究竟有多大真实性，究竟有什么实际意义，都是值得怀疑的。值得尊敬吗？还是自己做自己吧。

作为校长的教师，作为教师的校长

教师中做过校长的人是很小的一部分，如果轮换得快，做过校长的可能会多一些。但我觉得校长还是不宜更换得太频繁。摸索经验，熟悉情况，这都需要时间，如果想摸出一点儿道道来，形成一些办学的思想，这更非三年两载的事。

这里，我对做校长的教师提一些建议。从我大学毕业，至今 67 年了。在这 67 年中，除那个动荡时期无书可教外，都在教书，需补充说明一点的是，我任学校行政负责人之初的三年，因为太不熟悉行政，也停过教书。在那个动荡的年代里的某些间歇，也还教书。这样算来，我实际教书的时间为 60 年多一点点。到现在，还站在讲坛上，还在教书，能否让教书时间达到 70 年，这还要看上天的赐予。

我任行政工作的时间前后约 30 年，但我问心无愧地认为自己一直是一个教师（我教过 23 门课）。这一条，我主要还是对教师的建议，只是对那些任校长的这部分教师的建议。如果专对校长，我应当还可以提出数十条建议来。

首先，我建议在做校长期间尽量不脱离教学，同时也不脱离研究。实在因为对做校长太不熟悉而停个两年左右也就够了。我还主要是因为做党委书记而停了三年的，若只是做校长，可能不会停，做校长主要是跟大家一起做学问。所以，不必脱离教学。至于研究，则既研究专业，又研究如何做校长，教师出身的人，做校长也要做得与众不同，做一个研究式的校长，把做校长本身当作做学问的事看待。换句话说，在校长岗位上，无论多长，还是持有教师本色为好，还是像教书先生那样，尤其不能变得有官样。清官的样子也不难看，但更好看的，还是教书先生的样，说成是教书匠也无妨。

再说，在我们现行的机制下，不可能一直做校长的。给自己多留点后路也必要，做了一番校长，把学问丢了，很不合算。

一边管教学，一边还在教学岗位上，对教学的管理更容易到位。不去瞎指挥，有比自己教得更好的人，可多研究一下他们为什么教得好。这样，自己在管理中的发言权也多一些了；同时，卸任后自己或许更会教书了，任前任后衔接得上。

教书人，最忌讳的是照本宣科。为避免这一点，最彻底的办法是，上课时不拿本子，最多写几个字的提纲，避免跑题太远。没有本了，还怎么去“照本”？

都希望自己的教学是启发式的、探究式的、讨论式的、对话式的。为实现这一愿望，最好是把课堂变成问题式的，从问开始，到问结束，如此，必是探究式的。

作为校长的教师在这些重要的方面，无疑是想做得更好一些的，不是做给别人看，而自己应是优秀教师中的一员。否则，怎么安心于校长这样重要的岗位？由此，校长最好还研习一点儿教学理论、课程理论方面的书。我对一般教师建议过修读教育哲学，对于校长，就更有必要了。谁不想登高望远、高屋建瓴？教育哲学正是可以让我们登高的。如果校长能带领教师研习教育哲学，那真可谓善举，这可大大提高自己学校的办学品格。教师们都登到山顶上去看了，这是何等壮观啊。

自觉其校长的校长，必是自觉其教师的优秀教师。校长不一定去企求，但若他能自然地形成一种威望或学术性权威，这对办学极为有利。学校是一片精神家园，不需要功利性的东西，校长本身若能代表一种精神，学校就有可能成为一片精神圣地。朝圣的形式不宜有，实质内容却可有，应有。谁是圣？无圣怎么去朝？

由此，校长在教学上的修炼，在学问上的修炼，在人格上的修炼，无论怎样说都不为过。意识到这一点，校长真的会有任重而道远的感觉；并且，这种感觉也可大大助推校长本人的发展。一任校长下来，不仅是见识增长了，本领增强了，人格也提升了；不仅做了许多许多事，还在自己的精神生活上有了丰收。

以上是我简要叙述的对作为校长的教师的一些建议，仍然是对教师的建议。

再次联系到苏霍姆林斯基的建议

这是本书的最后一篇了，作为一种呼应，我再次提及苏联时期的教育家苏霍姆林斯基。首先感谢他，是他作为一位俄罗斯的教师向教师们提出了一百条建议，由此，我才作为一位中国的教师想起提出一些建议，当然会有许多不同，不然，何必另提一套呢？这不只是国情不同，我们的经历和思考也有很多不同。我是后来者，亦应有所不同。做学问，本就是从求异开始的，异中求新，求创造。

如果我在某些方面做得比苏霍姆林斯基稍好一些，那是可能的，且是应当的，我能说出如下一些原因。

1. 他只活了 52 岁，多灾多难，参加过卫国战争，有效工作和从事教学的时间，不足 30 年。而我则有 50 多年的教学经历，尤其是近 35 年来的持续安定环境，他未曾有过。教育学理论是更需要有积淀的，需要有充分的时间来酝酿、厚积的。

2. 他没受过正规的高等教育，只上过函授班。我在正规的教育中受过十分有效的训练。除了数学外，我还有条件自学了教育理论、教学理论、哲学、高等教育学等系统知识，也有更好的条件在教学中践行。尽管我经历过“文革”，但撇开那段时间，我在更安定的环境中探索、思考的机会确实还是比他多很多。

3. 他在苏联受到的限制，较之我今天在中国享有的自由也不是一回事。他能在那样的条件下发表 41 部著作、600 多篇论文，还有大量文艺作品，实属不易，令人敬佩。他若能再活 20 年，成果应当更加惊人。这样看他，当是有历史的眼光，上天为我安排的时间已大大超过了他，如果上天还公道一点儿就更好了。

在我注意到了以上三个方面的条件下，我就能比较心安地陈述我自己有哪几点做得比他好了一些，前进了一些。如果没此把握，我也不会动笔写这本书。

现在，我的建议是 101 条，超过了苏霍姆林斯基的 100 条。但我认为，这不是一个数量的问题。80 条、60 条又怎么样，好的建议二三十条也够意思的了。当然，我又有相当大的把握，来保证我的建议在质的方面能说得过去。当我认为自己某些方面做得更好的时候，决无抬高自己、贬低他人之意。在学术上，批判本身是必要的品格；有批判，就会有比较。或许，未来会有人又来批判我的东西，对此，我会十分欣喜，能够提供一个靶子也不错。

下面就做一些具体的比较了。

第一，我觉得苏霍姆林斯基的某些建议，并不具有建议的性质，而我是避免了这种情况发生的。

"必须有自由活动时间""要关怀人""要赢得学生的思想和心灵"①……这一类语句，更像是指令，与建议的性质有所不同。我曾发表过一篇文章，就是建议教育学最好少说或不说"应当""必须""要"，这种词语没有多少学术含量。对他人的建议，他人可采纳可不采纳，因而，用"必须""要"的语言说话不太合适。

即使是在校长岗位上向教师们提出建议，亦不宜用指令的口气，这不是纪律问题。

第二，我觉得"要赢得学生的思想和心灵"这句话不太恰当。至少，这是一种居高临下的说法。学生尽管在文化上、资历上与教师不一样，但人格上是平等的，甚至是对称的，是心灵之间的呼应，是相互的关照。苏联曾有过一个关于教师是"人类灵魂工程师"的说法，我多次批判过这一观点。教师的工作在于启迪和唤起，而不是要去"赢得"，并且，更重要的是，教师是否能被学生所接纳和信任。把目的写为"赢得学生的思想和心灵"实在有所不妥。

我作为教师，希望学生喜欢听我的课，但决无什么去"赢得学生的思想和心灵"的想法。教师与学生，是相互照应，是平等地交谈，我不会把"讨好"作为目的的。讨也是讨不来的，努力用心去从事教学，凭着良知去加油，就足够了。这是简单的事情，不应将其复杂化了；做学问是复杂的事情，不应将其简单化了。

第三，无论是做教师，还是做校长的时间，我都比苏霍姆林斯基长很多，如果我的天资不差，也就应当比他有更多、更深乃至更宽的领悟。我写的著作和论文都可能是他数量上的两倍，这也就可以理解。实在说，我在中国的条件下是能够做得更好一些的。所以，我并不忌讳自己做得比他好，这是必需的。

第四，我想我的哲学修养强于他。在他所有的建议中，看不到教育哲

---

① ［苏联］苏霍姆林斯基. 给教师的一百条建议［M］. 任钟译. 武汉：湖北教育出版社，1994：1657.

学，更没有一般的形而上的思考。教育与哲学有十分密切的关系，不知他充分注意到了没有。我不知他为什么会这样。俄罗斯是一个艺术大国、科学大国，也有相当高水平的哲学。但是，从苏霍姆林斯基的一百条建议中，很难看到哲学。教育理论、教学理论缺乏哲思，这不能不是一桩遗憾，苏霍姆林斯基已远去，亦不必再苛求了。

第五，心理学在苏联和曾经的中国被视为唯心主义科学，惨遭贬抑。因而，苏霍姆林斯基教育学缺乏必要的心理学基础亦有其历史原因。而我所处的最佳学术活动时期，心理学获得了新生，我本人则对心理学的研习有较高的自觉，并比较充分地将其运用于我的教学中，也运用于我的多条建议之中。

第六，真善美、自由、平等、博爱，这在苏联也是加以排斥的，斥之为资产阶级意识形态的东西。在中国亦曾如此，但自改革开放以来，意识形态问题有所淡化，尤其是在学术领域。因而，我也较之苏霍姆林斯基有更好的条件，来在我的建议中充分阐述相关的内容。总之，我比他做得较好，既有我个人的原因，也有时代的原因。我从内心里感谢中国迎来了一个新时代。否则，我的作为有多大，就很难说了。

第七，我想我还把我对中华传统中的不少精华的感悟，也写进我相关的一些建议中去了，这些建议将明显地体现不同于苏霍姆林斯基的历史和社会背景。